Maria Colombo

Drei Häuser

Eine Jugend im Engadin

Roman

Mit einem Nachwort von Liliane Studer

Limmat Verlag
Zürich

Im Internet
Informationen zu Autorinnen und Autoren
Materialien zu Büchern
Hinweise auf Veranstaltungen
Schreiben Sie uns Ihre Meinung zu diesem Buch
www.limmatverlag.ch

Die Erstausgabe erschien 1977 im Werner Classen Verlag, Zürich
unter dem Titel «Die Borgeser sind da»

Umschlagbild von Turo Pedretti, «Küchentücher auf Balkon», 1945
Typographie und Umschlaggestaltung von Sonja Schenk

© 2003 by Limmat Verlag, Zürich
ISBN 3 85791 421 1

Für Manno

Präludium

*Zu den Aufgaben des Präludiums
gehört von jeher die Kennzeichnung
der Tonart des folgenden Stückes.
Oft hat es außerdem die Aufgabe,
die Aufmerksamkeit des Publikums
auf das, was folgt, vorzubereiten.*
(Aus: Riemann, Musiklexikon)

«Züchtige sie mit dem Stock, falls sie dir nicht gehorchen will», sagte jene Frau, die dann unsere Großmutter werden sollte, zu ihm, dem Sohn, der dann unser Vater wurde. Sagte zu ihm dieses am Vorabend seiner Hochzeit, sie, die Mutter und Herrscherin, die Cäsarin; und die solchermaßen zu Züchtigende, zur Züchtigung Anvisierte, war die Braut dieses Sohnes, die – wie man später nicht müde wurde, uns zu versichern – schöne und bescheidene, überaus bescheidene und demütige Braut.

Und noch Wochen, Monate, Jahre später: «Wer ist sie denn, woher ist sie gekommen? Bescheiden, sagst du, fröhlich und treu? – Liebt dich? Hoffentlich bescheiden und treu, ich wollt ihrs geben, dieser nichts als Eingeheirateten – dieser Bäuerin. Aber das andere: lieben, fröhlich sein, bah, was bringt das schon ...»

«Ein Jahr lang, nämlich solange wir mit ihr zusammenwohnten, hörte ich sie, die Empfehlung vom Stock, falls man das Empfehlung nennen will und nicht Befehl, Aufstachelung. Dann beschloss euer Vater, wegzuziehen, hierher. Sie, eure Großmutter aber, eine halbe Stunde vor Abfahrt des Zuges, kam mit einem Stock vom Laden herauf, einem jener Stöcke, auf denen damals der Stoff zum Verkauf aufgerollt war: ‹Hier, nimm ihn, steck ihn in jene Kiste dort›, sagte sie zu Vater, ‹bewahr ihn auf, eines Tages wirst du ihn brauchen und froh sein um ihn›, sagte es laut genug, dass ich, die bei offener Tür in der Küche stand, es hören musste.» Und die uns dieses erzählte, war unsere Mà, Jahre später, als wir reif genug waren, solches erzählt zu bekommen.

Zog also weg, er, der Sohn, weg von Mutter und Macht und Herrschaft und Gegnerschaft. Denn er war flügge geworden und selbständig, selbständig und mächtig und Herr genug.

Zog über den Berg, hinüber in eine neue Welt und in ein Dorf, das Puntraglia heißt. Erachtete es für notwendig, einen Berg zwischen sich und sie zu setzen, meldete sich bei der neu erbauten Puntragliabahn und zog ein in eine der neu erbauten Puntragliabahn-Wohnungen.

Nein, den Stock benützte er nie, den lehnte er in eine Ecke, der gehörte ja ihr, der Mutter, hatte jedenfalls ihr gehört, war, wer weiß, vielleicht beschworen, behext. Hätte noch gefehlt ... hatte er auch nicht nötig. War Manns genug und gewaltig und berufen genug.

Auch Kater und Stammhalter – stammesbewusst genug und wollte sich fürs Erste ans Kinderzeugen machen. Hatte sich in dem einen Jahr wohl schon daran gemacht.

Die drei Häuser

 Und zeugte Daniela, Enrica und Barbara, Reto und Romano und wohnte in einer Zweizimmerwohnung in den Drei Häusern der Puntragliabahn.

Drei Häuser war der offizielle, gewissermaßen mit Siegel und Stempel versehene Name; in Wirklichkeit nannte man uns und unsere Häuser Hühner- oder Tschinggalifarm, Polentaplantasch oder auch Gockelzirkus, und es waren die Buben vom Bahnhof, die uns mit Übernamen solcher Art versahen, sie, die wir Bahnhöfler, nichts weiter als Bahnhöfler nannten, und nur wenn wir unter uns waren, sagten wir *quili züchin,** ein Übername, der in Borgo Deutschschweizern und Deutschsprechenden heute noch gegeben wird.

«Hühnerfarm», die Bezeichnung hatte etwas für sich, denn mit uns und um unsere Häuser herum lebten an die sechzig Hühner; wir besaßen dreißig, die Notas an die zwanzig und die Bundòli nicht viel weniger, die hatten noch Tauben und Hasen dazu. Jede Partie besaß außerdem einen Hahn, versteht sich, und so wären die Tage bei uns ohnehin schon erfüllt gewesen von aufreizenden Geräuschen und Lauten – aufreizenden oder erheiternden, je nach Gemütslage und Veranlagung der Anwohner.

Etwas anderes kam indessen hinzu: Obschon die Ställe und Ausläufe eingezäunt waren mit Drahtgeflechten und obschon zum Beispiel unsere Hühner auf die an ihren Stall angrenzende Weide auslaufen konnten, waren sie alle zusammen verwegen genug, über Zäune, Mauern und Wege auf die Wiesen ringsum zu setzen, und wem es her-

---

* Die im Text kursiv ausgezeichneten Begriffe werden im Anhang erklärt.

nach aufgetragen war, sie zurückzutreiben, das waren wir Kinder, sodass im Frühling und Sommer, wenn alle Wiesen grünten und blühten, es Tage gab, die angefüllt waren sowohl vom hysterischen Gegacker stiebender und flatternder Hühner als vom Gekreisch und Gejohle, das wir, die Treibenden, veranstalteten.

Was noch nicht alles war, denn da war noch der Übername Gockelzirkus, und den hatte uns Frau Notas Hahn eingebracht, der Birlic, ein herrisches, allzeit schlecht gelauntes Biest, das eines Tages uns Kinder anzugreifen begann, und natürlich hatten die Buben den Gockel, angestachelt durch sein selbstherrliches Gebaren, gereizt, indem sie ihn mehr als einmal, wenn auch er sich auf die Wiesen hinausgewagt und während er sich noch im hohen Gras befand, mit einem scharfen Wasserstrahl aus einem Gummischlauch anspritzten. Ein anderes Mal hatte ihm Luigi mit Hilfe einer Zange und nachdem er und seine Kollegen ihn ins Gestrüpp der Wacholderstauden am Rande des Wäldchens in die Enge getrieben hatten, einige Schwanzfedern ausgerupft.

Bis eines Tages, als der kleine Andrea sich seinen ins Hühnergehege geflogenen Ball herausholen wollte, der Gockel ihn anflog und ihn in den Nacken biss, was wir daran feststellen konnten, dass Andreas Nacken in den folgenden Tagen blutunterlaufene Stellen hatte.

An diesem gleichen Tag war es, dass *Sciur* Prüiriva unserem Gockel den Übernamen *Birlic* gab, und von diesem Tag an war es auch, dass Birlic uns Kinder angriff, wann immer ihm ein Stück unseres nackten Fleisches zu nahe kam, ob Bein oder Arm oder Fuß; immerhin schien er es nur auf uns Kinder abgesehen zu haben.

Bis wiederum eines Tages das geschah, was wir uns heimlicherweise bei seinem Anblick vielleicht alle schon gewünscht hatten. Es war im Monat September, die Wiesen waren alle gemäht, die Hühner hatten freien Auslauf, die einen auf die Große, die andern auf die Hintere Wiese. Sciur Prüiriva hatte seinen Urlaubstag und ging, wie wir Kinder, barfuß. Da hörten wir Mädchen mit einem Mal ein Geschrei und Gegacker, bis wir aber daherkamen, war alles schon fast vorbei: Birlic zappelte bloß noch, schüttelte sich sozusagen noch einmal aus und hing dann still an Sciur Prüirivas Hand; so still hing er, als wäre er nie lebendig gewesen mit seinem herrischen Wesen, und wir Mädchen, kaum waren wir zur Stelle, stoben bei seinem Anblick kreischend wieder auseinander. Dann erfuhren wir, dass Birlic diesmal Sciur Prüiriva in eine Ferse gebissen hatte, worauf dieser ihn so gepackt habe, dass er ihn erwürgte. Und jetzt stand er, Sciur Prüiriva, verdutzt da, mit dem toten Tier in der Hand, und man konnte ihm ansehen, dass er eigentlich nicht die Absicht gehabt hatte, es zu töten.

Zu Frau Nota sagte er, in dem Biest sei möglicherweise *una por anima* gefangen gewesen, und meinte damit, eine unerlöste Seele, es sei deshalb vielleicht gut, dass es habe sterben müssen. Es gebe, so sagte er, eine bestimmte Rasse von Hähnen, die aus Honolulu oder Sibirien stammten, und die seien streitsüchtig und bissig; sie alle hätten die unerlöste Seele eines Menschen in sich.

Ich musste in den folgenden Tagen immer an Birlic denken und hatte ein Würgen im Hals, und auch Frau Notas Hühner waren nun ohne Meister und Oberhaupt, ohne Führung und Züchtigung und standen herum und gackerten verloren vor sich hin.

Das alles nun aber unter den beobachtenden Augen und lauschenden Ohren unserer Widersacher. Widersacher ja, denn zwischen ihnen und uns herrschte die Fehde, ewige Fehde und Verachtung.

Nicht nur, weil ihre Väter bei der Rätiabahn arbeiteten, die weiter fuhr als unsere Puntragliabahn, durch mehr Täler, mehr Welt, bis zur Stadt, in der die Regierung saß, und nicht nur, weil wir vielleicht andere, einfältigere Gesichter hatten, Gesichter, die von der großen Welt noch nichts, rein gar nichts gesehen hatten, während sie, die

Bahnhöfler, diese täglich sahen; täglich sehen konnten, wie die Fremden aus jener großen Welt von den Livrierten empfangen wurden, ihre Verneigungen und Bücklinge machten, hin und her rannten, von Gästen zu Omnibus, Omnibus zu Gästen, Koffer tragend, Türen aufreißend, immer mit gefällig-höflichen Gesichtern. Gefälligen, dienstfertigen, wahrhaft dienstfertigen Gesichtern, ja, denn damals herrschten noch andere Zeiten, waren die Fremden und Kurgäste noch Mangelware, noch von Herzen mit Schmerzen erwartet, wie wir noch sehen werden, und war denn auch fast jeder Gast noch ein Grandseigneur.

Nicht nur also, weil sie, die Bahnhöfler, die Welt kannten, jedenfalls der Überzeugung waren, diese zu kennen, ihre Vornehmheit und ihre Geheimnisse, vielmehr weil wir eine andere Sprache sprachen als sie.

Nicht dass wir einem anderen Lande angehört hätten, nur gerade eine andere Sprache sprechend, denn, ausgenommen zwei oder drei, stammten alle unsere Väter und Mütter aus der Val Borgo, aus Borgo selber oder aus Sant Antoni, Aquazon, Tutti Angeli. Sie alle – junge Männer, Väter, Handwerker, Bauernsöhne – waren von der Puntragliabahn angeworben, hierher geschickt und in die Drei Häuser gesteckt worden.

Verachtung also wegen unserer Sprache, und nicht nur von ihnen, den Bahnhöflerbuben, nein, auch von ihnen, den Bahnhöflervätern, -müttern, Erwachsenen.

Denn deutse Sprak is svere Sprak und am allerschwierigsten waren die Artikel. Die konnten wir einfach nicht auseinander halten und sagten die Huhn, der Buch, der Katz, sodass eines Tages der Lehrer Tschapüna losschrie: «Zum Teufel mit eurem der, ihr Polentaköpfe! Von jetzt an schicke ich jeden, der mit den Artikeln nicht umgehen kann, in die erste Klasse zurück.»

An jenem Tage, nach der Schule, standen die Bahnhöflerbuben, Heini, Klaus und Fritz und Erwin, am Weg, dort, wo dieser zu

unseren Häusern hinunterführte, und ließen keinen von uns durch, und sobald wir alle in Sicht gekommen waren, johlten sie los:
«Polentaköpfe, Polentaköpfe,
der oder die oder das,
Polentaköpfe, Polentaköpfe, seht dort eure Plantasch,
Polentaplantasch, der oder die oder das,
Polentaplantasch ...»
johlten und schrien, während wir, ein Körper, eine Kränkung, eine Schmach, zurückwichen und zusammenrückten. Bis Luigi zischte:
«Diese Canaillen, dort, auf den Misthaufen mit ihnen», und lospreschte, zuerst allein, dann aber auch Marcello, Carlo, Giovanni und die andern. Und dann auch der kleine Andrea – und dann Klaus, brüllend und mit blutender Nase den Andrea packend und ihm einen Stoß versetzend, dass er ins Purzeln kam, den Abhang hinunter und stracks in den Bach, der zu dieser Zeit zwar nicht viel Wasser führte, genug indessen für einen Erstklässler, um ertrinken zu können. Und wir Mädchen jetzt, ebenfalls schreiend, den Abhang hinunterstürzend ... Im gleichen Augenblick aber mitten unter uns Sciur Prüiriva und schon im Wasser bei Andrea, schon wieder auf dem Weg nach oben, und Andrea hinlegend, befahl er uns Mädchen: «Trocknet ihn ab, nein, führt ihn sofort heim, ich muss noch ...», und mit einem Satz bei Erwin und Fritz oder Klaus war oder wer immer von ihnen noch da stand, und indem er sie packte, zerrte er sie zum Miststock und schleuderte sie mitten auf diesen hinauf, der feucht war und gewaltig und den Herr Sagliuota angelegt hatte für seine Wiesen, die er hier unten besaß: «Da, Lumpenpack, und jetzt ruft noch einmal Polentaköpfe!» Denn er, irgendwo auf den Geleisen stehend, hatte alles mit angesehen und -gehört, und die andern, Fritz oder Heini oder wer immer, waren davongerannt, hatten sich retten können.

Wohnten also hier, wir, Daniela und Enrica, Barbara, Reto und

Romano, mit Pà und Mà, hier, unterhalb des Bahnhofs, in den drei Angestelltenhäusern der Puntragliabahn in einer Zweizimmerwohnung. Wohnten in diesem Schnitt- und Brennpunkt für Spott und Lächerlichkeit und Pein, aber auch für Schönheit, Würde, Heimlichkeit. Das dazugehörige Dorf war weiter oben am Abhang, zwanzig Minuten von uns entfernt.

Wohnten zu sieben in einer Zweizimmerwohnung, und zu Ziu Leone, der uns hin und wieder besuchte, sagte Pà: «Diese Wohnung zu klein für uns sieben, sagst du? Bei dem ganzen Wald und Garten und Bach und Weide und all der reinen, würzigen Luft draußen, zu klein?»

Fragte verblüfft und verwundert, tat jedenfalls so und bewies das Gegenteil. Nämlich schickte eines Tages im Sommer zwei Touristen, die einen Zettel bei sich hatten, auf dem von ihm geschrieben stand: «Richte unser Schlafzimmer her für diese, es geht los», auf Borgesisch natürlich, sodass die Touristen es nicht lesen, jedenfalls nicht verstehen konnten.

Schrieb, es geht los, und meinte: Fünf Kinder haben wir jetzt, genug jetzt von Fortpflanzung, von Balz und Geburt, das kennen wir jetzt, jetzt weiter, zu anderen Erzeugnissen. Drei Mädchen, zwei Buben, das ist alles, was man sich wünschen kann diesbezüglich, Erhaltung der Art und des Namens, bester Art und besten Namens. Erhaltung und Augenlust und Kapital, Kapital, ja, nämlich: Hilfstruppen, Fecht- und Kampfgefährten, zu anderem jetzt. Jetzt Aufstieg, jetzt Vorstöße unternehmen, Durchbrüche erzwingen. In einem Dreijahresplan sozusagen.

Und Mà richtete das Zimmer her. An jenem Tag für diese, später für andere Touristen, so drei Jahre, drei lange Sommer hindurch. Und noch in jenem ersten Sommer war es, dass Pà eines Abends Reto und mich bei der Hand nahm, uns zum Bach hinunterführte, dort, wo keine Bäume die Sicht zum Dorf versperren, und sagte: «Seht ihr dort oben über dem großen Park das rosa Hotel? Das Hotel Las Blaisas ist das, nun, in drei oder vier Jahren werden auch wir ein Hotel besitzen. Ganz so groß wird es nicht sein, nein, aber immerhin ... und dann werden auch wir uns daran machen, reich zu werden. Damit wir aber genug Geld zusammenbekommen, um das Hotel bauen zu können, werden wir drei jetzt im Estrich schlafen ... es wird sein, als hätten wir eine eigene Wohnung für die Nacht ...»

So sprach Pà zu uns, und wir schauten zu ihm auf. Zu ihm, der nicht klein war, wie die Borgeser von Haus aus sind und die Borgeser Väter der Drei Häuser auch waren, sondern hoch und kräftig gebaut. Und herrscherlich und selbstbewusst, wie er saß und stand und daherkam und schaute, ging etwas von ihm aus ... etwas von Gewalt und Macht, von Stoß- und Sprungkraft, Anprall und Zusammenprall. Etwas von einem Gebieter und Fürsten und Befehlshaber und Mitdemkopfdurchdiewandgeher, kurz, eine Selbstherrlichkeit sondergleichen. Was alles ich damals freilich noch nicht wirklich sah. Für mich damals war er nur groß und schön anzuschauen, größer und schöner als die übrigen Väter der Drei Häuser, und befahl über Mà und liebte uns Kinder. Und nur von Zeit zu Zeit war er sehr schlechter Laune. War dann wie ein dunkles, heftiges Gewitter mit Donner und Blitz, welches aber über Mà niederging. Und freilich dadurch auch über uns, denn sie, Mà, wurde dann still und bedrückt und sang keine Lieder mehr und musste mit Pà kämpfen, musste ihm, wenn er nicht zu Tisch kommen wollte, das Essen nachtragen, in die Stube, Sozusagenstube, und dort musste sie mit ihm reden und kämpfen, bis er aß, und häufig nützte das nichts, blieb er verstockt und stürmte plötzlich heraus und hin zur Wohnungstür und sagte, er werde nicht mehr heimkommen, nie mehr. Dann musste Mà schneller sein als er, die Tür mit dem Schlüssel abschließen und den Schlüssel zu sich nehmen, und dann ging ein Ringen an, auf und ab und hin und her um den Schlüssel, und für Mà außerdem um die gute Laune von Pà, indem sie auf ihn einredete und sich mit aller Kraft gegen ihn wehrte, damit er ihr den Schlüssel nicht entwinde. So, bis sein Gesicht sich aufzuhellen begann. Und jetzt noch nicht aufgeben, vielmehr erst recht auf ihn einreden und dazu auch noch lachen, nämlich so tun, als wäre das alles bloß zum Spaß. Bis Pà selber nicht mehr anders konnte und auflachte und wir aufatmeten, weil nun alles wieder hell und heiter war, heller und heiterer als je zuvor.

Standen jetzt also beim Bach unten, Pà, Reto und ich, und über Pàs Gesicht lief jenes Blinken wie von einem Brennglas, wenn man es der Sonne entgegenhält, und er sagte auch: «Jetzt sind wir drei eine Bande wie der Bonaventura mit dem Bibì und Bibò, jetzt müssen wir zusammenhalten ...», und stieß sein Kinn vor und fletschte die Zähne, was alles er immer nur tat, wenn er ganz guter Laune war.

So stiegen also Pà, Reto und ich in jenem Sommer jeden Abend zum Estrich hinauf. Einer von uns musste hinter der Wohnungstüre horchen, ob man auf dem Treppenhaus jemanden höre, und dann stiegen wir hinauf, mit bloßen Füßen und auf den Zehenspitzen, immer wieder horchend, ob niemand komme; und auf dem Estrich auf dem Boden lagen drei Matratzen bereit, eine neben der andern, und es war eng und niedrig und warm, die Dachsparren hingen nahe über unseren Köpfen, mit den Füßen stießen wir an die Latten der Estrichwand, und eines Abends fragte ich:

«Und die Luft?»

«Luft? Was für Luft?»

«Die reine, würzige Luft ...»

«Ach so, jaja», sagte Pà, «siehst du die vielen Zwischenräume hier», und zeigte auf die Lattenwand, «und siehst du die Fenster hier und dort? Durch beide strömt Luft herein, eine Menge Luft ...

schnauf einmal ... noch einmal ... Und jetzt ziehe ich ... jetzt du, Reto, fest ... jetzt wir alle drei zu gleicher Zeit ... Siehst du, wie viel Luft da ist? Genug für uns alle drei und für noch viele mehr, und immer strömt neue herein. Und riechst du das Heu? Siehst du, selbst das Heu können wir riechen, und alles ist genau so wie für die andern unten in der Stube. Nur dass wir hier oben auch noch den feinen Geruch der brasciadeli haben ...», und das waren die Ringbrote aus Borgo, die in fast allen Estrichen der Drei-Häusler an Stangen hingen, um hart zu werden, und von denen uns unsere Mütter jeden Morgen Brocken abhieben und verhackten, damit wir sie, eingelegt und aufgeweicht in unserer Milch, zum Frühstück aßen.

Einmal, bald darauf und mitten in der Nacht, erwachte ich und musste aufs Klo und weckte Pà.

«Jetzt können wir nicht hinunter, die Tür ist von innen verschlossen. Dreh dich um, und schlaf wieder ein!»

Ich drehte mich. Aber es half nicht, ich musste.

«Dreh dich, hab ich gesagt ...»

«Ich hab mich schon gedreht ...»

«Dann klemm die Beine zu, und zieh ein paarmal tief Luft ein, von der würzigen Luft, weißt du, dann vergehts.»

Ich klemmte zu und sog Luft ein. Aber es half nicht, rein gar nichts half es, sodass ich zu heulen anfing, und Pà schimpfte, ich würde noch das ganze Haus aufwecken. Und da ließ ich los, ließ einfach laufen und fühlte, obgleich es jetzt nass war unter mir, eine große Erleichterung und rutschte seitwärts und konnte wieder einschlafen.

Am folgenden Abend zeigte Pà auf einen jener großen, leeren Konservenkessel, wie Mà sie drei oder vier Mal im Jahr im Konsum oben, gefüllt mit Konfitüre, kaufte.

«Dort können wir hineinmachen, falls einer von uns einmal muss», sagte er und sagte es in einem Ton, als handle es sich darum, ein

Glas Wasser zu trinken, und ich schaute ihn an, allein er mich nicht, es war auch nicht hell genug, dass wir uns hätten sehen können bei der kleinen Kerze, die er angezündet hatte.

Obschon ich wünschte, dass ich nie mehr müsse, musste ich doch wieder, und es trommelte in den tiefen Kessel hinein, noch lauter als der Regen im Garten, wenn er vom Dachkännel in den Holzzuber herunterfiel, den die Frauen aufstellten, und ich hielt inne, um zu lauschen, ob Pà oder Reto erwacht waren. Wenn nur Pà nicht erwachte; dem Reto würde ich schon etwas angeben, von fürchterlichem Bauchweh oder so. Und mein Stück von der Schokolade, die Ziu Leone das nächste Mal wieder bringen würde, wollte ich ihm auch versprechen, so würde er niemandem etwas erzählen. Bloß Pà durfte nicht erwachen und Sciur Bundòli vom unteren Stock auch nicht, der würde bestimmt ausmachen können, was es war, und würde sich morgen erkundigen, ob ich es gewesen sei – mit seinen Späßen hatte er es ja immer auf mich abgesehen.

Am folgenden Abend bei Tisch erklärte ich, ich würde nicht mehr im Estrich schlafen, aber Pà schaute mich mit Augen an, als wüsste er nicht, wovon ich rede, und er stieß sein Kinn vor und fletschte die Zähne; ich aber heulte los und sagte, alle Leute würden es noch merken, dass wir im Estrich schlafen, und niemand, gar niemand sonst müsse so schlafen wie wir!

An diesem Abend war es, dass Pà mich bei der Hand nahm, um mir noch einmal das Hotel zu zeigen.

Den Traum von Birlic hatte ich ebenfalls in einer der Estrichnächte. Ich stand am Eingang zu unserem Wald, und heraus kam der Gockel geflogen. Obgleich er anders aussah, als er in Wirklichkeit ausgesehen, wusste ich, dass er es war. Nur, jetzt im Traum hatte er gewaltige, blaue Flügel und flog mit gleichmäßigen, weit ausholenden Flügelschlägen. Der ganze Rücken schien blau zu sein und der Bauch rostbraun. Seine Art zu fliegen machte großen Eindruck auf mich, und heute, aus der Erinnerung, würde ich sagen, dass sie etwas Hoheitsvolles an sich hatte. Schrecklich aber waren seine Augen, die größer und größer wurden, bis es nur noch eines war, auf der Mitte des Kopfes. Unter dem Vogel, auf dem Waldweg, stand Sciur Prüiriva. Sein Bart sah anders aus als in Wirklichkeit, war dichter, gewaltiger, und sein Kopf war ebenfalls mit einem dichten Schopf von wilden, lockigen Haaren bedeckt, sodass sein Gesicht aus den Haaren ringsum herausschaute wie aus einem Gebüsch. Und er lachte, bog sich vor Lachen und hielt sich den Bauch. Der Hahn aber flog immer näher auf mich zu und schaute auf mich mit seinem mächtigen Auge, bis ich vor Angst zu schreien anfing und erwachte und merkte, dass ich geschrien hatte. Und Pà schien ebenfalls erwacht zu sein und fragte: «Wer hat geschrien?» – aber weil ich keine Antwort gab, fragte auch er nicht mehr. In den folgenden Tagen blieb der Traum in mir lebendig und gegenwärtig; es war aber nicht ich, die sich seiner immer wieder erinnerte, vielmehr schien er es zu sein, der mich überallhin begleitete, und noch heute kann ich mich an das Gefühl, die Stimmung erinnern, die ich in jenen Tagen in mir hatte, es war etwas so zart und weich und köstlich wie der Samtgürtel an Màs schwarzem Kleid, und auch wenn ich an das Auge dachte, fühlte ich nun eigentlich keine Angst mehr, sondern nur ein Schaudern wie vor etwas noch nie Erlebtem, Geheimnisvollem und Großem.

Sciur Prüiriva war der einzige jüngere Mann in Puntraglia, der einen Bart trug, und die Erwachsenen sprachen zuweilen mit gedämpfter Stimme von ihm und brachen ab und schwiegen oder redeten von etwas anderem, gleichgültigem, wenn wir Kinder dazukamen, und so spürten wir etwas Dunkles, Geheimnisvolles, etwas Dahindämmerndes, das um ihn war.

Er war der Onkel von Margherita, Luigi und dem kleinen Andrea und wohnte bei ihnen, und Margherita war es, die etwas schwer zu Begreifendes von ihm erzählte. Nämlich, dass er bis vor wenigen Jahren in Kanadien gewesen sei, Bäume habe er dort gefällt und eine sehr schöne Frau geliebt, die Cirpionna geheißen habe, die sei ihm aber abhanden gekommen, und deshalb sei er wieder da.

Wenn wir sie fragten, was das bedeute, abhanden gekommen, zuckte sie die Achseln und tat, als dürfe sie darüber nicht reden; ich aber hatte das Gefühl, dass auch sie nicht wusste, was das Wort bedeutete, und dass das, was sie uns sagte, die Antwort war, die sie von ihrer Mutter auf ihre Fragen erhalten hatte. Alles, was uns Margherita von ihrem Onkel erzählte, mussten wir für uns behalten, und alles trug nur noch mehr dazu bei, Sciur Prüiriva zu dem zu machen, was er für mich war, der Faun meiner Kindheit.

Zu seinem Namen habe ich zu sagen, dass ich ihn später immer übersetzte in «der Reif, der auf den Wiesen liegt», und dabei hatte ich jene Wiesen im Sinn bei den Drei Häusern und unserem Bach.

«Bei dem ganzen Wald ...», hatte Pà gesagt und hatte Recht; denn obgleich er nicht groß war – in höchstens zwanzig Minuten war er in seiner Länge und in fünf bis zehn Minuten in seiner Breite zu durchwandern –, war er ein Wald wie kein zweiter und war eine Welt, ein Leben.

«Riecht ihr den Wald?» – pflegte Pà zu fragen, wenn im März die Sonne den Schnee am Waldrand mit neuer Kraft wegschmolz und der Boden mit seinen abertausend Lärchennadeln wieder seinen würzigen Geruch auszuströmen begann.

«Und, was wird in wenigen Wochen sein?», fügte er bei.

«Die Amsel ...»

«Die Amsel, ja, zuerst wird sie wieder proben, zart und leise, dann aber ...»

Jedes Jahr wieder sprach Pà mit uns von der Amsel, und bei der Frage: «Was wird in wenigen Wochen sein?», pflegten wir nur mit dem Wort Amsel zu antworten, weil das alles schon keiner Worte mehr zwischen uns bedurfte und weil wir wussten, dass er fortfahren wollte, und wir ebenfalls wollten, dass er fortfahre, uns wieder den Baum zeige, auf dessen Gipfel sie, die Amsel, sich diesmal aufstellen würde, um «den Frühling zu rufen», wie Pà sich ausdrückte, und auch, weil wir voller Erwartung waren auf den Morgen, wo er uns wecken würde. Alle Fenster würden dann aufgesperrt sein, damit wir hören konnten, wie sie rief.

Und damit begannen die Abende wieder, wo Pà uns vom Wald erzählte, von den Bäumen und Steinen, von den Eulen und dem Geisterschiff und vom istinto. Eigentlich begann alles mit einem anderen Gespräch, einer anderen Frage, die Pà stellte, nämlich der Frage, was das Allerschönste sei am Frühling. Und zuerst schrien wir alle durcheinander. Enrica sagte, dass wir wieder die Sandalen tragen dürften, das sei das Schönste, und Reto sagte, die Eisschicht, die sich über Nacht auf den Wasserpfützen bilde, weil sie, wenn man darauf stehe, klirre. Nur vom Geruch sagte keiner etwas, und heute noch weiß ich nicht, ob mit Absicht und um die Spannung zu erhöhen, als Spiel gewissermaßen, weil wir wussten, dass Pà eine umso bessere Laune hatte, je mehr wir ihm die Führung in diesen Gesprächen überließen, er uns in seine Fragen hineinmanövrieren konnte, und das hatte sich im Laufe der Jahre so eingespielt, jedenfalls so weit ich mich zurückerinnern konnte mit meinen acht oder zehn Jahren. Und das, woran ich mich nicht erinnerte, erzählte mir Enrica abends im Bett, nämlich im Winter, wenn ich nicht auf dem Estrich oben lag und wir zwei das Bett teilen mussten, die eine am oberen, die andere am unteren Bettende liegend; nur dass ich, wenn wir gerade keinen Streit hatten, lieber am gleichen Ende lag wie Enrica, weil sie mir dann auch von ihren Freundinnen erzählen konnte oder von etwas, das sie sich ausgedacht hatte für dann, wenn wir in unserem Hotel wohnen würden, oder von früheren Zeiten, denn ich war vier Jahre jünger als sie, und dafür, dass sie mir etwas erzählte, musste ich sie hinterher an den Füßen oder am Bauch kitzeln.

Pà also stellte die Fragen, sagte: «Ich aber weiß etwas, das noch schöner ist», und blickte uns erwartungsvoll an, nur dass keiner von uns muckste.

«Nun, was ist denn mit dem Geruch des Frühlings?», und jetzt schrien wir alle vor Vergnügen.

«Also gut», sagte Pà, «bevor wir nun aber ausmachen, wonach es im Frühling riecht, reden wir noch davon, wann es am meisten nach ihm riecht, nämlich am Morgen oder am Abend», denn das war auch so eine Streitfrage, und nur darüber waren wir uns alle einig, dass der Frühling seinen besonderen Geruch hat.

«Ich sage immer, es riecht nach Erde, nach frisch aufgetauter Erde», und die das sagte, war Enrica, sie sagte wirklich immer dasselbe, während Daniela zwischen verschiedenen Gerüchen hin und her schwankte, indem sie einmal sagte, es rieche nach Krokussen, ein andermal nach Wald, je nachdem, wo man stehe, so sagte sie, und wenn Pà sie fragte, ob sie ganz sicher sei, dass es nach Krokussen rieche, meinte sie, vielleicht aber rieche es nach Tulpen, nach selbst gepflanzten Tulpen, die man in einem Topf in der Stube habe, und das sagte sie, seitdem sie bei einer Frau in Borgo selbst gepflanzte Tulpen gerochen und die Frau ihr gesagt hatte, dass diese stärker röchen als die vom Gärtner im Freien gepflanzten. Von da an behauptete sie, der ganze Frühling rieche ein wenig wie die Tulpen bei der Sciura Sciati, und später musste ich ihr Recht geben. Nur damals hielten wir, Enrica und ich, ihr entgegen, bei uns wüchsen ja gar keine Tulpen, und ich sagte das vermutlich bloß deshalb, weil ich selber furchtbar gerne gewusst hätte, wie denn Tulpen riechen. Ich selber vertrat die Ansicht, es rieche einfach nach Frühling; denn wahrscheinlich war ich noch zu jung, um eine Meinung zu haben, und das ganze Gespräch endete immer damit, dass Pà sagte: «Nun, ich sehe schon, es muss bald wieder Frühling werden, damit wir wieder seinen Geruch in die Nase bekommen. Einmal werden wir es vielleicht doch herausfinden ...», und ging damit über zum Wald, zu den Bäumen und Steinen.

Von den Arven und Tannen in unserem Wald sagte er, sie seien Hunderte von Jahren alt. «Die stehen so still und schweigsam da, weil sie schlafen und weil sie müde sind von den vielen hundert Jahren, die sie schon gelebt haben. Nur wenn ein Sturm oder starker Wind durch sie fährt, erwachen sie und beginnen zu erzählen, von dem, was sie erlebt und gesehen und gehört haben, von den wilden Tieren und den Geistern, die schon bei ihnen gewohnt haben. Wenn ihr also nachts im Bett ihr Rauschen hört, dürft ihr keine Angst haben, dann erzählen sie und biegen und wiegen sich dabei.»

«Wenn im Mai oder Juni die Vogelbeerbäume blühen und die Lärchen ausschlagen, zu was wird dann unser Wald?», fragte Pà weiter, und auch diese Frage war eine der immer wiederkehrenden.

«Zu einem Märchenwald, wie der auf der Krim am Schwarzen Meer», antworteten wir dann. Denn die Krim und das Schwarze Meer waren für uns das verwunschene Land, in dem eitel Glück und Freude und so viel Reichtum herrschten, wie wir uns nicht vorstellen konnten, und es war durch Pà, dass wir zu dieser Vorstellung gekommen waren. «Einmal», so pflegte er zu sagen, «werden wir es schön haben wie die Menschen auf der Krim am Schwarzen Meer.» Sagte es meistens dann, wenn er an langen Winterabenden in der Küche hobelte und schreinerte, Betten schreinerte für unser Hotel, und sein Gesicht blinkte dabei, und er fletschte die Zähne und machte große Augen und stieß sein Kinn vor. «Jetzt müssen wir sparen, jetzt kann Mà kein Fleisch und keine Butter kaufen, aber später werden wir es haben wie die Menschen auf der Krim, wo alles wächst: Pfirsiche, Birnen, Orangen, Trauben, und wo die Luft voll ist von Bienen und wunderbaren Gerüchen.»

Und sprach auch von den Steinen, denn in keinem, in fast keinem sonst hatte es so viele und so viele schöne Steine wie in unserem Wald, Steine wie Tische so flach und Felsbrocken wie Burgen und Schlösser und Ruinen und Berge. Nur im God Marmuogna und God Müragli gab es ähnliche, und so, wie sie überwachsen waren mit Flechten, Isländisch Moos und braunem Laubmoos, gefielen sie uns sehr.

«Alle die mächtigen Steine sind da seit uralten Zeiten, da tempi vergini, wo noch keine Menschen lebten und noch nicht einmal der Wald da war, sondern nur wilde Tiere, die Vorfahren von Wölfen, Bären, Luchsen ... Damals reichten auch die Gletscher weit ins Tal heraus, und viele Bergstürze fanden statt. Erst viel später wuchsen unsere Bäume, und noch später kamen die Menschen. Und mit ihnen kamen die Geister. Von allem nun, was die Steine während Tausenden von Jahren gesehen und erlebt haben, sind sie schweigsam und schwer geworden. Jeder Einzelne von ihnen hat sein eigenes Geheimnis, aber immer schweigen sie, schweigen und warten auf das Ende der Welt, dann werden sie aufstehen und reden.» So erzählte Pà.

Im März oder April, wenn die Abende und Nächte erfüllt waren vom Rufen der Käuzchen, durften wir an einem oder zwei Abenden länger aufbleiben. Und dann berichtete er uns vom Geisterschiff.

«Jetzt, wo die Käuzchen rufen, ist die Zeit gekommen, wo eines Nachts auf unserem Bach das Geisterschiff vorbeifahren wird. Früher, nämlich zur Zeit der ersten Menschen, waren die Eulen Hexen und Zauberer; später dann und zur Strafe, dass sie die Menschen geplagt, mussten sie sich in Eulen verwandeln. Im Frühling indessen, wenn sie genügend gerufen und sich genügend gesehnt haben, dürfen sie sich, jedes Jahr wieder, zurückverwandeln und für sieben Tage und Nächte wieder Hexen und Zauberer sein, und dann fahren überall auf den Bächen und Flüssen die Geisterschiffe vorbei, um sie auf- und mitzunehmen. Wenn man Glück hat, so wie ich es einmal gehabt habe, und in der richtigen Nacht, im richtigen Augenblick zum Fenster hinausschaut, sieht man das Schiff vorbeiflitzen. Ich habe sogar kleine Funken und Blitze gesehen, das waren unsere Käuzchen im Augenblick der Verwandlung. Alles geht aber sehr schnell, kaum hat man das Schiff entdeckt, ist es auch schon vorüber. Es muss denn auch schnell fahren, denn sein Weg ist ein weiter, fährt es doch zur Krim am Schwarzen Meer. Das ist die schönste Gegend, die es gibt, und Hexen und Zauberer feiern dort ein großes Fest, ihr Frühlingsfest, das noch schöner sein soll als das unsere. Am fünften oder sechsten Tag dann, Schlag Mitternacht, hört man in jener Gegend das Läuten einer mächtigen Glocke, niemand weiß, woher es kommt und wer die Glocke in Bewegung setzt. Auf dem Meer herrscht in jener Nacht ein gewaltiger Sturm, die Winde heulen, die Wellen peitschen, und das Fest ist zu Ende; das ganze Hexenvolk muss wieder aufs Schiff steigen und sich zurückverwandeln. Und das ist der Grund, weshalb alle Eulen am Tage schlafen: Sie ärgern sich und schämen sich vor uns Menschen, dass sie sich jedes Jahr wieder zurückverwandeln müssen, und wollen sich deshalb nicht zeigen.»

Natürlich bestürmten wir Pà, eine ganze Nacht aufbleiben zu dürfen, damit auch wir das Schiff zu sehen bekämen, er aber sagte:

«Das Schiff kann nur sehen, wer einen sechsten Sinn hat», und da waren wir also wieder angelangt bei diesem sechsten Sinn oder istinto, wie er es auch nannte, und Enrica hatte schon das Buch hervorgeholt mit den Eulen, Bienen, Raupen und anderen Tieren, und obschon Pà zuerst wahrscheinlich von den Bienen oder Ameisen erzählen würde, hatte sie auch schon die Seite aufgeschlagen, wo die farbige Raupe abgebildet war mit den Fühlern, die fast so groß waren wie die ganze Seite des Buches, und das tat sie, weil sie wusste, dass mir davor schauderte.

Pà sprach dann wirklich zuerst von den Bienen: von den Tänzen, die sie aufführen, mit denen sie den anderen mitteilen, wo sie eine Stelle mit nektarreichen Blumen gefunden haben. Dann von den Ameisen und ihrem istinto, mit dem sie, obschon sie mit der Nase nahe an der Erde gehen, sodass sie keinen Überblick haben über die Gegend, alle Wege zu ihrer Burg dennoch finden. Erzählte von Fühlern, von Raupen und Schmetterlingen; und von den Rehen, Gemsen und Hirschen sagte er, die hätten ihren sechsten Sinn an der Fußsohle.

«Mit ihren Fühlern, ihrem istinto oder sechsten Sinn, spüren die Tiere eine ganze Menge Dinge, man weiß nicht, wie, und weiß auch nicht, was sie sonst alles spüren. Von den Hunden und Katzen beispielsweise weiß man, dass sie den Tod spüren, wenn dieser zu einem Menschen kommt, bei dem sie leben. Dieser sechste Sinn ist wie die Antenne beim Radioapparat, der ja ebenfalls dauernd bereit und fähig ist, Musik aus der Luft, der Sphäre, aufzunehmen», so sagte Pà und verwendete, wenn er von diesen Dingen sprach, das Wort Sphäre.

«Hört ihr, wenn ihr draußen im Freien seid, etwa Musik? Ihr hört sie nicht, dreht Herr Zyri aber sein Radio auf, so hört er sie, woher aber kommt sie ins Radio? Aus der Sphäre, wie ich euch schon hundert Mal erklärt habe, und hätten wir die nötigen Fühler oder eine Antenne, wie Herrn Zyris Radio sie hat, zum Beispiel an unseren Ohren oder auf der Stirn, so würden wir keinen Radioapparat benötigen, wir könnten die Musik auf direktem Weg hören. Wenn nun schon Hunde und Katzen einen sechsten Sinn haben, um wie viel mehr muss man annehmen, dass wir einen haben. Ich jedenfalls habe damit meine Erfahrungen gemacht, ich weiß, dass es geheime Botschaften gibt, auch für uns.»

Pà sagte: messaggi, wählte ein Wort aus dem guten Italienisch, was er immer tat, wenn er die Wichtigkeit dessen, was er sagte, anzeigen wollte.

«Oder, was war das anderes als eine von diesen Botschaften, als ich eines Tages wusste, dass ich von Borgo weg hierher nach Puntraglia ziehen musste? Ich kannte ja Puntraglia nicht, sah es zum ersten Mal damals auf meinem Ausflug von Borgo nach Saruna, und es war meine erste Fahrt mit der Puntragliabahn. Als ich vom Zug aus auf die Drei Häuser hinuntersah und einer meiner Kollegen sagte, das seien die neuen Wohnhäuser der Bahn, da geschah es, und es war, als habe sich in meiner Brust etwas bewegt, sei ein schlafender Vogel mit einem Mal erwacht, plustere sich und schlage mit den Flügeln, und eine Erregung, ein freudiges Gefühl, fast etwas wie eine Unruhe, kamen über mich. Auf der Rückkehr war es dasselbe, ich schaute auf die Drei Häuser hinunter, und immer war diese Erregung in mir. Dann, einen Monat später ungefähr, wusste ich es: Fort muss ich von Borgo und nach Puntraglia. – Und wie war es damals, als ich beschloss, nein, wusste – das war es ja, ich wusste es, und ohne lange Überlegungen – dass ich eure Mà heiraten wollte? Ich hatte sie schon mehr als einmal gesehen, seitdem sie bei Ziu Carlu in der Bäckerei arbeitete, aber erst an jenem Ostermontagabend auf der Piazza, während sie mit ihren Freundinnen dastand und unserer Musik zuhörte, geschah es: fühlte ich eine Erregung, und bis ich einschlief in jener Nacht, wusste ich, diese werde ich heiraten.»

So redete Pà stundenlang und Abende lang und war unser Geschichtenerzähler, und das war gut so, denn Kinderbücher besaßen wir kein einziges Stück. Außer der Kinderzeitung vom Bibì und Bibò, die auch andere Väter ihren Kindern heimbrachten, besaß damals keiner in den Drei Häusern ein Kinderbuch. Unser Pà aber sprach mit uns über den Frühling und den Wald, die Eulen und die Fühler oder den istinto, und bisweilen nannte er den auch *il comando supremo* und schaute dabei Mà an und blinkte und lachte, und Mà lachte auch und sagte: «Ach du mit deinem comando …», und Pà fasste dann mit seinen Pranken nach ihrem Nacken und schüttelte sie hin und her, bis sie leise aufschrie und sagte, lass mich, du tust mir weh. Und wenn wir uns bei ihm erkundigten, was das heiße, il comando supremo, sagte er ein sehr schwieriges Wort, das wie sublimità oder nobiltà klang, und weil unsere Gesichter ihn immer noch verständnislos anschauten, sagte er: «Das sind unsere inneren Fühler. Jeder von uns hat solche in seinem Allerinnersten, nahe beim Herzen; später, wenn ihr größer seid, werdet ihr sie spüren …» Das und noch vieles mehr sagte er, aber alles schwer verständliche Dinge, und für mich war ohnehin der Augenblick gekommen, wo ich weglaufen musste, weil aus mir überall Fühler herauszuwachsen begannen, aus Ohren und Nase, Brustwarzen und Bauchnabel und zwischen den Zehen, Fühler, wie jene Raupe sie hatte, und ich es nicht mehr aushielt, sondern aufs Klo musste, um nachzuschauen und abzutasten … Und nicht immer ließ ich mich von Mà wieder herauslocken, wenn sie kam und an die Tür klopfte und sagte, sie habe Pà verboten, weiter von diesen Dingen zu reden – sie sagte nicht Fühler, absichtlich nicht, und so war Mà, voller Einfühlung. Ich aber, trotz meiner erst acht Jahre, wusste, dass Pà sich von Mà nichts vorschreiben, geschweige denn verbieten ließ. Denn Pà durfte alles, und Mà durfte nichts, fast nichts. Unsere Mà hatte keine Macht über Pà. Alle Macht und Kraft, die es zwischen Mann und Frau gibt und die nicht immer nur der Mann, vielmehr zuweilen auch die Frau ausüben sollte und müsste, da in der Welt auch Herz und Takt, Verständnis und Einfühlungsgabe, Ehrfurcht und Liebe, erbarmende Liebe notwendig sind, wenn nicht sogar notwendiger als alles andere, alle Macht bei uns beanspruchte Pà. Nicht dass unsere Mà schwach und willenlos gewesen wäre. Gerade das war sie nicht. Sie war stark und demütig und friedfertig und sanft. Und wissend. Ja, das war sie, eine wissende Frau. Nicht weil sie eine große Schulbildung genossen hätte, als einfache Bauerntochter hatte sie das ohnehin nicht, aber sie hatte das Wissen eines großen Herzens. Sie wusste, dass bei einem solchen Manne, bei so viel Herrscher-Herrlichkeit, jemand demütig bleiben musste, aushalten, herhalten musste.

Denn Pà wollte herrschen und wollte sich mit großen Dingen befassen. Und wenn es damals auch nur seine Sphäre und seine Fühler waren, sein comando supremo und sein Hotelinderzukunft.

Und wir waren sein Publikum; staunend und einfältig hörten wir ihm zu, und nur Enrica glaubte ihm nie ganz. «Chinesisch, nichts als chinesisch», pflegte sie unumwunden zu mir zu sagen, wenn wir im Bett lagen; und auch wenn ich mich bei ihr erkundigen wollte, wie das schwierige Wort geheißen habe, entgegnete sie geringschätzig: «Chinesisch, alles chinesisch», und dieses Wort verwendete sie, seitdem ihr Lehrer in der Schule einen Abschnitt aus einer berndeutschen Erzählung vorgelesen hatte, um seinen Schülern die Verschiedenheit von schweizerischen Idiomen zu zeigen. Ich hörte sie, Enrica, nach der Schule ihren Freundinnen gegenüber behaupten, sie habe kein Wort davon verstanden, es sei für sie gewesen wie Chinesisch, und ich, wenn sie zu Pàs Geschichten solches äußerte, erstarrte über ihre Kaltblütigkeit und Verwegenheit. Aber so war Enrica. Sie war es auch, die mich am häufigsten auslachte und beschimpfte, indem sie sagte, ich sei ein einfältiges Geschöpf, mir könne man das Blaue vom Himmel herunter angeben.

Später allerdings war ich es, die erfuhr, aus welcher Quelle Pà sein Wissen schöpfte. Da gab es nämlich am Weg zum Dorf hinauf einen kleinen, bazarähnlichen Laden, in dem ein Hagestolz und kauziger kleiner Mann, Herr Zyri, allerhand Krimskrams verkaufte, Andenken, Spazierstöcke, Zigarren, Zeitungen, aber auch Bücher und Zeitschriften wie «Das Tier», «Die Deutsche Rundschau» und andere. Jener Mann wars, der den Radioapparat besaß, aus dem wir die Musik gehört hatten. In seinen Gestellen standen auch naturkundliche Bücher; und Brehms Tierleben hatte er in eigenem Besitz. Er war ein ehemaliger Türke und hatte, nachdem er auch sonst in der Welt herumgekommen war, lange Jahre in Deutschland gelebt. Sämtliche Zeitschriften und Bücher studierte er mit Leidenschaft; was ich alles erfuhr, nachdem ich seine Kundin geworden war und gute Bekanntschaft mit ihm geschlossen hatte.

«Das Dorf, mein Kind, beginnt sich zu ändern», so beklagte er sich eines Tages. Sprach mich, obschon ich inzwischen fünfundzwanzigjährig geworden war, immer noch mit Kind an. «Früher war alles noch mehr oder weniger in seiner richtigen Ordnung, alles hatte seine Bedeutung und seine Würde. Heute hingegen beginnt sich alles aufzublähen, wird laut und lärmig, und keiner hat mehr Zeit, mit dem andern zu reden. Dein Pà kam, solange ihr noch in den Drei Häusern wohntet, zweimal in der Woche zu mir herauf, holte sich bei mir die besten Zeitschriften, die ich ihm billiger gab, und lieh sich Bücher aus. Und wir, wir redeten noch miteinander, du mein liebes Himmelchen, über was haben wir nicht alles geredet und disputiert! Über Himmel und Hölle, fragten uns, ob es sie gebe oder nicht, und ich musste ihm von allen Ländern erzählen, die ich in meinem Leben gesehen. Und es sind deren nicht wenige, wohnte ich doch als Junge mit meinen Eltern hinter dem Schwarzen Meer ...»

Dann war er da, der Frühling. Und mit ihm näherte sich das Fest der *öftartüfulisciguli e brasciadeli*. Das war unser Frühlingsfest, das wir in der Waldlichtung feierten, dort, wo die Vogelbeerbäume oder die englischen Bäume wuchsen, und englische Bäume hatten wir Drei-Häusler sie getauft, weil ein Engländer sie hatte pflanzen lassen, der allererste, wie die Leute im Dorf berichteten, der mit der Rätiabahn hier herauf nach Puntraglia gekommen war. Ein Sonderling soll er gewesen sein, dem alle die Wälder rings um das Dorf und trotz der wenigen Kurgäste, die es damals erst gab, nicht einsam genug waren, und der als Einziger, wie die Leute sagten, herunterstieg zum Wäldchen, um hier lustwandeln zu können. Und so sehr hatte es ihm gefallen, dass er eines Sommers eine ganze Allee von Vogelbeerbäumen herunterführen und in unsere Waldlichtung hatte pflanzen lassen. Hier denn, an einem warmen Sonntag Ende Mai oder Anfang Juni, wenn unsere Vogelbeerbäume blühten und die Lärchen erst gerade ausgeschlagen hatten, den Wald mit dem zartgrünen Hauch ihrer jungen Nadelbüschchen durchwebend, feierten wir alljährlich unser Fest, das wir allein erfunden und ausgedacht hatten und jedes Jahr wieder erfanden und zustande brachten.

Dem Fest hatten wir Kinder einen Namen gegeben, nannten es La festa dali öftartüfulisciguli e brasciadeli, hatten uns außerdem eine Melodie dafür ausgedacht, indem wir den Pfarrer nachahmten, wenn er an feierlichen Sonntagen das Evangelium sang, und Wochen vor dem Feste konnte man uns um die Häuser herum den Namen singen hören, einzeln und im Chore und in ungezählten Varianten.

Hergeleitet hatten wir den Namen von dem, was an diesem Tage ohne Unterschied von allen gegessen wurde: von den hart gekochten, von uns Kindern eingefärbten Eiern, dem Kartoffelsalat von Frau Flockenbart und den frischen Ringbroten aus Borgo, die nicht frisch und knusprig genug sein konnten und die deshalb von einem der diensttuenden Borgeser am gleichen Tag mit dem frühen Zug und an einer Schnur aufgebunden herübergebracht wurden. Dazu kam das

Spanferkel aus Aquazon, seit langem bestellt, jedes Jahr wieder und auf Jahre hinaus. Und das Wort sciguli gehörte mit zum Namen, nicht so sehr, weil wir Kinder deren Schalen zum Einfärben der Eier verwendeten, vielmehr weil sie zu Frau Flockenbarts Kartoffelsalat gehörten, aber sowohl wir Kinder als glücklicherweise auch der größere Teil der Väter diese rohen Zwiebeln im Kartoffelsalat nicht mochten, sodass die Väter eines Tages der Frau Flockenbart drohten, falls sie nun nicht endlich eine zweite Schüssel ohne Zwiebeln anmache, werde man sie vom Fest ausschließen. Sie, die Flockenbart, schimpfte zwar immer noch und konterte, ein Kartoffelsalat ohne Zwiebeln sei come una donna senza brio; denn obgleich sie deutscher Zunge war, liebte sie es, italienische Brocken in ihre Reden einzustreuen, ließ sich indessen auf die Drohung hin herbei, zwei Arten von besagtem Salat anzumachen, einen mit und einen ohne Zwiebeln.

Wochen vor dem Feste begannen die Vorbereitungen: Sciur Prüiriva übte mit uns Kindern an verstecktem Ort. Bei schönem Wetter irgendwo im Wald, wenn es regnete oder kalt war, in der Schreinerwerkstatt von Sciur Raselli an der untersten Ecke der Gemüsegärten. Die Väter legten elektrische Drähte zur Waldlichtung, und am Samstag vor dem Feste kochten unsere Mütter Eier und rüsteten die braunen Zwiebelschalen für uns Kinder, während wir auf den Wiesen die ersten Gräser sammelten, von Zimmerpflanzen Blätter stibitzten oder bei Frau Flockenbart bettelten, damit sie uns Petersilienzweige aus ihrem Kräuter-Glaskasten schenke, was sie gutmütig tat, und für den ganzen Nachmittag ging es dann in jeder Küche an ein emsiges Schmücken und Einpacken der hart gekochten Eier: Blätter, Gräser, Petersilienzweige, ja selbst farbige Bändel und Maschen wurden auf die Eier gelegt, die Zwiebelschalen darüber gezogen, das Ganze mit Faden, je länger, je lieber und sicherer, gebunden, und die so verpackten Eier nochmals ins heiße Wasser gelegt, auf dass sie von den Zwiebelschalen eingefärbt und den Gräsern und Maschen bedruckt wurden, und in jeder Küche herrschte so eine große Geschäftigkeit; denn es war unter uns Kindern ein Wettstreit, wer am folgenden Tage die schönsten, die anmutigsten Eier vorzeigen konnte.

Wenn sie dann am Sonntag herbeigebracht, gegenseitig bewundert und begutachtet waren, wurden sie auf den Boden der Waldlichtung gelegt, eines neben das andere, im Ganzen über hundert Stück, da wir an die dreißig Kinder waren und jedes vier färben durfte, sodass ein Teppich von Eiern entstand; und mit den Jahren wurden wir Kinder immer erfinderischer, indem wir je eines davon mit einer Pastellfarbe einfärbten, lachsrot, zartgrün, hellblau, sodass auch der Teppich immer zauberhafter wurde.

Wenn so die Eier hingelegt waren und das Spanferkel, das unsere Väter auf offenem Feuer gebraten, mit seinen Gerüchen die Luft und unsere Nasen erfüllte, wenn die Schnur mit den *brasciadeli* zwischen zwei Bäumen aufgehängt war, fehlte immer noch etwas: der Kartoffelsalat von Frau Flockenbart, der, erst wenn alles andere bereit war, von Pà und Herrn Flockenbart in zwei Riesentöpfen herbeigebracht werden durfte, so und nicht anders wollte sie es haben.

Mit diesem Kartoffelsalat verhielt es sich folgendermaßen: Jede Mutter war es zwar, die ihre Kartoffeln kochte, so viele, als sie für ihre Familie benötigte, Frau Flockenbart aber war es, die alles Weitere besorgte, und unsere Mà durfte ihr dabei behilflich sein.

«Ihr Borgeser versteht zwar etwas von risotto, *ris chönsch*, polenta, tagliatelle, *pizocar*, aber nichts, rein gar nichts versteht ihr von dem, was ein Kartoffelsalat sein kann und sein muss», so behauptete sie jedes Jahr wieder, sodass am Samstagabend auf acht Uhr alle Mütter ihren Tribut an gekochten, heißen, noch nicht geschälten, mit einem Tuch zugedeckten Kartoffeln herbeibringen mussten. «Die Kartoffeln müssen heiß in die Sauce geschnitten werden, damit diese von ihnen eingesaugt werden kann, und nur wenn die Scheiben nicht zu dünn und aber auch nicht zu dick sind, gibt es den richtigen, saftigen, aber nicht tranigen Kartoffelsalat.»

«Jaja, meine lieben, törichten, schwachköpfigen Borgeser, den richtigen Kartoffelsalat, nicht trocken und nicht staubig, nicht sauer und nicht süß und nicht ranzig, kurz, den echt züchinesischen, aromatischsten, himmlischsten Tartüfulisalat kann nur ich, die Flickenfleckenflockenbart, anmachen ...», und das war Enrica, die Frau Flockenbart nachahmte. Die beiden konnten sich nämlich gegenseitig nicht ausstehen, denn sie, die Flockenbart, sagte zu Enrica immer nur *ti barasel*.

Und so war es an jenem Abend nur unsere Mà, die in die Wohnung von Frau Flockenbart hinaufdurfte, um dieser beim Kartoffelschälen und -schneiden behilflich zu sein. «Nur die Maria» – das war unsere Mà – «ist flink und willig genug, um mir die Kartoffeln so heiß, wie ich sie haben will, in die Sauce zu schneiden», so behauptete Frau Flockenbart, und selbst wir Kinder hatten das dunkle Gefühl, da stecke etwas dahinter, der wahre Grund, dass sie an diesem Abend niemanden anders bei sich haben wolle, müsse ein anderer sein, und erst Jahre später, nachdem Herr Flockenbart sich das Leben genommen hatte, begann ich zu begreifen, dass es seine Gemütszustände gewesen sein müssen, die schon damals auf ihr lasteten, und sie die Gelegenheit benützte, um wieder einmal ausgiebig mit unserer schweigsamen Mà davon zu reden.

Und so schälte und schnitt unsere Mà an jenem Abend bis nach Mitternacht Kartoffeln, und Frau Flockenbart rührte sie ein in ihre mit Sonnenblumenöl zubereitete Sauce. Denn: «Jeder Kartoffelschnitz muss eine richtige Legierung mit der Sauce eingehen, diese aber geht er am besten ein, wenn die Sauce Sonnenblumenöl enthält», so sagte sie, und kein Mensch wusste, nicht einmal ihr Mann, woher sie das Wort Legierung hatte, vielleicht, da sie die italienische Sprache liebte, vom Wort legare, aber darin waren wir uns alle einig, dass etwas daran war an diesem Kartoffelsalat und dass keine ihn so würzig und feucht anzumachen verstand wie sie.

Dann saßen wir also in der Waldlichtung und schmausten, und alles war wunderbar, die Amseln sangen, der Braten, die Lärchen und selbst der Kartoffelsalat von Frau Flockenbart dufteten, und noch heute können wir nicht ausmachen, was das Allerallerschönste am Feste war: das Essen, das Warten auf das Fest, das Üben und Eierfärben oder: das, was nach dem Essen kam. Denn dann waren wir an der Reihe, Sciur Prüiriva und wir Kinder. Und auch daran können wir uns nicht mehr genau erinnern, welches das schönste dieser Feste war, das letzte oder das vorletzte, nämlich vor unserem Zügeln, oder ein früheres, und das Wahrscheinlichste ist, dass wir sie alle durcheinander bringen und uns nur noch an das schönste aus verschiedenen zu erinnern vermögen.

Wie dem auch sei, auf das eine von diesen hatten wir Kinder für uns und unsere Eltern – alles unter der Anleitung von Sciur Prüiriva – clownige Papiermützen aus farbigem Papier, rot, blau, grün, gelb, angefertigt und hatten zwei Lieder eingeübt, «Aprite le porte» und «L'inverno è passato», und überdies ein Spottgedicht verfasst, das wir auswendig gelernt hatten und an das wir uns heute noch erinnern.

Kurz bevor die Dämmerung einbrach und nachdem wir Kinder herumgetollt, die Eltern geschwatzt und viel gelacht hatten, sammelten wir uns zu dem, was wir der Kerzen wegen die Prozession nannten, und erreichte das Fest für uns alle seinen absoluten Höhepunkt.

Alle, die nur gehen und stehen konnten, zogen mit bei diesem Umzug, Kinder und Erwachsene, und Sciur Prüiriva hatte alle Anweisungen gegeben.

Schweigend stachen wir aus der Waldlichtung heraus; schweigend, in gemessenen Schritten und in Zweierreihe, bewegten wir uns über die Wiesen, hinauf zum Bahnhofgebäude, wo wir uns hinter dem Depot auf den schmalen Wiesenpfad begaben, der zum Trafogebäude hinüber und wieder zurück zum Bahnhof führte.

Sobald wir auf dem Wiesenpfad angelangt waren, zündeten wir die Kerzen an, und sobald alle brannten, gab Sciur Prüiriva auf seiner Gitarre den Auftakt und begannen wir, Kinder wie Erwachsene, die erste Strophe des Liedes «Aprite le porte» zu singen, die er dahin abgeändert hatte, dass er an Stelle von «Ticines» und von «soldà» «Borges» gesetzt hatte, in der zweiten Strophe an Stelle von «vieni oi bruna» «venite oi bruni» und so fort.

Nach jeder Liederstrophe aber schmetterten wir Kinder, jetzt nur wir, einen Vers des Spottgedichtes in die Welt hinaus. Hinaus und heran an die Ohren der Bahnhöfler, und weil das Gedicht mehr Verse hatte als das Lied, sangen wir dann noch das zweite, «L'inverno è passato», wobei von diesem nur die erste und die letzte Strophe. Sciur Prüiriva begleitete uns wie gesagt auf der Gitarre, und wir, wie wir es mit ihm eingeübt hatten, skandierten den Text. So, aus dem Munde von dreißig Kindern, tönte es formidabel, und ich kann mich erinnern, dass ich vor Erregung zitterte, und vielleicht taten das alle.

Der Text des Gedichtes war dieser: Le scià i Sciursceglés / cu'li crapi peladi, li scarpi imbrocadi / e li bogi plen da pulenta. Vigní a vedé ca le scià i Sciursceglés / vigní a vedé ca ien scià ... und so weiter*.

> Auf Deutsch:
> Die Borgeser sind da, mit geschorenen Schädeln, den Schuhen mit Nägeln, den Bäuchen voll von Polenta.
>
> Refrain:
> Die Borgeser sind da, kommt schon und seht, sie sind da.

* Das ganze Gedicht in der Originalfassung ist im Anhang nachzulesen.

Die Borgeser sind da, verhöhnt und erniedrigt, verletzt und
auseinander gerupft und für euch nur immer Nieten und
Tölpel.

Refrain: ...

Die Borgeser sind da, ohne Silber und Gold, ohne Batzen
und Sold und Besitzer von nichts als von Hühnern und
Tauben und Hasen.

Refrain: ...

Die Borgeser sind da mit ihrer erlesenen Sprache ...

Refrain: ...

Und ihr, was seid ihr, wovon ernährt ihr euch denn?
Giftspucker seid ihr, Grimassenschneider, Grobiane,
werft fort den ris cönsch und freßt dafür Joghurt
und Kartoffeln mit Schmiere und Kartoffeln mit Öl
und Kartoffeln mit Wasser und Kartoffeln mit Salz
und Kartoffeln, Kartoffeln jahrein und jahraus.

Kommt schon und seht, sie sind da,
hört zu nun und lacht, falls euch das Lachen nun nicht
vergeht.

Kommt schon und seht, sie sind da.
Sind da, sind da, sind da,
kommt nun, kommt nun, kommt,
kommt schon und lacht
und lacht, falls euch das Lachen nun nicht vergeht.

Beim letzten Vers, bei den Worten ien scià ien scià, wechselte der Rhythmus, wurde resolut und etwas schneller, was noch dadurch unterstrichen wurde, dass jetzt Pà und Sciur Raselli mit ihren Trompeten einsetzten und spielten. Für uns war es, als hörten wir das Jauchzen von Fanfaren, und das war noch nicht alles, denn indem wir jetzt daran waren, den Bahnhofplatz zu überqueren, begann jemand zu husten, verhalten zuerst und dann immer lauter, bis es kein Husten mehr war, jedenfalls nicht mehr so klang, und unsere Prozession geriet ins Stocken; denn jetzt war es wirklich ein Lachen, ein dröhnendes Husten und Lachen, nämlich von Signur Flurina, dem Inhaber des Bahnhofbuffets. Sein mächtiger Bauch mit der Uhrenkette bebte, und er hielt sich sein Taschentuch vor den Mund, denn die Bahnhöfler waren seine Kunden. Aber alles nützte nichts, weder das Nichtmerkenlassenwollen noch das Taschentuchvordenmundhalten, das Lachen drang durch und überbordete und dröhnte, denn etwas in Signur Flurina war stärker als der Wirt und alle Rücksicht ... Und unser Zug stand jetzt überhaupt still, und dass Sciur Prüiriva das Weitermarschieren befahl, wollte auch nichts mehr nützen; denn jetzt begann Signur Flurina auch noch in die Hände zu klatschen, und es klatschten auch Herr Fuchs, der Bahnhofvorstand, und seine Frau, die konnten sich das freilich erlauben, und schließlich, wie mein Bruder Reto behauptet, klatschte auch Herr Durengi, der Vize-Bahnhofvorstand.

Das war einer unserer wenigen Triumphe gegenüber den Bahnhöflern.

Nur dauerte dieser nicht lange, denn wer von ihnen, den Buben, mit ihren zehn, zwölf und dreizehn Jahren, konnte schon genug Demut und Einsicht, Gescheitheit und Weisheit haben und Überlegenheit, um einzusehen, dass sie jetzt den Kürzeren gezogen hatten. Und so waren es bald sie, die Ausdrücke, die Sciur Prüiriva in sein Spottgedicht gesetzt hatte, gegen uns verwendeten, die jedenfalls, die sie sich hatten einprägen können.

Andere Jahre blieben wir in unserer Waldlichtung, und Sciur Prüiriva, während er uns als seinen Begleitchor einsetzte, spielte den Clown, und damals, wenn ich mich recht erinnere, war es schon so weit, dass die Bahnhöfler und selbst Leute aus dem Dorf als Zuschauer zu uns herunterkamen.

So trug Sciur Prüiriva einmal ein Hahnkostüm. Seine Schwester hatte ihm auf Hemd und Unterhosen farbige Stofflappen aufgenäht, er selber hatte sich aus Bändern und mit Hilfe von Drähten einen Schwanz und einen Kamm gebastelt und sah so prächtig aus, dass sowohl wir Kinder als auch die Erwachsenen schon bei seinem Erscheinen vor Vergnügen schrien. Er stieg auf einen Felsbrocken, und während wir Kinder um diesen herum kauerten und gackerten und kokodöften, als wären wir Hühner, spielte er den Hahn, stieß sein Kikeriki aus, das so echt tönte wie das eines wirklichen Hahns, stolzierte, mit bösen Augen, den Kopf hin- und herruckend und indem er, nach Art des Hühnervolkes, etwa den einen oder anderen Fuß vorstellte, auf und ab, bis er sich, mit halb ausgebreiteten Armen und hastigem Trippeln, auf Luigi stürzte, der seinerseits so empört und aufgeregt gackerte und kreischte, als wäre er ein echtes Huhn, und schließlich auf unsere Mütter, auf diesen herumpickend, dass auch sie aufkreischten.

Ein andermal ahmte er die Zänkereien und Händel der Frauen nach, vorwiegend die der bigotten und streitsüchtigen Frau Nota – die es indessen nicht einmal zu bemerken schien, dass von allen sie am meisten aufs Korn genommen wurde, so sehr war sie von sich überzeugt –, setzte sich eine Perücke auf, die er sich aus schwarzer Wolle und mit einem Haarknoten angefertigt hatte, brachte Gehässigkeiten und alle Schimpfwörter aus, wie *carampana, sbegula, bisbetica, facia mal lavada,* ahmte sich überschlagende, jammernde Frauenstimmen nach, während wir Kinder, in einem Halbrund hinter ihm sitzend, die Untermalung gaben, indem wir das Ave Maria und Santa Maria beteten, drei Mal hintereinander, abwechslungsweise Buben und Mädchen und als Zwischengesang: «*O Angelina fà la brava, fat miga tö dal birlichign*», Letzteres in einem singenden Gleichklang, um dann wieder von vorne anzufangen: Ave Maria usw. und in dieser Wiederholung das Beten des Rosenkranzes imitierend.

Einmal kam Herr Kellerhans an die Reihe, der eine der beiden Depotchefs, dessen Gesicht auffiel durch die Gespanntheit und Aufmerksamkeit, die dauernd auf ihm lagen: Ob er grüßte oder sprach, nie verzog er eine Miene, nie schien sich der Ausdruck auf seinem Gesicht zu verändern, gespannt und aufmerksam blickte er einen an, und es war dauernd, als warte er darauf, dass man sie ausspreche, die Nachricht, auf die er sein Leben lang gewartet. Nur wenn er nervös war, hatte er zwei merkwürdige Gewohnheiten, schnitt die immer gleiche Grimasse, indem er Mund und Wangen nach hinten verzog zu den Ohren, ruck nach hinten und zurück, ruck und zurück, dabei auch die Ohren bewegend, und mit der einen Hand pflegte er dann über seinen Hosenladen zu fahren, als wolle er prüfen, ob dieser geschlossen sei.

Diese seine Gewohnheiten führte Sciur Prüiriva vor, und Herr Kellerhans war unter uns samt seiner Frau und seinen Töchtern, Lina und Annamaria, und die lachten und lachten, während er, Herr Kellerhans, konzentriert zuhörte, zuschaute, mit eben seinem ernsten, wartenden Gesicht. Und nachdem Sciur Prüiriva ausgespielt hatte, stand jener auf, prüfte seinen Hosenladen – Reto behauptet heute noch, dass er es tat – und sagte: «Aha, das war also ich», sagte dieses, wie man: nicht warm und nicht kalt ist es heute, sagt, und dann war sein Gesicht, wie wir es noch nie gesehen hatten, verschmitzt und vergnügt für den ganzen Abend. Nichts als das. Ich aber schaute von da an zu ihm auf wie zu einem Helden, und heute denke ich, dass er irgendeine geniale Veranlagung hatte. In seiner Freizeit bastelte er denn auch immer an irgendwelchen komplizierten Apparaturen herum.

Ein andermal Frau Flockenbart, und wenn Sciur Prüiriva für sein Spiel auf Herrn Kellerhans eine der schwarzen Uniformen der Puntragliabahn angezogen hatte, so setzte er sich jetzt die rote Zipfelmütze auf und zog die roten Handschuhe von Frau Flockenbart an, verschränkte nach echt flockenbartscher ein wenig gezierter Art die Arme und begann eine Rede zu halten auf den Kartoffelsalat:

«Der Kartoffelsalat kann gegessen werden sowohl bei zunehmendem als auch bei abnehmendem Mond; er kann dazu verschieden angemacht sein, trocken oder feucht, mit oder ohne Zwiebeln, wobei er, das muss zugegeben werden, mit Zwiebeln stimulierend auf die Entwicklung von Abgasen wirkt. Gut gewürzter Kartoffelsalat ist gut gegen schlechte Laune und gegen Liebeskummer, der schlecht gewürzte hingegen setzt bei den Männern den brio herab. Den Leuten, die an Verstopfung leiden, wird geraten, den Kartoffelsalat mit Rizinusöl anzumachen. Da zu den Ingredienzen der Kartoffelsalatsauce auch der Essig gehört, müsste einmal eine Untersuchung bewerkstelligt werden über die Wirkung des Essigs auf die Tätigkeit der Galle, vor allem bei Leuten, denen die Galle leicht hochsteigt, ferner die Wirkung von Essig auf Löcher, Löcher in den Socken und Löcher im Gehirn, und schließlich auf die Entwicklung von Fußkäse. Es stehen außerdem folgende Untersuchungen aus: Die Auswirkungen des Kartoffelsalats mit Zwiebeln auf den Mundgeruch und damit auf die Liebe zwischen Mann und Frau. Ferner die Wirkung der Zwiebeln auf das Wachstum der Augenbrauen und Augenwimpern bei den Frauen, schließlich der unterschiedliche Einfluss von besagtem Salat mit Zwiebeln und dem ohne Zwiebeln auf die Entstehung einer Glatze beim Mann und auf die Entwicklung von Hämorrhoiden. Unsere deutschschweizerischen Mitbrüder essen mehr Kartoffelsalat als wir Borgeser, es müsste also auch untersucht werden, ob er es ist, der so ungemein fördernd auf die Intelligenz einwirkt. Wie dem aber auch sei: Unsere Frau Flockenbart, stella mia, macht den besten Kartoffelsalat aller Frauen; denn er schmeckt sowohl kräftig als zart, würzig als blumig, nämlich sonnenblumig, und wenn das so weitergeht mit dem Kartoffelsalat von Frau Flockenbart, so werden wir selber noch zu allerliebsten Sonnenblumen werden!»

Redete so, mit unschuldigem Gesicht, immer neuen Augenaufschlägen und nervösen, possierlichen Gesten der Hände, ganz nach flockenbartscher Art, und streute wie sie Wörter ein, die wir noch gar nicht kannten, wie Ingredienzen, stimulierend, Sonnenblumen, und das von den schönen Augenbrauen und -wimpern hatte er auch ihretwegen gesagt, denn das hatte sie.

So wurde der Tag der öftartüfulisciguli e brasciadeli für uns alle und jedes Jahr wieder zu einem rauschenden Fest voll jubelnder Freude und Ausgelassenheit.

Dann zog der Sommer ins Land. Und mit dem Sommer begannen unsere Schulferien. Unsere langen Schulferien, die von Anfang Juni bis Ende September dauerten, und mit ihnen begann jene unendliche Reihe von Tagen, trunken von Wald. Tage, in denen der Wald uns zu umfangen begann, bis wir beinahe eins wurden mit ihm. Eins mit seinen Träumen und Wachheiten, seiner Stille und all seinen Heimlichkeiten. Und eins mit seinen Gerüchen. Seinen hundertfachen Gerüchen nach Lärchen und Lärchenharz, alten und neuen Nadeln, nach Arven und Tannen und Erlen und Birken unten am Bach. Und nach seinen Blumen: Aurikel, Anemone und wilde Veilchen, Alpenrose, Hahnenfuß und Alpenklee, Rittersporn, Eisenhut und Storchenschnabel, Preiselbeeren, Heidekraut und Seidelbast. Wie sehr roch es in der Waldlichtung nach Seidelbast! Und im August nach Männertreu!

Oder seinen noch stärkeren Gerüchen nach Regentagen. Denn noch nachdem es zwei und drei Tage lang geregnet hatte, in Fäden und in Strömen, der Regen von den Dächern und aus den Dachkänneln in die Holzzuber trommelte und wir in den Wohnungen bleiben mussten oder, der Wohnungen müde, auf Haus- und Kellertreppen hockten, noch dann drangen seine Gerüche herein, durch Fenster und Ritzen und Schlüssellöcher, stieg uns in Nasen und Lungen, Herz und Kopf und lockte. Lockte und betörte, ermunterte und beschwor: «Riechst du mich denn nicht? Nun komm schon, jetzt sind wir allein, du und ich!» Bis ich hinaus- und hineinrannte. Nie aber ist der Wald so einsam und brütend, wie wenn es regnet oder gleich nach dem Regen, und so kam dann, kaum war ich ein Stück weit gegangen, die Angst über mich. Angst ob dem dumpfen Raunen und Tropfen und Dampfen. Denn aus dem Dampf, und in ihn eingehüllt, stiegen die Geister empor, schwirrten um mich, bedrängten mich und lachten über mich, sodass ich bald wieder wegrannte, stracks, mit fliegenden Haaren und hämmerndem Herzen und sie, verächtlich und hämisch lachend, hinter mir her.

Und nach dem Regen, wenn er, der Wald, wieder strahlte und duftete, wir wieder in Horden in ihn einbrachen, spielten wir in ihm alle schönen Spiele, die man sich ausdenken kann: Verkaufen und Hochzeit, Post- und Telefonamt, Kurgäste und Zug mit Aussichtswagen. Auf flachen, tischartigen Steinen legten wir unsere Waren aus zum Verkauf, und alles erfanden wir, alles verwandelte sich: die Blütenzäpfchen der Lärchen zu Broten, die vorjährigen, verholzten Samen zu Reis, der rötliche Staub morscher Baumstümpfe zu Schokoladenpulver oder Kakao, die rötlichen Holzsplitter zu Zimtstengeln, Baumrinde zu Kandiszucker, die trockenen Nadeln zu Spaghetti, die grünen zu Rosmarin. Und banden uns Kränze aus Margeriten und Vergissmeinnicht und mit den Stängeln des Löwenzahns Armband und Halskette und spielten so Hochzeit.

Die Aussichtswagen aber waren die ungedeckten Personenwagen der Puntragliabahn, die den Sommer über für die Kurgäste mitgeführt wurden, und weil wir, die Einheimischen, nur in seltenen Fällen in diesen mitfahren durften, blieben auch sie hohes Ziel unserer Wünsche und Vorstellungen.

Und immer rauschte der Bach. Mein Bach. Rauschte herein in die Küche, die Stube – Stube, Vierbettennähallesfüralleszimmer – hinauf in den Estrich, hinein in den Schlaf, herauf hinter die Häuser, auf die Wiesen, die Weide, hinein in den Wald. Rauschte und trommelte und rief, unablässig, ohne Anfang und Ende, durch alle übrigen Geräusche hindurch und herein, mitten ins Herz, in die Seele, die Magengrube, in die innerste Mitte, dort, wo man ist, ich bin, du bist, wo das Wissen von dir, von mir haust, und hatte Gewalt über mich, sodass ich mich immer wieder zu ihm hinunter begab, den kurzen Abhang hinunterstieg und mich an sein Ufer setzte, so nahe, dass ich meine Hände ins Wasser hineintauchen konnte und ich nichts mehr hörte von den Geräuschen aus den Häusern und dem Schreien und Rufen der andern Kinder, sondern nur noch sein Plätschern und Gurgeln und Flüstern und Rauschen. Saß da und wiegte mich und lauschte, bis es mich forttrug auf schimmerndem Leib und gewaltigen Schwingen, fort in die Sehnsucht, ins unbekannte Verlangen, in die Ferne, die Fremde, die vielen Länder an seinen Wassern und weiter, immer weiter fort bis in Pàs Land, die, ach, so fremde, unbegreifliche Krim am Schwarzen Meer. Und saß immer noch da, und jetzt war überhaupt alles nur noch Rauschen, ich selber mittendrin und ausgefüllt von ihm. Bis ich plötzlich wieder erwachte und mich der andern erinnerte: Wo war ich, und wo waren sie alle, Pà und Mà und die Geschwister, waren sie alle noch da, und mich aufrappelte und hinaufrannte, wieder zu ihnen, in ihren Schutz und ihre Gemeinschaft, fort vom Rauschen und seinem Rufen.

Andere Male wieder, wenn um die Mittagszeit ringsum Stille herrschte, alle schon oder noch in ihren Wohnungen waren beim Essen oder Abwaschen oder ganz einfach noch nicht wieder hervorgekrochen aus ihren Löchern, zog es mich wieder, allein in den Wald zu gehen.

Und alles war noch da: am Eingang die Vogelbeeren mit ihren roten Beerendolden, falls der Sommer schon genug vorgeschritten war, und ihnen gegenüber, auf der anderen Wegseite, meine geliebten Bergföhren mit ihrem Gewebe von Zweigen und zarten Nadelbüschchen und Zäpfchen, den neuen, dunkelroten Blütenzäpfchen nebst den vielen alten, verholzten, was alles zusammen anzusehen war wie ein feiner, wundersam bestickter Schleier. Und dazwischen der Weg über und über mit einer Schicht von braunen Nadeln bedeckt, sodass man auf ihm weich und elastisch ging wie auf einem dicken Teppich; dieser Weg, von dem Frau Flockenbart zu ihren Verwandten, die jeden Sommer wieder zu Besuch kamen, sagte: «Nun, sagt doch selber, ob das nicht ein Weg ist und ein Wald ... so kann es, sage ich immer zu meinem Mann, nur noch im Garten Eden gewesen sein ...!»

Und alles andere war ebenfalls noch da: das tiefgrüne Laubmoos und überall die gefleckten Steine und Felsen, in denen die Zwerge und Feen sich tummelten, versunken in ihr tiefes Schweigen und jeder in sein Geheimnis. Weiter unten das «Tor», vor ihm die Sitzbank und ringsum das hohe Ristgras und Arnika und Eisenhut.

Von hier aus sah man noch zurück auf die Häuser und zum Waldrand, wo nachmittags die Mütter saßen und nähten, und drüben links war die Lichtung, wo unser Fest stattfand, und noch weiter links die Weide. Hinter dem «Tor» erst begann für uns der eigentliche Wald. Das «Tor» aber, wie wir Kinder es nannten, wurde gebildet durch zwei hohe Tannen – die ersten – links und rechts des Weges, deren vereinzelte Wurzelarme zum Teil nicht nur quer über den Weg herüber- und hinübergewachsen waren zur Nachbarin, sondern aus der Erde heraus, sodass sie offen dalagen und aussahen wie eine Schwelle, die Schwelle unseres Tores. Rechts vom Weg und der einen Tanne fiel das Gelände schroff hinunter zur Langen Wiese und zum Bach, links lag aufgetürmt ein mächtiger Felsen, der uns Burg und Schloss und Palast war, auf dem wir Mädchen Königin und Prinzessin spielten, die Buben Indianer und Räuber; er riegelte, zusammen mit dem Tor, den vorderen, lichten Teil des Waldes vom hinteren ab, war also die Sperre, dahinter wechselte der Baumbestand, wuchsen fast nur noch Arven und hohe, düstere Tannen. Über die Schwelle dieses Tores begaben wir uns nur zu zweit, zu dritt oder in Horden!

Ging nun also allein den Weg bis vors Tor und ausgerechnet zur Mittagszeit, wo sich kein Mensch sonst weder im Wald noch am Waldrand befand, «denn», so sagte unsere Mà, und es war ihre Mutter, unsere Ava aus Costverd, die es ihr gesagt hatte, als sie ihrerseits ein Kind gewesen, «sobald der Mittag eingeläutet wird, kommt, wer draußen auf dem Feld ist, nach Hause an den Tisch. Der Mittag wird geläutet für uns Menschen, die Glocken wollen sagen: Nun, ihr Menschen, horcht, gönnt euch kurze Rast, lasst ab von eurem Tagewerk, betretet eure Häuser, tretet ein in den Schatten, die brütende Hitze des Mittags geht um. Ihr, stärkt und erquickt euch, denn der Tag ist lang, seine Bürde noch groß …» Mich aber zog es zu ihm, jetzt, wo er einsam war und versunken in sein Warten. Worauf wartete er, wie war er, wenn er wartete? Wie waren sie jetzt, die Bäume, die Steine? Und unsere Burg, weshalb stand sie um diese Zeit so abweisend, so ganz in sich verschlossen da?

Und ringsum war lautlose Stille, nur mitunter ein Pfannen- oder Tellergeklapper von den Häusern her, bis ich auch darauf nicht mehr achtete, es nicht mehr hörte. Nur noch Stille und Schweigen. Und ein Gefühl von etwas Mächtigem, von der unendlichen Tiefe der Zeiten, das in mir aufstieg und mich umfing ... Bis unversehens etwas sich regte, unversehens ein Lispeln und Raunen anhub oder ein Knacken hinter mir oder ein Flügelflattern ... Und jetzt, jaja, jetzt der Gockel aus dem Traum mich mit seinem durchdringenden Auge wieder anblickte und fixierte und bis ins Innerste, Verborgenste prüfte, sodass in einem einzigen kurzen Augenblick ich nicht mehr ich war, geliebt von Pà und Mà und allen andern, vielmehr eine andere, nämlich, wie der Pfarrer mich sah, mit seinem Katechismus, oder der liebe Gott, der hinter und über dem Katechismus stand, der drohende, strafende Gott, von dem der Pfarrer erzählte, dass er alles sehe und höre und wisse, alle Lügen und schlechten Gedanken und den gestohlenen Kandiszucker und mein Kitzeln von Enricas Bauch und Füßen; denn Enrica, die vier Jahre älter war als ich, sagte zuweilen, was wir täten, sei etwas Verbotenes, und sagte dann, ich dürfe sie kitzeln, sie mich aber nicht, für sie sei das Sünde, sagte das allerdings immer nur einen, höchstens zwei Abende lang. In einem einzigen Augenblick war ich voll von Sünden und Schlechtigkeiten und allein im Wald mit dem Vogel und seinem durchdringenden Auge. Und dann noch ein Windstoß, der durch die Bäume fuhr, über den Boden hin und alles in Bewegung setzte, Gras, Blumen, Zweige, sodass alles zu raunen begann, vor mir, hinter mir, und der Wind zu einem Wesen wurde, einem Unhold, der auf mich zuraste und der alle andern Geister weckte, sodass auch sie auf mich zukamen, gekrochen, gehüpft oder geflogen, und nicht nur sie alle mit gewaltigen Augen, mit denen sie durch mich hindurch- und alle Schlechtigkeiten sahen, vielmehr auch mit Fühlern, mit denen sie alles spürten und mit denen sie mich jetzt berühren und fangen würden, sodass ich auf und davon rannte, ohne mich umzusehen, bis ich aus dem Wald heraus war, und erst im Schutze der Häuser schaute ich zurück, ob keiner mir nachkomme. Den andern gegenüber aber, die jetzt auch wieder im Freien waren, tat ich, als wäre nichts gewesen.

So, ein Sommer nach dem andern, lang und unabsehbar und erfüllt von Bach und Spiel und Wald, ihm, unserem Freund und Gefährten, vertraut und voller Geheimnisse, Tummelplatz und verwunschenes Land, und uns, Daniela und Enrica, Reto, Romano und mir, bekannt und verwunschen, schon bevor wir kraft eigenen Willens und Entschlusses zu ihm gingen.

Dann war Schulbeginn, und dann, eines Morgens, geschah auch das wieder, zog über Nacht der Herbst ein und ließ sich in unserem Wald nieder, und für Wochen schaute ich, wenn ich von der Schule heimkam, zuallererst auf ihn. Denn für Wochen funkelte er in einem festlichen Gepränge: in leuchtend roten Scharen die reifen Vogelbeerbüschel und in allen Achattönen sowohl ihre Blätter als auch Birken und Lärchen, leuchteten und funkelten umso mehr, als hinter ihnen die schwarzgrünen Tannen und Arven standen.

Und wieder war es Pà, der uns auch diesen Wald mit Geheimnissen erfüllte.

«Im Winter», so erzählte er, «wenn die Geister der Berge und Gletscher heruntersteigen, weil es ihnen dort oben zu kalt wird, nehmen sie Wohnung im Wald, in den Höhlen, unter den Steinen und auf den Ästen unter dem Schnee. Jetzt sind die Nächte angebrochen, in denen sie beginnen herunterzukommen; und es ist zu ihrem Empfang, dass sich die Bäume festlich geschmückt haben …»

Dann kam er, der Winter, rückte herunter von den Bergen und schneite den Wald ein und deckte unsere Welt zu mit einer dicken, flaumigen Decke, sodass sie in Lautlosigkeit versank, und rückte unaufhaltsam vor und heran und mit seiner Kälte auch herein in unsere Häuser, sodass sich unsere Mütter ans Heizen machten. Ans Heizen der großen, langen Öfen in der Küche, mit der Backröhre, in die sie von da an Äpfel legten, die, bis wir von der Schule heimkamen, geschmort und bereit waren, gegessen zu werden. Der Öfen, auf denen man wie auf einer Bank sitzen und auch noch seinen Rücken warm anlehnen konnte und auf denen wir, solange wir noch klein genug dazu waren, alle Samstage warm und behaglich saßen, während Mà uns wusch, denn Badezimmer gab es damals in den Drei Häusern keine, und auf dem ich, bevor ich zur Schule ging, stundenlang stand und erfundene Wörter deklamierte und «Arien» sang.

Rückte vor und schneite uns so sehr ein, dass wir Kinder mitunter für einen oder einen halben Tag lang nicht zur Schule hinaufziehen konnten, weil unsere Eltern und die Schulbehörden es uns nicht zumuten konnten, durch den meterhohen Schnee hinaufzuwaten zum Dorf. Denn der Pfad, den unsere Väter am frühen Morgen gepfadet, war nach einer Stunde wieder zugeschneit, sodass die Mengen von Schnee nur von der Schneewalze niedergewalzt werden konnten.

Rückte vor und verwandelte auch uns zu Wesen und Unwesen des Winters; denn so, wie wir uns auf den langen Weg zur Schule machten, waren wir, in unserer Vermummung von Pelerine und Kapuze und Schärpe und Wadenbinden, selber anzusehen wie Wesen aus dem Wald, denn damals gab es bei uns noch keine Skianzüge, noch nicht einmal Skihosen, jedenfalls für uns in Puntraglia nicht und jedenfalls nicht für uns Kinder der Drei Häuser. Noch nicht einmal richtiggehende Ski-, geschweige Après-Ski-Schuhe, nur klotzige Bergschuhe mit hinten am Absatz einer Schraube, die unsere Väter uns einschraubten, damit die uns von der Schulgemeinde geliehenen Skier nicht von den Absätzen herunterrutschten. Und ein Teil von uns Drei-Häuslern besaß nicht einmal Bergschuhe, vielmehr Holzschuhe, klobig und steif und polternd, weil diese billiger waren und länger, noch länger herhielten. «Denen werden wirs zeigen», sagte Pà, wenn wir uns beklagten, dass die Bahnhöfler uns dieser Schuhe wegen Holzköpfe nannten. Sagte schließlich nicht mehr als das und blinkte und lachte und fletschte seine Zähne.

Bis sich jenes andere ereignete und dabei alles, fast alles an den Tag kam.

Wir befanden uns auf dem Heimweg von der Schule, und auf der Hohen Brücke, da fingen die Bahnhöflerbuben an «Villa Polenta, Villa Polenta» zu rufen und schauten hinauf zu den Vier Wiesen, und weil keiner von uns verstand, was sie damit sagen wollten, jedenfalls wir, Daniela, Enrica und ich, nicht, fingen sie an, uns drei zu umzingeln, und, immer «Villa Polenta» weiterrufend und -krähend, uns über die Straße zu treiben, ein Stück den Weg hinauf in Richtung der Wiesen; die übrige Horde hinter uns her, verwundert und neugierig und vielleicht auch bangend sie alle. Und dann war es Heini, der mich bei den Schultern packte, und indem er mit seinem Gesicht nahe an meines herankam, wie man es bei einer tut, die taub ist, schrie er: «Du Tatschchines du, siehst du nicht eure Villa Polenta dort oben?», und glotzte mich an und schnitt Grimassen. Und ringsum immer das Geschrei und Gejohle seiner Kollegen: «Haha, sie wissen es nicht einmal, dass das ihre Villa ist ...», und wir drei standen zusammengedrängt wie aufgescheuchte und verängstigte Hühner. Dabei begann ich alles zu verstehen, jedenfalls zu ahnen, nämlich nachdem ich auf einer der Wiesen das Baugerüst wahrgenommen und was sich hinter ihm befand, halb wie ein Haus und Männer, die arbeiteten und hämmerten. Begann zu verstehen, dass das, was ich dort oben sah, etwas mit dem zu tun hatte, was Pà uns an jenem Abend vor zwei oder drei Jahren am Bach unten gesagt hatte. Nur dass das, was ich ausmachen konnte, nicht aussah wie das Hotel Las Blaisas und überhaupt nicht wie ein

Hotel. Alles war anders und fremd und unverständlich, und ich fing an zu laufen und Daniela und Enrica ebenfalls, und wir liefen und rannten wie Verfolgte alle drei, während die Buben immer noch «Villa Polenta» hinter uns herjohlten.

An jenem Nachmittag wollte keine von uns dreien mehr ins Freie gehen, und es war Enrica, die am Abend bei Tisch alles erzählte.

«Was haben sie gerufen?», fragte Pà, fragte, obschon jedermann ihm ansehen konnte, dass er alles verstanden hatte. Wollte es vielleicht noch einmal hören, vielleicht nicht recht glauben, dass er richtig gehört, es wirklich dieses war, was sie gerufen hatten. War daran, den Löffel zum Munde zu führen, und fragte, und im Augenblick, da er fragte, nein, da seine Ohren hörten, weiterleiteten, veränderte sich alles an ihm: ging eine unsichtbare Erschütterung durch ihn, wurde alles steif und starr, seine Hand, sein Arm, sein Gesicht, der Löffel, steif wie aus Holz geschnitzt, und ich dachte: Jetzt wirft er die Suppe, den Löffel weg und hin über den Tisch, nein, jetzt steht er auf und packt den Tisch und gibt ihm einen Stoß und stülpt ihn um, auf dass alles klirrt und kracht ...

Aber nichts von alledem, vielmehr lachte er, prustete und lachte, und nur den Löffel ließ er in den Teller zurückfallen, sodass die Suppe umherspritzte, lachte so, wie ich ihn noch nie lachen gesehen hatte, bis ihm die Tränen in die Augen traten.

«Villa Polenta ... soso», sprach die beiden Worte aus, als koste er jede Silbe, und schaute Mà an und blinkte und streckte sein Kinn vor: «Denen werden wirs zeigen, wartet nur ...», und hatte das alles nun also schon bei verschiedenen Gelegenheiten gesagt.

Dann brach er an, der Tag unseres Auszuges, und es war Pà, der uns an diesem Morgen weckte:

«Die Rosse sind da und warten, dass wir alles hinaustragen!»

Wir standen auf, und zum Fenster herein drangen nicht nur der

Geruch und die Frische des frühen Morgens, sondern auch das Sirren der Mauersegler, und alles war erfüllt von dem Neuen, noch Unbekannten, das daran war, auf uns zuzukommen.

Dann hatte ich die Rosse sehen wollen. Pà wurde später, wenn er guter Laune war, nicht müde, es immer wieder zu erzählen: Auf der Türschwelle des Hauses hätte ich gestanden und gefragt: «Und die Rosse ... wo sind die Rosse?» Und weil sich niemand Zeit genommen habe, mir eine Antwort zu geben, hätte ich elendiglich zu weinen angefangen und geschrien: «Wo sind sie, die Rosse ...?!»

Ich selber kann mich nur noch an ein großes Elend erinnern, das an jenem Morgen über mich kam, weil statt der Rosse einer jener großen Karren, wie sie am Bahnhof benützt werden, um das Gepäck der Gäste vom Gepäckwagen zum Gepäckraum zu bringen, vor der Haustüre stand, der, nachdem er mit Möbeln beladen worden war, von Pà und Sciur Lardelli gezogen wurde. Mir sagte Pà: «Du hilfst uns stoßen und gibst Acht, dass wir nichts verlieren ...» Und so trottete ich den langen, nicht enden wollenden Weg zum Dorf hinauf, hinter dem erbärmlichen Karren her, vorbei an den Drei Häusern, wo sich lautlos kleine Fensterflügel öffneten, ein Kopf herausgestreckt und rasch wieder zurückgezogen wurde. So ein zweites und drittes und ich weiß nicht wievieltes, unendlich währendes Mal, nicht nur vorbei an offenen Fenstern und Fensterflügeln, an rasch herausgestreckten und wieder zurückgezogenen Köpfen, vielmehr jetzt auch an immer mehr Kindern, da es immer mehr Tag wurde. An neugierig und wortlos und starr oder verdutzt oder auch feindselig dastehenden, sich an die Mauer lehnenden Kindern. Und weshalb denn nicht feindselig, da wir uns von ihnen aussonderten, schon ausgesondert hatten, ohne sie zu fragen oder es ihnen zu sagen. Denn Pà hatte kein Wort über das Haus verloren, mit niemandem von ihnen, ohne zu bedenken, wie sehr wir zu ihnen gehörten, ein Stück von ihnen waren, ein Körper, eine Seele, ein Ganzes, eine Empfindung und Wahrnehmung mit ihnen. Für Freude und Lust, für Kummer und Sorgen und alle uns zugefügte Kränkung und Beklemmung und Bestürzung, alle Erbitterung und allen Zorn. All das nicht bedenkend und mit ihnen beredend, hatten wir uns erhoben und ausgesondert, in Stolz und Eigensinn.

Vorbei nun also an dieser neuen Feindseligkeit. Und dann vorbei auch am Bahnhof, an jenen Immer-schon-Feinden, Erz- und Urfeinden von Anfang an.

So unzählige Male vorbei an Gaffern und Fremdheit, neuer Fremdheit, und alles ohne Rosse.

Und schließlich nicht nur wir, Pà, Sciur Lardelli und ich, mit unserem Karren, vielmehr jetzt auch Mà. Nun also auch sie: mit einem Handwägelchen, gefüllt mit Pfannen und Deckeln und Kellen und Kesseln, alles offen im Wagen daliegend, und mittendrin der kleine Romano, noch nicht vierjährig, und auf seinem Schoß noch eine Schachtel, sodass er halb verdeckt war und sein Gesicht ein wenig verwirrt und verdutzt. Nun also auch Mà mit diesem Handwagen, und mit was für einem: mit quietschenden, wackelnden, lärmenden Rädern, auf dass Schande und Pein noch auffälliger, noch größer wurden.

Dann, wenige Tage später und eines Abends früh, als Pà von seiner Arbeit schon heimgekommen war und die beiden Frauen und Bahnhöflerinnen, die Rieser und die Steinhalder, sah, wie sie den Weg heraufkamen, der an unserem neuen Hause vorbeiführte, zerrte er Mà, die am Herd stand, zum Fenster hinüber und befahl ihr: «Jetzt sind sie nahe genug, jetzt rufst du: ‹He da, seht sie euch an, die Villa Polenta›, und ich blase dabei auf der Trompete.» Wir verstanden, dass Pà das alles in Gedanken schon vorbereitet, vorbedacht hatte, und die Trompete hatte er ja auch schon hervorgeholt, war damit, indem er sie hinter seinem Rücken versteckt gehalten hatte, in die Küche herein und ans Fenster geschlichen, ohne dass Mà es beachtet hatte.

Mà wollte zunächst nicht, sagte: «Lass das, ich habs dir gesagt, dass ich solches nicht mag …», aber Pà war stärker, wie immer, und zerrte sie ans Fenster und drückte ihren Kopf zum Fenster hinaus und sagte: «Jetzt ruf … sonst werde ich böse», und so rief Mà, rief zwar nur: «He, die Villa Polenta», und noch ein zweites Mal: «Villa Polenta», weil Pà sie hinten in die Knie stieß. Und er blies dann in seine Trompete, zwei, drei Mal in einer kurzen Tonleiter, und für mich damals tönte es, wie die Posaunenstöße des Letzten Gerichts tönen müssen, von denen der Pfarrer immer erzählte, und ich erschauerte.

Nona
oder: Schachteln, Mäuse, Fledermäuse

Immer schon waren wir zwei es gewesen, die zu Nona fahren mussten, Enrica und ich. Am Weihnachtstag: «Um ihr über die Festtage Gesellschaft zu leisten», in der Karwoche: «Für die Ostertage ... das ganze Jahr über ist sie allein», in den Sommerferien: «Für ein paar Sommertage.» So pflegte unser Pà zu sagen, und natürlich behaupten Daniela und Reto und Romano, auch sie hätten immer wieder hinfahren müssen. Indessen, Enrica und ich wissen am besten, wie oft wir es waren, die abkommandiert wurden, und wenn es darauf ankommt, zu berichten und zu beweisen, wie es bei Nona war, sind heute noch wir zwei es, die wissen, wie es war. Bis auf ein einziges Mal brauchte beispielsweise Reto immer bloß für einen Tag zu ihr zu fahren, musste nie bei ihr schlafen; und das eine Mal, wo er eine einzige Nacht hätte bleiben müssen, lief er davon zum Bahnhof, stieg in den erstbesten Zug ein, dem er ansehen konnte, dass er in die richtige Richtung fahren würde, und fuhr zurück, heim zu uns.

Niemand hat uns je gefragt, ob wir gerne führen, auch Pà nicht. Kinder brauchen nicht gefragt zu werden. Gründe und Erklärungen gehen sie nichts an, wär mir noch ... Und der Giovanni hat auch wieder geschrieben, wir wohnten näher ... Sie wird ihm wieder vorgejammert haben in ihren Briefen über ihr Alleinsein das ganze Jahr bei so viel Enkelkindern ... Kenne ich alles. Sie würde ja seine Kinder vorziehen, auch das weiß ich, hat es mich lange genug spüren lassen, dass sie ihn vorzieht. Er aber wohnt weit weg, freilich, wir haben überdies Beamtenbillett, und wenn ich fahre, brauchen meine Kinder überhaupt nicht zu lösen, keiner merkts außer der Vera, und die mag uns ... Ja, wenn ich bauen will, will ich Geld von ihr haben, bin ihr Ältester, soll auch für mich etwas tun. Und den Kindern fehlt es ja an nichts bei ihr. Dass sie die Stube gut heizt, werde ich ihr wieder einhämmern ... Dass ich nicht gern zu ihr gehe? Ist was anderes ... alle Geschichten und Streitereien mit ihr – das geht aber Kinder nichts an, was wissen die, wie es im Leben zugeht. Sollen zuerst lernen zu gehorchen.

So dachte Pà. Denkt heute noch so. Heute noch kann man ihm ansehen, dass er damals so dachte: Was wissen die vom Leben.

Übrigens, so denken alle Erwachsenen, fast alle. Weil sie vom Kindsein nichts verstehen. Obschon sie selber einmal Kinder waren. Erinnern sich aber nicht mehr daran, haben keine Zeit, sich zu erinnern, oder keine Geduld. Ist auch unbequem. Jaja, kann sehr unbequem sein. Nähmen sie sich aber Zeit, so würden sie sich erinnern an das Wissen, das sie als Kinder hatten, Wissen, Gehör, Gespür, wenn auch noch dumpf oder sagen wir, ohne die Fähigkeit, alles in Worten zu denken, heraufzuholen, immer bloß wie etwas leise Vorüberziehendes, ein Windstoß, ein Hauch. Aber doch da, immer schon da gewesen, von ich weiß nicht, woher und dank dessen sie selber auch alles, fast alles wussten: ob sie, nämlich jetzt ihre Erwachsenen, das Richtige taten, das Wahre.

Was verstehen Kinder schon vom Leben: So denkt ihr und wisst nicht, merkt nicht, dass die Luft voll ist von euch, euren Gefühlen – ungeklärten Gefühlen –, Wünschen, Ansprüchen, Ränken, Unwahrheiten, himmelschreienden Unwahrheiten. Unfähigkeiten, zur Wahrheit zu stehen oder zu ihr vorzudringen. Und Unfähigkeiten zur Liebe. Jaja, glaubt, dass wir eure Liebesunfähigkeit nicht spüren. Und uns Bitten abschlagen zu müssen, um uns damit zu erziehen. Und merkt nicht, wie oft ihr uns Bitten abschlagt, bloß weil ihr nicht liebt, nicht wirklich liebt – uns also Bitten abschlagt, bloß weil euch die euren nicht erfüllt werden.

Und bestraft uns, wenn wir einmal lügen, eine von diesen Notlügen, Fantasielügen sagen, und merkt nicht, wann und wie viel *ihr* lügt. Und dass wir spüren, dass ihr lügt.

Nein, niemand fragte uns, ob wir gerne zu Nona gingen. Und wenn wir den Kopf aufsetzten oder auch bloß still und bedrückt waren, gab uns Pà Kopfnüsse, zum Spaß, aber doch so, dass sie ein bisschen wehtaten, und schnitt seine Gesichter: «Was, nicht gerne zu Nona … natürlich geht ihr gerne …», gab selber die Antwort, ohne die unsere abzuwarten. Und wenn ich sagte: «Bei Nona ist es kalt, eiskalt», lachte er: «Ich habe es ihr aber geschrieben, dass sie gut heizen muss.» Antwortete immer dasselbe. Das Wort eiskalt aber hatte sich mir eingeprägt, als ich, fünfjährig, zum ersten Mal mit Enrica nach Borgo fuhr und Pà, nachdem er alle Fahrkarten geknipst, sich zu uns gesetzt und auf die Gletscher gezeigt und gesagt hatte, das sei der Ort, wo im Sommer die Geister wohnten: «Jetzt aber ist es eiskalt und alles beinhart gefroren, sodass selbst sie es nicht mehr aushalten dort oben.»

Wagten also nicht, uns ernsthaft zu widersetzen. Denn Pà war der liebe Gott oder doch etwas Ähnliches, einer jedenfalls, der Erlasse und Verfügungen, Gebote und Verbote aufstellte und Strafen verhängte, alles wie der liebe Gott. Somit musste gefahren werden, wenn er es anordnete.

Und es begann dann schon in Ospizio Garzon. Nicht nur der Sprache, des borgesischen Dialektes wegen, auch die Gesichter begannen anders zu werden, borgesischer, und freilich hätte uns jemand fragen können, sollen, nach was sehen denn eure Gesichter aus, aber das war es ja: Irgendwo, irgendwem gegenüber wollten wir, die unserer Borgesergesichter wegen Verlachten, einmal nicht als Borgeser, vielmehr als Puntraglier, einmal und endlich als Puntraglier gelten. Konnten aber nie wirklich herausfinden, was sie, die von Ospizio, von uns dachten. Sie, die Kinder, die hier bei der Station, auf die Züge wartend, herumstanden und uns anstarrten. Oder sie, die Erwachsenen, die an uns vorbeischauten, sodass wir nie ausmachen konnten, ob sie das taten, weil sie uns des Anschauens nicht wert fanden, indem sie in uns nichts als ihre eigenen borgesischen Gesichter wiedererkannten, oder um uns ihre geheime Bewunderung nicht anmerken zu lassen. Bewunderung nämlich, weil wir diesen unseren/ihren borgesischen Gesichtern entflohen waren, des Entfliehens fähig gewesen waren, sie an uns also nicht mehr unsere/ihre borgesischen Gesichter sahen, vielmehr unser Geflohensein von diesen.

Deshalb also begann für uns alles schon in Ospizio Garzon.

Nach dem Ospizio dann begannen die Kehrtunnels, und die waren unsere Uhr. Von da an dauerte es noch eine ganze Weile bis Borgo, und immer noch konnten wir so tun, als würden wir nie aussteigen, als ginge Borgo, dieses Borgo, uns nichts, rein gar nichts an.

Dann zum zweiten Mal Kehrtunnels, und dann kamen sie in Sicht: Aquazon und Tutti Angeli, San Carlo und Borgo und der See und alles; diese ganze Val mit ihrem ewiggleichen Gesicht, gleichen Häusern, gleichen Feldern, Gärten, Bäumen, unerschüttert und unveränderlich alles und unbeugsam verharrend; jetzt und immer und in alle Zukunft, mit ihren Kirchtürmen von Aquazon und Tutti Angeli und Borgo und all den Dächern mit ihren grauen Platten. Eine Orgie von Selbstvertrauen und Sturheit und Selbstbeschränkung. Und nicht bloß mit ihrem ewiggleichen Gesicht, nein, auch Geruch. «Wie die Ausdünstung einer läufigen Hündin», behauptete Enrica später, als sie offenbar alt genug war, um etwas von läufigen Hündinnen zu verstehen. Aber sie hatte Recht, ein Geruch war das, Borgo und der ganzen Val zugehörig, von Holz und Holzfeuer und dem Rösten von Kaffee, den die Mehrzahl der Frauen damals noch selber röstete, und im Sommer auch noch von den Gewürzen, die sie pflanzten, Salbei und Rosmarin und Basilikum, vor allem Basilikum, und vielleicht auch vom Kraut der Tomaten und Kartoffeln.

Diese Val, deren wir uns damals schämten, für die wir glaubten uns schämen zu müssen, die in Wirklichkeit aber voll war und immer noch ist von Anmut und Schönheit.

Und dann war man bei Nona und in ihrer Wohnung. Dieser Wohnung mit dem Laden und seinen Stoffen, von dem man lieber gehabt hätte, dass er jemand anderem gehörte. Aber dass er war, wie er war, und dass er ihr gehörte, war bezeichnend.

Und wenn es nichts als der Laden gewesen wäre. Aber da war auch die Stube, diese Stube, die wir la stüa dali *scatuli* nannten; und auch für Nona hatte Enrica einmal, in einem Anfall von Wut, den Übernamen *lanonaalgaligirascatuli* erfunden.

Denn in dieser Stube wohnte nicht Nona. In dieser Stube wohnten die Schachteln, Kartonschachteln, wohnten und breiteten sich aus und vermehrten sich, sodass jedes Mal, wenn wir wieder kamen, eine oder zwei mehr von ihnen herumlagen, sich auftürmten. Nicht bloß in der einen Fensternische, die so groß war, dass man sie bald einen Erker hätte nennen können, vielmehr überall: Die Madonna auf der Kommode stand eingeklemmt zwischen ihnen, und in der andern Fensternische lagen sie ebenfalls hoch aufgestapelt, sodass man von diesem Fenster überhaupt fast nichts mehr sah; dabei hätte man hier auf die Gasse hinausschauen können, in der tagsüber die Kinder spielten und schrien und durch die des Nachts Himmel und Sterne und Mond zu uns hätten hereinblicken können.

Und auf dem Tisch, an dem wir aßen, lagen sie ebenfalls und außerdem Stoffresten und Scheren und Metermaße und Zettel und Rechnungen, sodass vor jedem Essen ein Aufräumen und Zusammenscharren war, alles nach der oberen Hälfte des Tisches hinauf und darüber die Hälfte der Tischdecke. Sie, Nona, wenn sie allein war, aß nämlich mit dem Teller in der Hand, um nicht aufräumen zu müssen, so behauptete Enrica.

Wir aber, wenn wir da waren, wollten Luft schaffen und Platz, wenigstens für unsere Teller. Was auch wieder seine Tücken hatte, denn dann musste plötzlich auch noch Platz her für den Abfallteller der Katze, und nicht bloß für ihren Abfallteller, vielmehr für sie, die Katze selber, Minin oder assasin da strada, wie sie, je nach Laune, von Nona genannt wurde. Und sie kam von selber, sprang auf den Tisch, sobald Schüsseln oder Pfannen aufgetragen waren und sie Essen roch. Aber auch das hätten wir in Kauf genommen, wenn sie, Minin, den Verstand gehabt hätte, zu warten, bis wir gegessen und Nona ihr den Abfallteller gefüllt hätte. Aber nein, sie bediente sich selber aus Nonas Teller, wagte es, schwapp, sich einen Brocken zu holen und schwapp einen zweiten. Bloß an Schüsseln und Pfannen wagte sie sich nicht, und Enrica war der Ansicht, sie müsse sich einmal an so einem Ding die Schnauze angesengt haben, nur deshalb tue sie es nicht.

Nona, falls sie guter Laune war, ließ sie gewähren, nannte sie zwar assasin, aber lachte mit ihrer dunklen, immer ein wenig heiseren, immer ein wenig verschleierten Stimme und redete mit ihr, schmeichelte ihr mit unverständlichen Worten, und erst beim dritten oder vierten Schwapp oder wenn sie schlechter Laune war, gab sie ihr einen Nasenstüber. Worauf die Katze nicht etwa vom Tisch sprang, was sie selten tat, dazu musste der Nasenstüber schärfer sein, nämlich eine richtige Ohrfeige und Nonas Stimme schreiend, sondern bloß an den Rand von Tellern und Schüsseln, wo sie herüberblinzelte, sichtlich indigniert und gelangweilt.

Die Brocken aber, wie gesagt, nur aus Nonas Teller schnappend, nie aus unseren. Denn zwischen uns und ihr herrschten von allem Anfang an Fremdheit und Abneigung; alle Befremdung und allen Widerstand, den wir gegen Nona fühlten, übertrugen wir auf die Katze.

Und sie, Minin, hatte denn auch nichts an sich von jener lieblichen Anmut unserer Katzen in den Drei Häusern, war ein mächtiger Kater mit einem großen Kopf, und woher hätte er Anmut auch nehmen sollen ... Außerdem hatte er uns einmal des Nachts erschreckt. Ich war damals erwacht an den Püffen, mit denen mich Enrica traktierte, und in der Finsternis dann – Nona schloss abends immer alle Fensterläden, sodass es in der Wohnung stockfinster wurde – hatte auch ich die zwei glühenden Punkte gesehen bei der Tür, die in Nonas Stube führte. Enrica hatte gesagt, wir müssten aufstehen und Licht machen, das vertreibe die Geister. Hatte kaltblütig von Geistern geredet, und heute noch frage ich mich, ob sie nicht von allem Anfang an gewusst hatte, dass sie Minin war. Weil ich aber nicht hatte aufstehen wollen, war sie selber aus dem Bett gesprungen. Und dann war es die Katze gewesen. Und bevor die in die Küche entwischen konnte, hatte Enrica sie gefasst, und im Laden, wie sie mir hinterher berichtete, habe sie sie am Schwanz gepackt und nach hinten an die Wand geschleudert.

Für mehrere Tage war Minin nach jener Nacht nicht mehr zu Tische gekommen und hatte sich nirgends erblicken lassen, sodass ich, wenn ich durch den Laden gegangen, voll Schaudern nach den Ecken geäugt hatte, ob ich sie irgendwo tot liegen sähe. Enrica aber hatte damals immer behauptet, Katzen hätten ein zähes Leben und stürben nicht vor ihrer Zeit.

Immer wieder diese Wohnung also und diese Stube mit den sich vermehrenden Schachteln, denn eines Tages hatten wir angefangen, sie zu zählen.

Und nicht bloß die Stube, auch der Laden war voll von ihnen, und einmal war Nona besonders schlecht gelaunt und quengelte herum. Eine wollene Herrenweste fehle, so sagte sie und fing an, im Laden herumzustöbern, und wir mussten ihr beim Suchen helfen. In einer Schachtel im Glaskasten habe sie sie aufbewahrt, dort aber habe sie schon selber alles durchsucht, wir sollten auf dem Kasten und darunter suchen. Und dort lagen sie in Horden, diese verfluchten Schachteln, und wir mussten uns also ans Suchen machen, Enrica auf einer Leiter stehend, ich unten auf dem Boden.

Zog dort Schachtel für Schachtel hervor, und die zehnte – oder vielleicht dreizehnte oder siebzehnte – war voll von etwas, das wie schwarzer Kümmel aussah; nur hatte ich in meinem Leben noch keinen solchen Kümmel gesehen und ... was ist denn das ... das sind doch nicht ... nein, sind doch nicht ... und zog an einer nächsten Schachtel. Und da ... stoben sie heraus, zwei, drei, ich weiß nicht mehr, wie viele Mäuse und davon, und ich schrie und schmiss die Schachtel hin, aber da war noch etwas anderes ... ein Gepolter und ein dumpfer Schlag auf meinem Kopf und ein Rufen schon vorher. Und jetzt sah ich Enrica, wie sie an der Leiter hing, die sich vornübergeneigt hatte, an die andere Wand, denn hier war der Laden glücklicherweise schmal.

Zuerst musste ich Nona helfen, die Leiter aufrecht zu stemmen, wieder hinüber an die Glaskastenfront, und dann stieg Enrica herunter und schnob, ich trüge die Schuld an allem und könne von Glück reden, dass sie wieder einmal klaren Kopf bewahrt und sich an der Sprosse festgehalten habe ... was ich denn an der Schachtel dort herumgeschüttelt hätte, deshalb habe sie ja heruntergeschaut, und davon sei die Leiter ins Wanken gekommen und nach rückwärts gekippt. Ich aber erblickte vor mir wieder die Schachtel mit dem Kümmel, von dem ich jetzt wusste, dass es kein Kümmel war, und begann mich gegen Enrica zu wehren:

«Und dieser Mäusekot da und mein Schädel, ist das nichts?», und sah jetzt erst den Stoß von Schachteln rings um mich, und Enrica sagte, die seien von oben heruntergerutscht, wie sie sich an einer von ihnen habe festhalten wollen. Wie eine Lawine sei das gewesen, und da, alle die Stoffresten seien in jener Schachtel gewesen, die mir auf den Kopf gefallen sei. Erst da bemerkten wir, dass Nona lachte, trotz ihrer Verärgerung lachte. Aber ohne Laute, nur nach innen und so, dass sich ihre Brust heftig auf und ab bewegte, und erst am Schluss kamen zwei, drei Laute heraus, langgezogen und weich.

Dann mussten wir weitersuchen, den ganzen Nachmittag, und am Abend im Bett erst sagte es Enrica: dass wir die Weste nicht finden würden, sie wisse, wo die hingekommen sei … «Woher weißt dus?», fragte ich. «Und woher weißt dus?», fragte sie zurück; ich aber wusste auch nicht, woher ich es wusste, wollte es vielleicht nicht wissen. Vielleicht hatte ich geträumt? Von Mäusen und Eulen und Fledermäusen, von Westen und Schachteln, Westen bei Mäusen, bei Eulen, bei Pà? Und Enrica, vielleicht hatte auch sie davon geträumt?

Am folgenden Morgen mussten wir weitersuchen, auch in den Schachteln im Treppenhaus, und bloß unter dem Ladentisch brauchten wir nicht nachzusehen, nichts hervorzuzerren. An diesem zweiten Abend, im Bett, stellte ich die andere Frage: «Was glaubst du, wie viele Mäuse es in den Schachteln unter dem Ladentisch hat?» – «Bah, ganze Bataillone», sagte Enrica, und mir schauderte, und ich hatte nun also einen Grund mehr, mir abends, bevor ich einschlief, das Leintuch über den Kopf zu ziehen.

Nona schimpfte in den folgenden Tagen immer noch vor sich hin oder stand wispernd vor dem Glaskasten, und eines Abends hörte ich sie in der Stube vor sich hinreden. Und immer mit dieser Stimme, von der ich nicht wusste, was für eine Stimme es war, ich hörte sie auch das Wort Pepino laut ausstoßen, was Pàs Vorname war.

Eine Stube also, die gar keine war. Und das nicht bloß wegen der Schachteln und des Eisenbettes, in dem Nona schlief, sondern auch wegen des Nachthafens, den sie nachts benützte und den sie, wenn wir im Winter in die Stube kamen, um uns anzuziehen, weil der alcovi nicht geheizt war, noch nicht geleert hatte.

«Wenn er wenigstens einen Geruch hätte wie der Urin von Rossen, der riecht fröhlich, riecht nach Kraft ... dieser da aber ... riecht, wie Alte-Leute-Urin eben riecht», so sagte einmal Enrica, und wie sie das alles einfach so sagen und behaupten konnte, erfüllte mich mit geheimer Bewunderung für sie.

Und auch immer wieder dieser alcovi mit dem eisernen Bett, in dem wir zwei schliefen, und auf dem Boden die zusammengenähten Jutesäcke als Teppich, und dem Wandschrank mit den Lebensmitteln und den Mäusen, die wir nächtlicherweile herumrennen hörten, und den drei Haken an der Wand, an denen ein Rock hing, ein wollener Dreieckschal, ein schwarzer Mantel und eine zweite, bessere Schürze. Was Nonas ganze Garderobe war, sodass sie keinen Kleiderschrank benötigte und auch nirgends einer stand.

Hier also schliefen wir zwei, lagen mit dem Kopf geradewegs gegenüber der Küche. Dieser ewig nach Schüttstein riechenden Küche, wegen des ewig verstopften Siphons, in dem das Wasser nie abfloss, und dieser Küche ohne Fenster, die tagsüber finster war, voll von dunklen Ecken, in die man nicht hineinsah, auch nicht hineinsehen wollte. Und nur Enrica behauptete, es mache ihr nichts aus, hier zu schlafen. Und redete dabei immer von Fledermäusen und Eulen, die, wie sie sagte, im Kamin nisteten.

«Aber Fledermäuse und Eulen fliegen in der Nacht hinaus ins Freie», sagte ich.

«Jaja, aber am liebsten fliegen sie den Mädchen ins Haar, deshalb ziehe ich abends das Leintuch über den Kopf.»

«Aber wenn man schläft und sich dreht, rutscht das Leintuch herunter, auch bei dir, morgens hast dus nämlich auch nicht mehr über dem Kopf.»

«Doch, das habe ich, ich drehe und wende mich nicht die ganze Zeit wie du, aber am Morgen, wenn ich erwache, ziehe ich es eigenhändig herunter, ich bin ja immer vor dir wach.» Und so war Enrica, immer war sie es, die recht behielt.

Das Schlimmste, das Allerschlimmste bei Nona waren die Abende. Dann musste Enrica an Hemden, die Nona für ihre Kunden schneiderte, Knöpfe annähen und ich an einem Strumpf stricken. Und keine Gespräche fanden statt, auch zwischen Enrica und mir nicht, kein Besprechen von diesem und jenem, kein Schwatzen und Plappern. Nicht dass Nona uns das Reden kurzerhand verboten hätte, aber etwas in uns stockte in ihrer Gegenwart, blieb in der Brust stecken und zerrann und zerstob; etwas ging von ihr aus und bewirkte, dass wir da saßen wie ausgetrocknete Kakteen, blütenlos und von Stacheln überwachsen.

Vielleicht kam alles davon, dass wir nicht lachen durften. «Nur die dummen Leute lachen …», so pflegte sie zu sagen, und selber lachte sie selten. Doch die wenigen Male, da ich sie lachen hörte, wars ein melodisches Lachen.

Wir aber, je mehr Nona gegen das Lachen schimpfte, desto mehr gerieten wir ins Lachen. Lachten dann über alles und nichts. Lachten aus Befremdung und Beklommenheit und Entbehrung des Herzens. Und aus Unmut und Unwillen und Verletzung, dass Lachen mit Dummheit zu tun habe. Denn, so jung wir noch waren, so spürten wir doch: dass man dumm war, weil man lachte, das konnte nicht wahr sein.

Und weil wir lachten, wurde Nona böse und mussten wir hinknien, früher als sonst, um mit ihr den Rosenkranz zu beten. Beten mussten wir ihn ohnehin jeden Abend, bevor wir zu Bett gingen, vor allem im Winter. Und mussten, weil wir währenddessen schon mehrmals miteinander geflüstert hatten, eine dort und eine hier knien, so, dass der Tisch zwischen uns stand.

Eines Abends hörte ich etwas. Es waren Enrica und ich, die an der Reihe waren mit Santa Maria, mater Dei, aber was Enrica betete, waren nicht die dazugehörigen Worte, war etwas anderes ... Betete sie überhaupt ... und wenn, was waren es für Worte? Hörte ich nicht ima... ima ... Oder prima und noch ein Wort, aber vor allem prima meinte ich gehört zu haben. Jetzt war Nona an der Reihe: «Ave Maria, grazia plena ... », während ich zu Enrica hinüberblickte, schon die ganze Zeit hinübergeblickt hatte, aber sie, mit einem Gesicht, das abwesend und unschuldig aussah, blickte zur Wand hinüber. Jetzt wieder wir: «Santa Maria, mater Dei ...», und wieder dieses Wort wie prima, prima, aber ich konnte Enrica nicht zuflüstern und sie fragen oder auch bloß stupsen. Und jetzt wieder Nona ... jetzt wieder wir, und jetzt sagte es Enrica laut, so laut, dass ich es verstehen konnte und war offensichtlich das, was sie wollte: «cumè príma, cumè príma ...» während des ganzen Santa Maria nichts als diese zwei Wörter, und hob jetzt auch ihren Kopf und sah mich an und ich sie, und ihr Gesicht, das nichts als unschuldig sein wollte, bebte jetzt, und auch in mir stieg das Lachen auf, und jetzt, ja, nichts in der Welt konnte jetzt verhindern, dass es aus uns herausbrach, ein prustendes, stöhnendes Lachen ... Denn plötzlich und ganz unvermittelt begann ich zu verstehen und war die Erinnerung da an das, was Ziu Leone, als wir einmal erzählt hatten, dass wir auch bei Nona den Rosenkranz beten müssten, gesagt oder gefragt hatte: «Aha, und da betet ihr cumè príma», nur hatte ihn Zia Beata gestupst, sodass, wie ich fragte, was das heiße, er und Av nichts als gelacht hatten.

Im Bett dann, an jenem Abend bei Nona, erzählte Enrica, wie der Ciciu – ein nicht ganz gescheiter Bub, den auch ich kannte und dem die andern Kinder den Übernamen Ciciu gegeben hatten – eines Abends in der Maiandacht statt der richtigen Gebetsworte und mit einer Stimme, wütend und so laut, dass sie weit über die Kinderbänke hinweg gehört werden konnte, gerufen habe «cumè prima, cumè prima ...»: «wie vorher, wie vorher», so acht oder zehn Mal, bis die Erwachsenen bscht gerufen hätten und seine Mutter nach vorne gekommen sei, um ihn zu sich in die Bank zu holen. Denn die Rosenkranz-Andacht bestand darin, fünfzig Ave Maria und ebenso viele Santa Maria zu beten und das in einem regelmäßigen Wechsel zwischen Männern und Frauen oder bei Nona beispielsweise zwischen ihr und uns, und Ciciu, an jenem Abend also, das Ganze zu mühselig geworden war, sodass er sich eine Abwechslung einfallen ließ – eine, das muss man wohl sagen, die nicht gegen einen gewissen Verstand bei ihm sprach.

Dann hatte Nona aufgeschaut und hatte angefangen zu schreien.

In unserem Bett dann immer noch kein Frieden. Wegen dieser Seegrasmatratze, die eigentlich gar keine Matratze war, sondern ein Sack, gefüllt mit Seegras, wie man sie früher noch hatte, und der in der Mitte aus nichts als einer Wanne bestand, in die man, kaum hatte man sich hingelegt, hineinschlitterte. Am Morgen, wenn Enrica und ich betteten, klopften wir auf dem Sack herum, versuchten die Wanne zum Verschwinden zu bringen, aber es half nicht, kaum dass wir abends auf ihm lagen, war auch diese wieder da. Wobei Enrica, weil sie älter war und daher auch größer und schwerer, als Erste in sie hineinrutschte, dessen war ich ganz sicher, und ich aber, ob ich wollte oder nicht und so wie man auf einer schiefen Ebene ins Rutschen kommt, rutschte dann nach, an sie heran und, wie sie behauptete, halb auf sie hinauf, sodass sie mich zu puffen begann: «Ich sag dir immer, drück dich an die Wand, lehn dich doch an die an ...»

Ich aber drückte mich schon an die Wand, zog Leintuch und Decke nach, diese zwischen mich und jene stopfend, weil jene kalt war und zu dieser Wohnung gehörte, in der man nicht gerne wohnte, und ihr entlang konnten Mäuse und Spinnen und Schlangen heraufkriechen. Drückte mich also an die Wand, versuchte, mich auf dem schmalen Hügel zwischen Enrica und ihr festzuhalten, und vor lauter Festhalten und Andiewanddrücken und weißgottwasallesdortheraufkriecht, konnte ich nicht einschlafen, und vor lauter Einschlafenwollen vergaß ich, mich an die Wand zu drücken. Bis alles wieder von vorne anfing und Enrica mich puffte. Einmal sagte sie auch, mit mir werde sie noch den Erstickungstod sterben.

Kein Frieden also, auch im Bett nicht.

Nur dass wir beide noch jung genug waren, um schließlich doch noch einzuschlafen.

Einmal änderte Nona jeder von uns das Kleid, das wir trugen und das wir als einziges bei uns hatten; schickte uns um sieben Uhr ins Bett, um an beiden den Saum herunterzulassen. Diese Kleider, die sie selber für uns drei, Daniela, Enrica und mich, geschneidert hatte, aus einem groben, kratzenden Stoff, und mit denen wir, als wir sie zum ersten Mal trugen, selbst Pà zum Lachen brachten, weil sie uns bis unter die Waden reichten und auch zu weit waren, sodass, wie Pà sagte, wir darin aussähen wie Fässer, und alle drei hatten wir sie erst wieder tragen müssen, nachdem unsere Mà sie kürzer und enger gemacht.

«Ihren Hintern zeigen nur die Tiere», so hatte jetzt aber Nona gesagt, und an jenem Abend wars, dass Enrica vor Wut mit den Zähnen ins Leintuch biss und einen Dreiangel riss.

Der darauf folgende Tag dann war ein Sonntag. Das Kleid reichte uns jetzt wieder bis unter die Waden, der Mantel aber bloß bis zu den Knien, weil an dem kein Stoff mehr gewesen war, der hätte heruntergelassen werden können. Und so mussten wir zur Kirche gehen, in sie hinein und vorbei an ihnen allen, die schon in den Bänken knieten, den ganzen, langen Weg hinauf bis zu den Kindern, und Enrica sagte, wir sähen aus wie Armenhäusler.

Kurz nach der Predigt dann geschah es. Wir knieten noch mitten zwischen den andern, und jemand rief *carogna*, und Enrica, sobald wir draußen waren, fauchte, von nun an würden die Leute mit Fingern auf uns zeigen. Nona, als auch sie heimkam, sagte, wer erbreche, der sei krank und müsse ins Bett. Ich aber entgegnete, ich sei nicht krank, alles sei geschehen wegen des Gestanks, des ewigen. Aber da platzte Enrica heraus: «Was Gestank, von der Schande ists, sags nur», und Nona fragte: «Was Schande, was Gestank?»

«Och, diese Kleider da», antwortete Enrica und zeigte hinunter auf ihre Beine, und Nona stand da und blickte sie an. Tat nichts, als sie mit etwas zusammengekniffenen Augen anzublicken, und ich dachte: Jetzt wird sie sich auf uns stürzen. Sie aber sagte bloß: «Du Tochter der Dämonen, du», und wandte sich ab und ging in die Küche. Enrica aber hatte früher einmal zwei Jahre lang bei Nona wohnen müssen, hatte in Borgo den Kindergarten besucht, und vielleicht war das der Grund, dass sie ihr gegenüber weniger geniert war als ich, sich auch weniger vor ihr fürchtete.

Was aber den Gestank betraf, so war er penetrant. Die Dorfkirche fasste an die vierhundert Menschen; an Wintersonntagen und erst recht an großen Feiertagen war sie bis auf den letzten Stehplatz besetzt, sodass die Leute selbst im Windfang draußen standen, was alles darauf zurückzuführen war, dass im Winter die Bauern der ganzen Talschaft ins Borgo zur Kirche kamen. Diese aber hatte keine Heizung, und die Fenster blieben geschlossen, sodass sich die mannigfaltigsten Gerüche sammelten; denn wie einem Ziegenkäse nicht bloß der Geruch von Ziegenmilch, sondern auch von Ziegenbock anhaftet, so haftet dem, der ein rechter Bauer, jedenfalls Bergbauer ist, der Geruch von Stall an, Sonntagskleider hin oder her. Außerdem hatten die Borgeser Bauern in ihren dicken Wollsocken, bis sie in der Kirche ankamen, einen Fußmarsch von ein bis zwei Stunden hinter sich. Und schließlich wehten aber auch Winde und Düftlein durch die Reihen, herauspuffende Winde, die aufstiegen und sich ausbreiteten, und nur von denen anderer sagt man, dass sie unerträglich sind. Was alles sich mit dem Geruch von Weihrauch mischte.

Dann kam Nona mit einer Kachel voll von etwas, das sie Kamillentee nannte, auf dessen Oberfläche aber Fettaugen schwammen und dessen Geruch allein – wieder Geruch – genügt hätte, eine Schweineherde in die Flucht zu schlagen. Sie aber sagte, wenn ich den nicht tränke, müsse ich ins Bett. Und weil der Tee aber bitter war und ich das Rizinusöl jetzt nicht bloß sah, sondern auch schmeckte und mit der Zunge tastete, heulte ich und hustete und wollte nicht weitertrinken. Aber Nona drückte mir Kopf und Mund an die Kachel und sagte, wenn ich wieder erbräche, müsse ich doch ins Bett, sie schließe die Fensterläden und den ganzen Sonntag könne ich dann allein im Dunkeln liegen bleiben.

Vor Wut und Empörung und Abscheu heulte ich den ganzen Vormittag vor mich hin, denn was Nona Kamillentee genannt hatte, war bestimmt eine Mischung gewesen – eine Teufelsmischung, wie ich zu Enrica sagte und sagte, den Essig hätte ich ebenfalls geschmeckt. Aber das Schlimmste war das Rizinusöl gewesen, und später war es Mà, die mir die Mischung verriet, und sie zählte auf: Kamille, Pfefferminz, Essig und Rizinusöl. Sie kenne den Tee, so sagte sie, sie habe ihn auch einmal trinken müssen, damals, als sie und Pà noch bei Nona gewohnt hätten.

An jenem Abend, in einem wilden Durcheinander von Empörung und Heimweh, dachte ich mir etwas aus gegen Nona.

In Pàs Tierbuch war ein schrecklicher Drache abgebildet. Den ließ ich zu Nona kommen, und indem er sie mit seinem giftigen Atem betäubte, entführte er sie in die Lüfte. Ich sah dabei den nächtlichen Himmel, tiefblau und mit Sternen übersät, wie er war, wenn uns Pà vor dem Schlafengehen zum Fenster hinausschauen ließ, und in großer Höhe zog der Drache dahin und trug Nona auf dem Rücken, und sie musste furchtbar frieren in der eisigen Luft. Zuerst zog er ruhig dahin, bis er mit einem Mal sich auf und ab zu wiegen und zu galoppieren begann, sodass auch Nona auf und ab geschüttelt und in die Lüfte geschleudert und wieder aufgefangen wurde. Und alles schien der Drache wie in großem Übermut und in überschäumender Kraft zu tun.

Nach Neujahr – unsere Schulferien dauerten damals bis nach Drei König –, nachdem wir eine Woche bei Nona verbracht hatten, begannen wir davon zu reden, dass nun der Augenblick gekommen sei. Denn dass wir gehen wollten, hatten wir von allem Anfang an gewusst, nur eben, acht Tage mussten wir zuerst bei ihr gewesen sein, bevor wir wagten, es ihr zu sagen. Besprachen noch einmal alles im Bett und am Abend zuvor, malten uns aus, wie schön es sein würde, und indem wir dies taten, redeten wir uns den Mut an, legten uns die Worte zurecht. Und am Morgen bei Tisch sagten wir, sagte meistens ich, da ich am meisten darnach fieberte, gehen zu können:

«Heute wollen wir nach Costverd gehen, um Av und Ava zu besuchen ...» Heraus war es, und nun musste man sich bloß noch steif machen gegen ihren Widerstand.

«Was, nach Costverd, seid ja erst das letzte Mal dort gewesen ...», oder «Was wollt ihr denn immer in diesem Costverd, stört sie ja bloß bei der Arbeit ...», oder «Eßt ihnen bloß alles weg», so oder ähnlich waren Nonas Entgegnungen und die letzte war für uns die ärgste; denn so arm Av und Ava als Borgeser Bauern auch sein mochten, so spürten wir doch, dass ihre Armut nicht der Art war, dass sie nicht genug zu essen gehabt hätten für sich und uns.

Ich pflegte dann Nona entgegenzuhalten, wie Av und Ava noch jedes Mal gesagt hätten, wir sollten wiederkommen, und einmal erkühnte sich Enrica zu sagen, auch sie seien unsere Großeltern. Was alles kein richtiges Gespräch zwischen uns war, auch kein Streitgespräch, vielmehr hingeworfene Sätze und dazwischen Stockungen, nämlich bis wir wieder Mut gefasst und auch die Worte gefunden hatten, um ihr zu entgegnen. Und bis sie zu schimpfen begann, wir seien wie die Krähen, immer auf der Wanderschaft, und wir darauf nichts mehr zu antworten wussten, auch nicht mehr antworten wollten, weil wir spürten, dass es besser sei, alles in der Schwebe zu lassen, bis eine Kundin in Nonas Laden kommen oder sie sich von sich aus dort aufhalten würde.

Sobald es so weit war, begaben wir uns ebenfalls hinaus, aber blieben vorne, beim Ausgang. Und riefen von dorther: «Nun, wir gehen ... ciao», und mussten es ein zweites und drittes Mal rufen, bis sie «So verschwindet» oder «Jaja, ciao ...» zurückrief, Letzteres, wenn eine Kundin im Laden war. Und ich war es, die sich als Erste zur Tür hinausdrückte und um die Ecke, hinaus auf den Kirchplatz, beinahe im Laufschritt, als könnte es ihr einfallen, uns zurückzurufen. Und vorbei an der Torre und den Palazzi, hinein in die Hauptgasse, vorbei an den letzten Häusern und der alten Mühle mit dem rauschenden Wasser.

Und jetzt schon Aquazon in Sicht und Felder und Wiesen, und wir konnten nun unsere Schritte verlangsamen, denn jetzt würde sie nicht mehr kommen, um uns zurückzuholen. Ein Weg war das nun, entlang dem Bach, vorbei an Erlengebüsch und all den Wiesen mit den grünen Hecken, die die Abgrenzungen der einzelnen Wiesen gegeneinander kennzeichneten, und dessen schönster Teil sein letztes Stück war, dort, wo er la via dali plati genannt wurde, wegen der in die Erde eingelegten Steinen und von dem Ziu Leone sagte, dass er eigentlich la via Romana heiße, weil er vor sehr langer Zeit von den Kriegern des Regio Romano angelegt worden sei. Und der durch einen dichten Lärchenwald führte, aus dem man hinaus und hinunter sah auf die Gehöfte von Tutti Angeli, und zwischen den eingelegten Steinen wuchsen überall dunkelrote, kleine Nelken. Der allerletzte Teil aber, außerhalb des eigentlichen Waldes, war im Sommer der schönste: mit dem verfallenden Haus, den Holunderbäumen und wieder Erlengebüsch, das dann so dicht war, dass man nirgends mehr hinaussah. Und kein Geräusch von den Häusern her war hier zu hören, sodass man für einen kurzen Augenblick das Gefühl hatte, in einer Welt zu sein, die einem ganz allein gehörte. Im Sommer, um die Mittagszeit, flimmerte hier die Luft vor Hitze, kein Vogellaut oder -flattern war zu hören und einzig das tausendfache Gesumme der Insekten, was die Stille ringsum nur noch geheimnisvoller machte.

Und jetzt also – dort, die Häuser von Costverd und nur noch vorbei jetzt am Haus der Tomasini und der Schwestern Gelsumina und Luisa. Und kein Mensch ringsum, was nicht bloß das war, was wir erwartet, sondern auch gewünscht hatten. Denn da es Winter war und auf den Feldern und Wiesen keine Arbeit, befand sich Ziu Leone gewiss im Wald beim Holzführen und Zia Menga und Zia Beata bei ihren Hausgeschäften, sodass die Überraschung vollkommen sein würde. Und also hinein ins Haus, vorbei an der Stalltüre, die um diese Zeit geschlossen war, und die Stiegen hinauf und angeklopft. Wobei meistens noch niemand antwortete, was bedeutete, dass Zia Menga noch nicht in der Küche und beim Kochen war, und also leise hinein, in den Korridor, um an die Stubentür zu klopfen, und jetzt aber die Stimme: «Da ist doch jemand ... waren doch Schritte ...», und war Zia Mengas Stimme, wessen andere konnte es sein.

Und jetzt Jubel und Umarmungen und Küsse. Und Kitzeln durch Avs Bart.

Und das war es und war der eigentliche Grund, weshalb wir es, einmal in Borgo, kaum erwarten konnten, zu Av und Ava und allen zu kommen: Sie liebten uns, und wir spürten es.

Dann erstes Berichten: Es geht allen gut, ja, und von der Schule und den Schulferien, von Wetter und Schnee und Kälte. Und dann begann Zia Menga unruhig zu werden und aufzustehen, um nach diesem und jenem zu greifen und es aber sogleich wieder hinzulegen und wieder Fragen zu stellen und zum Fenster zu gehen, bloß um einen kurzen Blick, ohne Richtung und Bedeutung, hinauszuwerfen, und immer mit diesem Ausdruck im Gesicht, wie ein Hund ihn hat, der die Zeiten kennt und auch die Geräusche, die seiner Mahlzeit vorausgehen, der nun aber die Geräusche hört, das Klappern der Schüssel, das Rascheln des Papiers, ohne dass aber das Wort ausgesprochen wird: Komm, es ist bereit. Ein Ausdruck voller Erwartung und aber auch Unruhe. Bis sie sagte: «Für mich ist es Zeit, in die Küche zu gehen», und fragte: «Was soll ich kochen: ris cönsch oder pizocar oder pulenta e lait?», und wir einmal mehr nicht wussten, welches von den Gerichten wir uns wünschen sollten, da alle drei so gut waren, dass man gar nicht sagen konnte, wie. In den meisten aller Fälle indessen wünschten wir uns pizocar, weil wir schließlich herauszufinden glaubten, dass wir diese doch um eine Spur lieber hätten als alles andere. Zia Menga aber, nachdem wir entschieden hatten, stand immer noch da, von uns abgewandt und zum Fenster hinausblickend, wenn auch immer noch nicht richtig. Bis sie schließlich sagte: «Nun also, ich gehe», und diesmal auch ging, ohne jemanden von uns anzuschauen. Alles das ganz schnell und ohne dass wir groß auf sie achteten. Bis nach zehn Minuten oder nicht viel länger Ava mit einer Stimme, als wäre nichts anderes dabei, und mit ihrem Gesicht voller Güte sagte: «Nun, wollt ihr nicht zu Zia Menga hinausgehen?» Und wir verstanden sogleich und erinnerten uns oder vielmehr: erkannten und verstanden jetzt auch Zia Mengas

Benehmen von vorhin, vielmehr erkannten und verstanden, dass uns daran etwas aufgefallen war. Und wussten, weshalb Ava das sagte, nämlich weil sie wusste, dass Zia Menga, nun, da wir hier waren, begierig war auf unsere Gesellschaft.

Und gingen und befanden uns nun also in der Küche; dieser Küche, die wir so sehr liebten. Wegen ihres Deckengewölbes und des Küchenschranks aus ungestrichenem Holz und des ungestrichenen Tisches, der Bänke, des offenen Kamins und der Kupferkessel wegen. Und an der Decke, an eisernen Ringen, die in die Decke eingelassen waren, hingen Fleisch und Würste, die so geräuchert wurden, sowie brascideli, um hart zu werden. Und weshalb der Schrank schön war, hätten wir nicht zu sagen gewusst, nur, dass er schön war, das spürten wir. Am offenen Kamin, durch den der große Steinofen in der Stube geheizt wurde, kochte Zia Menga die Gerstensuppe oder Minestra, und mit dem Kupferkessel holte man am solch unten das Wasser, denn das Haus – sowohl das von Av als auch alle andern in Costverd und Tutti Angeli, Sotmunt und Aquazon – besaß noch keine Wasserleitung. Und schließlich war da noch der flache Schüttstein am Fenster. Wenn man dort stand und abwusch, sah man hinaus und hinunter zum Haus von Barba Anselmo und auf einen Teil von Tutti Angeli und Wiesen und Felder; aber da war an ihm auch noch das Loch mit der schmalen, kurzen Röhre, die durch die Mauer nach außen führte, ins Freie, von wo dann das Wasser direkt auf die Erde hinunterspritzte, sodass man von Zeit zu Zeit, vor allem um die Essenszeiten, ringsum dieses lustige Spritzen hörte.

Und fingen also, sobald wir draußen waren, auch schon mit dem Erzählen an, weil sie, Zia Menga, sogleich damit anfing, uns Fragen zu stellen.

Und saßen dann bei Tisch und vor Zia Mengas pizocar, von denen Av sagte, dass sie in der Butter schwimmen müssten. Wir hingegen, beim Anblick der, wie uns jedes Mal vorkommen wollte, nicht allzu großen Schüssel, in der sie diese angerichtet, hatten das Gefühl, diesmal aber habe sie bestimmt nicht genügend davon zubereitet, so sehr mochten wir sie und so viele Male wollten wir davon schöpfen. Und wurden doch jedes Mal wieder satt.

Da war man denn also wieder und nicht bloß in dieser Küche, vielmehr auch Stube mit ihrem gar nicht hohen kubischen Steinofen, auf den man auf schmalen, zierlichen Stufen hinaufsteigen konnte und auf den Av und Ava nach dem Mittagessen auch immer stiegen, um ihr Schläfchen zu halten, und dass es hart war dort oben, hinderte sie nicht. Hier in der Stube, hinter einem tagsüber zugezogenen Vorhang, stand auch das eine breite Bett von Av und Ava, und das war, soviel wir wussten, in allen Bauernstuben dieser Val so: Immer stand in einer Ecke der Stube hinter einem Vorhang das Bett, in dem ein Av und eine Ava, natürlich, falls diese noch lebten, nachtsüber schliefen. – Und immer roch es in Avs und Avas Stube nach Holz: vom ungestrichenen Tisch, den beiden Bänken, den ungestrichenen Wänden und ungestrichener Decke.

Ava, beinahe seit wir sie kannten, saß im Winter tagsüber am Fenster, von wo aus sie auf das Tal hinuntersah und den solch und das Gemüsegärtchen mit dem Kirsch- und dem Apfelbaum. Am Morgen, wenn der erste Sonnenstrahl hereinschien, an die Wand gegenüber, sodass diese golden aufleuchtete, sagte sie: «Du meine liebe Sonne preise deinen Schöpfer – ihr Berge und Täler, die ihr von ihr beschienen und erwärmt werdet, lobet ihn», und wir, wie sie uns gelehrt hatte, antworteten: «Loben soll ihn alles Geschaffene.»

Außerdem war da diese curt – in die man durch die Haustür direkt hineingelangte –, dieser große Boden, zum Teil mit Granitplatten, zum anderen mit Bollensteinen belegt, und hohe, nämlich bis unters Dach hinaufreichende Raum. Hier roch es halb nach Stall, halb nach

Kartoffeln und Keller und Erde, hier war auch wieder ein offener Kamin, für dann, wenn geschlachtet wurde und für die große Wäsche zwei- oder dreimal im Jahr. Nur dass in diesen Raum, diese curt also, von einer Ecke aus und auf beide Seiten hin doch ein Stück Decke eingezogen war, nämlich dort, wo diese zum großen, gewölbten Kellertor führte; und hier war ihr Boden mit Bollensteinen belegt. Und nicht bloß führte dieser Teil des Bodens schräg zum Kellertor hinunter, sondern er war auch ein wenig uneben, und zwar, wie Av uns auf unsere Fragen hin erklärte, weil man hier mit dem felsigen Grund, auf den man das Haus gebaut, gar nichts anderes getan hatte, als diesen, wo er zu bucklig war, doch ein wenig zu ebnen, sonst aber mit nichts als nackter Erde zu überdecken, um in diese dann die Bollensteine einzulegen. Dieser Teil der curt also hatte ein Stück niedriger Decke, Deckengewölbes; und über Eck zog sich diese weiter, um zum Boden zu werden für den so genannten astrich, auf dem Avs und Ziu Leones Werkbank standen und von wo aus eine Türe zur Scheune führte. Von dieser curt aus gelangte man auch in den Stall, zur Stalltür, und links von dieser führten die Stiegen hinauf zum ersten Stock, wo Av, Ava und Zia Menga wohnten, hier drehten sie, um über drei Stufen zum astrich, und drehten wieder, um zur Wohnung von Ziu Leone und Zia Beata hinaufzuführen. Diese Stiegen hatten kein Geländer, was dazu beitrug, der curt ihre Weite und Offenheit zu geben. Sie waren aus Stein und auch sie mit Granitplatten belegt. Alle Wände waren weiß getüncht, über diesen war das Dach mit seinen Holzbalken, und alles zusammen: der Raum, das Weiß der Wände, Grau der Granitplatten und Braun des Daches mit seinen Balken machte es wahrscheinlich aus, dass mir auch hier alles so sehr gefiel.

Im Laufe des Nachmittags pflegte Av zu fragen: «Nun, geht ihr mit?», und wir wussten, wohin, nämlich hinüber zu seinem Felsen, und kannten auch den Umweg, den er mit uns gehen würde: hinunter zum

Stall, wo er uns alles zeigen und erklären würde und wieder hinauf, auf den astrich, und hinein in die Scheune, wo es nach Heu duftete. Und alles bewunderten, alles lobten wir; nicht, weil wir das Gefühl hatten, wir müssten, vielmehr weil uns alles gefiel, auch wenn wir es ich weiß nicht zum wievielten Mal gesehen hatten. Und hinaus durch das Tor der Scheune, um die Hausecke, hinunter zum solch, aus dem Av, jedes Mal, wenn er daran vorbeiging, Wasser trank, weg von der Röhre, und hinüber zum Felsen, seinem Felsen. Denn hierher kam er täglich ein- bis zwei- bis dreimal, vor allem im Winter, wenn er Zeit hatte – denn Schnee hatte es in Borgo und Costverd und in dieser Talschaft überhaupt selten oder nur wenig, und dann schmolz er rasch weg –, und im Sommer, nach dem Mittagessen, legte er sich hierher für ein Schläfchen, seinen alten Hut auf dem Gesicht. Von hier aus sah er auf Tal und Berge, Wiesen und Felder, seine Wiesen und Felder, seine Welt.

Die Welt, die er kannte, da er hier schon geboren war, und außer in Borgo war er bloß ein einziges Mal in Tirano gewesen, dem ersten kleinen Städtchen im Land Italien, einundeinhalb Stunden von Borgo entfernt. War zum Viehmarkt hingefahren und eigentlich bloß, um zu erfahren, wie es war, wenn man in einer Bahn fuhr. Und nie weiter. Wozu auch, da er hier alles besaß, alles überblicken und alles erleben konnte: Tal und Berge und Nachbarn, Himmel und Sonne und Mond und Wetter. Und selbst sie, die Bahn, bekam er täglich zu sehen, sie, die ihm täglich die Fremde wieder brachte, ein Hauch, eine Ahnung und Vorstellung davon, und mehr brauchte er nicht. Sie, die vier Mal des Tages drüben auf der andern Seite des Tales von hinter dem Piz Somcima auftauchte, um dem breiten Rücken des Berges Seduna entlangzukriechen, in langen Windungen, und sich hinunterzutasten, voller Eifer und Rührigkeit, immer mehr talwärts, Borgo zu. Brachte ihm immer wieder jene Ferne und Fremde her, mond e gent, wie er sagte. Und nach mehr verlangte ihn nicht, da er noch genügend verbunden war mit den Dingen um ihn herum und diese für ihn die Welt waren. Und die Welt und die Ferne waren auch Suralva und Aquaplena und Magascion und Campner, zu denen man im Frühling und Sommer und Herbst hinaufstieg, um zu mähen und zu misten und den Tieren das Heu zu verfüttern, das man dort oben eingebracht hatte.

So, immer neues Werden, neue Frucht und Sein und Arbeit und Mühe und Aufmerksamkeit, und somit genug eigene Welt.

Dann saß man wieder bei Tisch, beim Tee und bei harten brasciadeli und Käse, und weil wir da waren auch *lüganghet,* und die brasciadeli waren so hart, dass Ava oder auch Zia Menga sie an die Tischkante schlagen mussten, um einzelne Stücke davon abbrechen zu können.

Dann kam Ziu Leone heim, und wir durften mit ihm in den Stall, um ihm beim Melken zuzuschauen und kuhwarme Milch zu trinken, und auch die schmeckte so gut wie keine Milch sonst. Hernach war Nachtessenszeit und Abwaschen und Schwatzen mit Zia Menga, das heißt Weitererzählen, nämlich dort, wo wir beim Abwaschen nach dem Mittagessen stehen geblieben waren.

Und dann … kamen auch Ziu Leone und Zia Beata in Avs und Avas Stube herunter! Ziu Leone, weil er keine eigenen Kinder hatte, bewahrte alles, fast alles Erzählen auf für uns. So gab er uns zum Beispiel die Geschichte vom Barba Christofer zum Besten, der, nachdem man auch in seinem Haus das elektrische Licht eingeführt hatte, nicht aufhören wollte, sich zu verwundern und zu allen, die ins Haus kamen, zu sagen: Schau mal einer her, drehe ich nun an diesem verflixten Etwas, so ist, bis ich im Stall unten bin, auch das Licht schon unten! Oder erzählte uns von der Amia Pasquale, die die Pfanne, in der die rechte, die wirkliche Polenta gekocht wird, den so genannten paröl, nie auswaschen wollte, weil es sich, wie sie sagte, ja bloß um die Kruste der

Polenta von vorgestern handle, und so lange sagte sie das, bis im paröl vor lauter Kruste keine neue Polenta mehr Platz hatte.

Oder er konnte sagen: Ich bin froh, dass ihr da seid, morgen, bevor ich ins Holz fahre, hab ich hier schwierige Arbeit, und ihr könntet mir zur Hand gehen. Und zählte auf: Die Schweine muss ich wieder einmal parfümieren und die Ziegen ondulieren, den Schweinen aber müssen zuerst die Ohren herausgeputzt werden; gerade die richtige Arbeit für euch! Oder: Ich muss den Kühen wieder einmal vormachen, wie sie wiederkäuen sollen, ihr könntet ihnen, damit sie richtig zuschauen, die Hörner halten. Oder: Ich muss die Katze wieder einmal in den Schwanz kneifen, wieder einmal hat sie vergessen, wozu sie da ist, die ganze vergangene Nacht hab ich auf dem Dachboden über uns die Mäuse tanzen gehört, ihr, während ich kneife, haltet sie an den Ohren …

Um dann in der hinteren Kammer noch eine oder zwei Stunden in Zia Mengas Bett zu liegen, eine rechts und eine links von ihr, und fortzufahren mit unserem Erzählen, nämlich jetzt von ihm zu berichten, unserem Pà. Denn sie, Zia Menga, war unverheiratet, und für uns gehörte sie zu Costverd wie Av und Ava und Ziu Leone und Zia Beata. Sie war es, die die pizocar zubereitete und alles, was wir hier gerne aßen, und so spürten wir, dass wir ihr erzählen mussten, sie darauf wartete, dass wir ihr erzählten, vor allem wie gesagt von Pà. Er, der ja dann auch der war, von dem es etwas zu erzählen gab.

Sie, während unseres Berichtens, lag still da, und bloß dann und wann seufzte sie auf oder stieß einen Laut aus, ähnlich einem leisen Stöhnen, und erst Jahre später begann ich zu begreifen, weshalb sie von uns alles erzählt haben wollte, es für sie dringend war, davon erzählt zu bekommen, nämlich vom andern Leben oder wie immer man das nennen musste, was ihre jüngeren Geschwister führten, ihre jüngeren Schwestern, die jede einen Mann hatte, jüngeren Brüder, jeder mit einer Frau, diesen Schwägerinnen. Sie alle also dieses andere Leben führten, das sie nicht kannte und von dem sie gern gewusst hätte, ob sies auch gern geführt hätte. Und also herausfinden musste, ob sie bereuen sollte, dass sie es nicht führte, nämlich sich nicht dazu hatte entschließen können oder wollen, was immer es dann war, was sie vom Heiraten abgehalten hatte; vielleicht das Pflichtgefühl gegenüber Av und Ava, damit diese während ihres Lebensabends nicht allein blieben, wobei diese, so wie sie waren, wir sie kannten, sie gewiss nicht verpflichtet hatten zu bleiben.

Deshalb also mussten wir erzählen und wollte sie zuhören. Wobei sie dann, nach ein oder zwei Stunden, unvermittelt zu sagen pflegte: «Jetzt geht hinüber in euer Bett, damit wir schlafen können, es ist höchste Zeit für euch ...»

Da war noch etwas Schwieriges, schwer zu Verstehendes bei Zia Menga: wie sie sich gegenüber Zia Beata verhielt. Beispielsweise, indem sie uns nicht sofort zu ihr hinaufgehen ließ, um sie zu begrüßen. Oder nicht zu ihr sagte, sie solle herunterkommen, um mit uns zu essen, jetzt, wo wir da waren und wo sie doch allein war, bis Ziu Leone heim kam. Oder wie sie sie zuweilen anschaute, als halte sie mit etwas zurück. Ich aber liebte auch Zia Beata, weil auch sie immer freundlich zu uns war und weil ihr Gesicht mich schön dünkte. Und einmal, auf dem Weg nach Borgo und zu Nona zurück, äußerte ich mich über alles gegenüber Enrica.

«Erkenne dich selbst, und wische vor deiner eigenen Tür», war aber das, was sie mir antwortete, und war wahrscheinlich wieder einer jener Sprüche, die sie in der Schule gelernt hatte.

Einmal kam Ziu Leone heim und sagte, in zwei Tagen finde das Schweineschlachten statt, der beché habe sich angemeldet. An jenem Morgen wollte uns Ava immer noch überreden, in der Stube zu bleiben, später dann könnten wir hinausgehen und zusehen, wie sie Würste herstellten. Wir aber waren voller Neugier und Erwartung, und Ziu Leone und Av waren der Ansicht, als Enkelkinder von Bauern müssten wir einmal zugeschaut haben. Und so kam Ava mit hinunter in die curt, und jeder von uns legte sie einen Arm um die Taille, im Kamin brannte ein Feuer, und über diesem hing ein gewaltiger Kupferkessel, die caldera, und Ava erklärte uns, dort, im heißen Wasser, würde das geschlachtete Schwein gewaschen und geschrubbt.

Ziu Leone und der beché holten das Schwein aus dem Koben, dieses begann sogleich zu quietschen und sich zu sperren, sie aber stießen und zerrten es, während dieses immer mehr quietschte; in der curt angekommen, band ihm der beché eine Schlinge um ein Bein, und das Schwein quietschte nun so sehr, dass es einen halb betäubte, aber der beché, jetzt eine Axt in der Hand, holte aus und versetzte dem Tier einen Schlag auf den Kopf, zwischen die Augen, und mit einem langen Messer stach er ihm sogleich in die Kehle, dass das Blut nur so herausspritzte und hinunter in den Kessel, den Av hielt. Ich aber war ins Zittern gekommen und hatte mich an Ava geklammert, und meinen Kopf verbarg ich jetzt an ihrer Brust, sodass sie uns beide in die Stube führte und sagte, sie habe es ja gesagt, dass das nichts für uns sei.

Für jenen ganzen Tag hatte ich Kopfschmerzen und an der Stirn eine Empfindung, als wäre der Schlag mit der Axt mir versetzt worden.

Ava sagte dann zu Zia Beata, sie solle uns mitnehmen zum Bach hinunter. Dort angekommen, begann diese aus einem Holztrog etwas herauszuziehen, das wie lange Würste aussah. Diese stülpte sie im Wasser aus und gab sie uns hinüber und sagte, wir sollten sie gut schwenken und waschen. Erst nach einer Weile erkundigte ich mich, was das sei, und sie sagte, das seien die Gedärme des Schweines, diese würden noch überbrüht, dann vom letzten Schmutz gereinigt, nämlich mit einem Holzmesser abgekratzt, anschließend würden sie mit Fleisch gefüllt und das seien dann die Würste. Ich, bloß weil ich Zia Beata liebte, fuhr fort, ihr behilflich zu sein.

Und für den Rest des Tages wollte ich nicht mehr dorthin gehen, wo Ziu Leone, der Av und der beché mit dem Fleisch beschäftigt waren.

Einmal waren wir dabei bei einer Kartoffelernte, und bis auf Ava arbeiteten alle mit. Sie, Ava, kam auf neun oder halb zehn Uhr und brachte Kaffee, und in einem Tuch trug sie auch brasciadeli und persüt und lüganghet mit, und weil es heiß war, setzten wir uns in den Schatten eines Baumes, und alles schmeckte wunderbar. Zum Mittagessen gab es neue Kartoffeln, und schon am Vorabend hatte Zia Menga davon geredet, und, so sagten dann Enrica und ich, nur wer einmal frisch geerntete Kartoffeln gegessen und nicht bloß gegessen, sondern auch dabei gewesen ist beim Sich-Bücken und Ernten, weiß ihren unvergleichlichen Geschmack zu schätzen und erkennt auch ihren Geruch nach Erde, sonnendurchwärmter Erde.

So, drei, vier Tage. Bis wir wieder zurückmussten nach Borgo und zu Nona. Nicht, dass jemand in Costverd uns gesagt hätte: Es ist Zeit, dass ihr wieder geht. Bloß «jaja ... sonst bleibt sie zu lang allein, eure Nona ...», so sagten sie; wir aber, mit unseren nichts als acht oder neun und zehn oder elf Jahren, waren schon genügend geprägt von Pflichtbewusstsein und Verantwortung und wussten, dass wir wieder zu ihr mussten.

Hatten auch gleich nach unserem Umzug ins neue Haus hierher zu Nona fahren müssen und wenn auch bloß für eine Nacht, so dafür dieses Mal – und von da an war es immer so – beladen mit Säcken und Körben und Harassen, um Gemüse aus ihrem Garten zu holen und heimzubringen, denn jetzt mussten wir, wie Pà gesagt hatte, erst recht sparen, und Nonas Garten sei groß genug und bepflanzt mit mehr Gemüse, als sie allein essen könne.

Beladen also mit unseren leeren Säcken und Körben, und dass wir nun in Puntraglia in einem eigenen und neuen Haus wohnten, nützte uns auch nichts, sah man uns nicht an bei dem ganzen Kram, den wir mittrugen.

Und mussten vorbei damit an allen Borgeser Häusern, Frauen, Fenstern, ein wahres Spießrutenlaufen war das, denn immer wussten die Frauen, denen wir begegneten, etwas zu sagen:

«Abgeschnitten der Vater … selbst die Stimme scheint sie von ihm zu haben.»

«Sieh mal an, wie die wachsen, die werden noch groß und stark werden wie ihr Vater, das ist die feinere Luft drüben, die Höhe …»

«Seid wieder da, um eurer Nona Gesellschaft zu leisten, recht so … und Gemüse zu holen, jaja, was soll sie mit all dem Gemüse, das sie immer noch anpflanzt.»

Um dann einzubiegen in die Gasse, in der Nonas Haus stand. Und hinan und hinein, und selbstverständlich war die Tür zur Wohnung verschlossen, auf dass wir ja durch den Laden gehen mussten, von woher wir Nonas Stimme schon hörten, und nichts, wirklich nichts anderes blieb uns jetzt übrig, als anzuklopfen und einzutreten. Also Augen schließen und hineingesprungen ins kalte Wasser und Nonas feuchte Küsse über uns ergehen lassen. Auch wenn wir diese nicht mochten, von früher her nicht mochten, als Nona uns noch den Mund putzte, und zwar mit ihrem Nastuch, in das sie vorher hineingespuckt hatte. Und dann noch von Nonas Kundinnen sich betrachten, gewissermaßen betasten lassen. Als wäre man eine Kuh auf dem Marktplatz, wie Enrica sagte.

Alles war indessen anders dieses Mal. Weder verküsste uns

Nona, noch schaute sie richtig her, als wir eintraten. Warf nichts als einen kurzen Blick herüber, uninteressiert, wie abwesend. Und nichts weiter, kein Wort und kein Blick mehr und keine Aufmunterung, auf sie zuzugehen, um sie zu begrüßen. Als wären wir niemand. Sodass auch die Frauen, Kundinnen, alles Betasten vergaßen und alles Fragen und bloß schauten, von Nona zu uns und umgekehrt, und wir da standen in wildem Erschrecken.

Dann, unvermittelt, stieg sie in mir auf, die Ahnung, nein, die Gewissheit: Das neue Haus, das ist es, und damit auch die Erinnerung an das, was Nona gesagt hatte damals, als wir noch in den Drei Häusern unten gewohnt und sie aber erfahren hatte – wir wussten nicht, durch wen –, dass wir Touristen in der Wohnung hatten: «Sagt es eurem Pà, er solle sich nicht mit Vagabunden und Landfahrern einlassen ... Rechtschaffene Leute bleiben bei sich zu Hause ...» So hatte sie gesagt und geschimpft, und wir hatten es ihm rapportiert, er aber hatte nichts als gelacht und geblinkt.

Wir verzogen uns in Nonas Stube, und «Jetzt gehts los», sagte Enrica, und ich fragte, was geht los, aber sie schlenderte auf und ab, zuckte mit den Achseln und sagte nichts mehr. Und dann hörten wir Nona in der Küche mit Pfannen und Deckeln klappern, hörten sie auch vor sich hin reden und gingen hinaus, um Teller und Besteck zu holen für das Mittagessen. Sie aber begann, mitten aus ihrem Reden mit sich selber heraus, auf uns einzuschreien, und bei mir wieder diese Empfindung auf der Brust ... wie von einem plötzlichen Griff und ein quälendes Gefühl. Das gleiche Gefühl, wie wenn in der Schule der Lehrer Tschapüna auf die Buben losging, auf Luigi oder Giovanni, und sie an den Haaren im Nacken hinten packte oder an den Schläfen und riss und zog, höher und höher, bis sie aufschrien, und dabei diese Augen hatte, kalt und hämisch. Erst viel später wusste ich, womit dieses quälende Gefühl zu tun hatte, nämlich mit der

Frage: Weshalb sind sie so, die Erwachsenen, so grausam und schwierig.

Dann kam Nona mit der dampfenden Pfanne in die Stube, stellte diese auf den Tisch, und Enrica sagte: «Gesù Maria, Kutteln!» Denn wir mochten Kutteln nicht, und Mà durfte nie welche kochen, weil Pà diese auch nicht mochte. Enrica hatte Gesù Maria gerufen, obgleich Nonas Gesicht aussah wie ein Gewitter, und sie schrie jetzt auch drauflos und etwas von *spaccone,* von *boria* und *vanagloria* und etwas von Geld: «Keinen quattrin bekommt er von mir, sagts ihm nur.» Und mehr als einmal sagte sie auch: *«A cü martei giarev, sisi, a cü martei.»* Während wir schluckten und schluckten, denn essen konnte man das, was wir jetzt taten, nicht nennen. Nämlich so wie ich Stück für Stück auf die Gabel nahm und dachte, wie Würmer sehen sie aus, wie Tausendfüßler, und sie dem Gaumen zuschob, damit ich ihren Geschmack nicht wahrnehmen, ihre Berührung auf der Zunge nicht spüren musste, und hinunterschluckte, und so wie Enrica auf ihrem Teller herumhackte, bis ihre Gabel voll war, diese aber noch nicht in den Mund schob, vielmehr noch einen Löffel, den sie in der andern Hand hielt, füllte, um dann beide, Gabel und Löffel, nacheinander hineinzuschieben, aber ohne zu schlucken, vielmehr rasch noch einen Löffel füllte und diesen nachschob, sodass ihre Backen aufschwollen, und wenn ich sie anschaute, dachte ich: Jetzt, diesmal gibt sies wieder heraus … Aber sie schluckte alles und immer wieder, ohne zu kauen auch sie.

Und Nona, immer noch mit zorniger, aufdringlicher Stimme, redete und redete, und plötzlich schlug sie mit der Faust auf den Tisch, und da war es, dass die Katze vom Tisch sprang, springen wollte, sich aber im Verlängerungskabel der Deckenlampe verfing, sodass die Lampe hin und her schwang und heruntergestürzt kam, auf die Pfanne zu, und daran zerschellte – und erst hinterher erinnerten Enrica und ich uns an das Knirschen an der Decke und das Bröseln auf den Tisch herunter. Nona aber packte die Katze und schleuderte sie, und die Katze, vom Schwung, landete auf der Kommode, wo sich eine Lawine in Bewegung setzte, eine Lawine von Schachteln, die stürzten und glitten und polterten. Und Nona schrie, wir trügen an allem die Schuld und blickte jetzt mich an, mir geradewegs in die Augen, und in diesem Augenblick war es, dass mir dieses geschah: ich mich weit weg fühlte, wie in fremde Zeiten versetzt, vielleicht auch aus der Zeit herausgehoben, und es war, als hätten wir uns immer schon gekannt, Nona und ich, von Ewigkeit her; und für einen kurzen Augenblick war mir aber auch, als sei sie nicht mehr Nona, sondern als stünden wir uns als Fremde gegenüber, Fremde in fremden Zeiten.

Dann war das Gemüse geerntet, Säcke und Körbe und Harasse damit gefüllt, sodass jetzt nur noch das Abendessen und Schlafen blieb. Und morgen der Bahnhof. Denn der folgende Tag war ein Sonntag, und so würden sie alle wieder dort stehen: die Rosa Lamponi, die Margherita Dasotta, die Graziana und alle andern.

Denn das war ihr Sonntagsvergnügen: da zu stehen und zu warten und zu schauen auf die, die mit dem Zug ankamen oder abfuhren oder in ihm sitzen blieben. Auch sie Ausschau haltend nach der großen Welt. Und wir, nicht mehr wie in Ospizio Garzon vom Zug aus auf sie hinunterschauend, geschützt von diesem Zug, vielmehr jetzt ihnen allen preisgegeben mit allem, was wir waren und hatten: Harassen und Gemüse und Röcken bis unter die Waden; denn, wenn das von den Röcken auch nicht in jenem Sommer, jenem Jahr war, so erinnerten sie sich gewiss daran. Preisgegeben ihrer Neugier also, und nicht bloß Neugier, vielmehr Musterung, kritischer und abwägender Musterung und Bewertung. Und auch Schadenfreude, einer Schadenfreude geboren aus ihrer eigenen Sehnsucht.

Oder kam uns alles bloß so vor? Uns, die von der großen Welt allenfalls Geritzten, die wir doch selber noch alle Sehnsucht in uns hatten und alles Verlangen.

Dann endlich im Zug sitzend, und solange der Zug noch stand, stand auch sie noch, sie, die nicht besonders groß war, aber doch die Borgeserinnen um einen Kopf überragte, und weil es Sonntag war, hatte sie sich ihre bessere Schürze umgebunden, sodass man die Schere nicht sehen konnte; jene große Schere, mit der sie den Stoff für die Kundinnen schnitt. Bloß anschnitt, um sie dann nicht etwa hinzulegen, auf den langen hölzernen, ungestrichenen Ladentisch, vielmehr, um sie fallen zu lassen, denn diese ihre Schere hing an einem schwarzen Band, und dieses trug sie tagein, tagaus um die Taille geschlungen, sodass wir sie nie dabei antrafen, wie sie nach einer Schere gesucht hätte.

Diese Schere, das Band, das Ganze gefiel mir. Wie sie jene, indem sie mit den Kundinnen weiterredete, heraufholte, als wäre nichts dabei, wüsste die Hand seit je, wohin sie greifen musste, da das Band seitlich und der Hüfte entlang gerade so lang hinunterhing, als der Arm oder Arm und Hand hinunterreichten. Und führte sie herauf, immer ohne mit den Augen zu schauen, während sie mit der linken Hand den Meterstab auf dem Stoff an eben jener Stelle hielt, wo die Kundin den Stoff geschnitten zu haben wünschte, bei einem Meter oder zweien oder wie viel auch immer. Und schnitt dann hinein, einmal und kurz, nämlich so wie die Schere lang war, um diese dann wieder fallen zu lassen, weil sie jetzt den Stoff riss, mit beiden Händen und mit einer Schnelligkeit, dass man mit Schauen nicht nachkam, dabei die Arme hochziehend, hoch und höher und weit ausbreitend, zzzz..., bis die Breite des Stoffes durchgerissen war. Und nun wieder die Schere geholt, um, zack, noch die Webekante durchzuschneiden. So sehr gefiel mir das alles, und mit so viel Geschicklichkeit tat es Nona, dass ich in solchen kurzen Augenblicken bereit gewesen wäre, alles zu vergessen, allen Kummer, den wir bei ihr zu ertragen hatten. Nur dass diese Augenblicke selten waren, da nicht mehr viele Kundinnen zu Nona kamen, die Mehrzahl Bauersfrauen waren, und diese kamen meistens an Sonn- oder großen Feiertagen, weil sie dann ohnehin ins borgo zum Gottesdienst kamen, was auch der Grund war, dass die Läden von Borgo am Sonntag nach dem Hochamt geöffnet wurden. Und nur dass wir uns eben doch nicht gerne im Laden aufhielten, wegen dieser Neugierde von Nonas Kundinnen uns gegenüber.

Und noch etwas mochte ich in Nonas Laden: den Geruch von Stoff, vor allem des Baumwollstoffes; der roch nach etwas, das zu tun hatte mit Sonne und reiner Luft, und roch noch besser als frische, an der Sonne getrocknete Wäsche.

Stand also noch auf dem Bahnhofplatz, sie, die einst eine schöne Frau gewesen war, was wir auf der großen Foto feststellen konnten, die in den Drei Häusern unten in der Stube gehangen hatte und jetzt noch an einer Wand hängt, nur jetzt in unserem Büro, und auf der Nona und Nono, beide sitzend, zu sehen sind, wobei Nonas Arme auf den Lehnen eines Stuhles ruhen und Nonos eine Hand auf der einen Hand von Nona, sie beide ernst und unbeteiligt auf einen blickend. Wobei er doch etwas in den Augen, auf der Stirn hat, das nach Lebhaftigkeit, Angriffslust und nach Schalk aussieht. Nona hingegen blickt stolz, und nicht bloß stolz, vielmehr ist noch etwas auf diesem ihrem Gesicht, in ihren Augen, etwas, das nach Eigensinn und Widerspenstigkeit aussieht. Ein Eigensinn übrigens, der, solange wir sie kannten, auf ihrem Gesicht lag, nur dann überdeckt von Kummer. Was vielleicht alles davon herrührte, dass Nono, ihr Mann, ihr früh weggestorben war, nämlich erst fünfunddreißigjährig, und unser Pà, als der Älteste, war damals zwölf Jahre alt gewesen.

«Das war ein Mann, feurig, herzensgut und lebenslustig», so pflegte Barba Giacumin zu berichten, wenn wir bei ihm, der bei schönem Wetter immer draußen vor dem Hause auf der Steinbank saß, vorbeikamen, und der uns mit Fragen nach unserem Pà und unserer Mà und nach Nona aufhielt. «Sie aber, eure Nona, hat ihn nie so richtig verstanden. Weil er gerne Feste feierte, schimpfte sie und war unzufrieden mit ihm. War immer schon eine Stolze ...», pflegte, indem er sich uns zuneigte, diese letzten Worte zu flüstern. «Während euer Nono» –, seine Stimme wurde wieder laut und begeistert, «jeden *terzin* zahlen wollte, den wir miteinander tranken. So war er, ja, und musste dann an einem Herzschlag sterben. Eure Nona aber, wenn man mit ihr darüber redet, beklagt sich heute noch, sein Tod sei die Folge seines zu fröhlichen Lebens gewesen.»

Stand also da, und sobald sich der Zug in Bewegung setzte, winkte sie uns, nur kurz, aber doch und als täte es ihr nun Leid, dass wir wegfuhren. Und wir winkten zurück: adieu Nona, adieu Borgo. Erleichtert aufatmend, als müssten wir nie wieder hierher fahren. Denn übermorgen, in vier Wochen ist weit weg.

Und jetzt blieb nur noch das Ankommen in Puntraglia, was jetzt, wo wir nicht mehr am eigentlichen Bahnhof und bei den Bahnhöflern aussteigen mussten, vielmehr an der Haltestelle Surriva, die sich näher zum Dorf befindet, ein Kinderspiel war, denn in Surriva wohnte außer der alten Frau Vera und ihrem Mann niemand sonst. Und die kannten die Welt, kannten sie jedenfalls gut genug, um uns unserer Gemüse wegen nicht anzustarren und auszulachen. Sie, die Frau Vera, im Gegenteil, winkte uns zu, rief: «Ciao belle, ciao ... grüsst mir eure Mamma.»

Werbung
nach Hausmacherart

Pà hatte eine Holztafel zurechtgezimmert, auf der der Maler «Zimmer zu vermieten», geschrieben hatte, und er, Pà, hatte sie mit Hilfe von zwei Stangen auf den hinteren Rand des Leiterwagens befestigt. Damit müssten Enrica und ich nun während der Schulferien jeden Nachmittag auf den Drei- und den Sechsuhrzug zum Bahnhof marschieren. «Wir müssen uns jetzt ans Geldverdienen machen», so sagte er, «denn wenn wir das Haus nicht bezahlen können, wird es uns weggenommen. Und dann? Dann müssen wir nach der Muotta Pitschna ziehen ...» Muotta Pitschna war eine kleine Anhöhe im God *Aivla*, auf der sich viele Steine und unter diesen kleine Höhlen befanden, und das meinte Pà, wenn er von Muotta Pitschna redete: was uns dann noch übrig bliebe, wäre, in diesen Höhlen zu wohnen.

Und sagte: «Nun hört gut zu, damit ihr wisst, was ihr zu tun habt: Rechts beim Bahnhofgebäude und anschließend an dieses stehen die Hotelportiers, die kennt ihr, bei diesen habt ihr nichts verloren. Ihr stellt euch links auf, beim Geländer zur Bahnunterführung, sodass die ankommenden Kurgäste oder Touristen bei euch vorbeikommen müssen, nicht anders können, als bei euch vorbeizukommen, wenn sie den Perron verlassen wollen. Stellt euch dort auf, eine links und eine rechts vom Wagen, so, dass ihr die Tafel nicht verdeckt, und sobald der Zug eingefahren ist, schaut ihr weder nach links noch nach rechts mehr, sondern nur noch auf die aussteigenden Fremden. Schaut, welche von ihnen aussehen, als hätten sie noch kein Zimmer; auf diese geht ihr zu und sagt: ‹Entschuldigen Sie, suchen Sie vielleicht ein Zimmer? Unsere Eltern haben sehr schöne ...›, denn lange nicht alle Fremden, die hier heraufreisen, um Ferien zu machen, haben sich im Voraus ein Zimmer bestellt, ich weiß das; wenn wir diese aber nicht schon am Bahnhof unten abfangen, wählt der größere Teil von ihnen auf der Hohen Brücke unten den andern Weg, weil der näher ist zum Dorf, und unsere Zimmer bleiben leer.

Mit der Zeit werdet ihr lernen, die herauszufinden, die für uns in Frage kommen. Hotelgäste dürft ihr natürlich nicht fragen, noch nicht. Auch unter ihnen wird es welche geben, die noch nicht wissen, in welchem Hotel sie wohnen wollen, aber Hotelgäste sehen anders aus, und ihr müsst lernen, sie von den andern, gewöhnlicheren zu unterscheiden. Tut eure Augen auf, und bald werdet ihr sie auseinander halten können, das weiß ich. Hotelgäste haben andere Gesichter und sind anders angezogen, so, wie reiche Leute eben angezogen sind ...»

So redete Pà zu uns und dozierte und forderte uns früh heraus und brachte uns in Trab und in Schwung und lehrte uns, unsere Augen zu schärfen.

Und es war etwas an dem, was er gesagt hatte. Ein Hauch und Geruch war damals noch an jenen, die in den großen Hotels wohnten, ein Etwas, das mit Würde und Glanz und Selbstbewusstsein zu tun hatte und das wir als «zur großen Welt» gehörend empfanden. Und nicht bloß ein sozusagener Geruch ging von ihnen aus, sondern auch ein wirklicher, körperhafter; ein die Sinne betörender, der mit täglichem Baden und frischer Wäsche und kostbarer Seife und ich weiß nicht was noch zu tun hatte, und wenn ich ihn in die Nase bekam, stellte ich mir vor und dachte mir aus, dass später auch von mir ein solcher Geruch ausgehen würde.

Das war es nun also: zweimal täglich am Bahnhof zu stehen, bei der Bahnunterführung, links von den Portiers, links und rechts von unserem Wägelchen, Tafel gut sichtbar, und auf die Ankunft des Zuges zu warten.

Indessen, sich richtig aufstellen, Ausschau halten und abfangen fand nachher statt. Wer uns vorher in Atem hielt, waren sie, die Portiers. Sie, die den lieben, langen Tag mit nichts anderem beschäftigt waren, als in ihrer adretten Uniform in Veilchenblau oder Orange, Aubergine oder Tannengrün in ihrer Hotelhalle zu stehen und darauf zu achten, ob einer komme, dem sie die Tür aufzureißen hatten, und sich dabei fühlen mussten wie ein Bulldozer im Glashaus, da sie beileibe keine Schwächlinge waren, vielmehr Bauern und Bauernsöhne aus dem Oberland, die, nachdem sie bei sich zu Hause die Heuzeit hinter sich hatten und während Frau und Kinder oder Eltern und Geschwister die paar Kühe und Schweine und Ziegen versorgten, hierher kamen, in die Hotels von Puntraglia, Saruna oder Somriva, um sich das flüssige Geld zu verdienen, das sie das Jahr über für sich und ihre Familien benötigten, oder dann eben drei oder vier oder fünf Mal am Tage hier herunter zum Bahnhof zu fahren. Ihnen, während sie da stehen und auf den Zug warten mussten, mochten wir zwei Gören mit unserer Tafel «Zimmer zu vermieten» gerade recht kommen und willkommene Zerstreuung sein.

«Sapperlot», so sagten sie, «Konkurrenz wollt ihr uns machen ... wir werden sie euch alle wegschnappen, passt auf ...», und zwei von ihnen, die Jüngsten, stellten sich vor uns auf und begannen drauflos zu radebrechen, in englischer oder hochdeutscher Sprache, und taten, als suchten sie ein Zimmer, und erkundigten sich, wo unser Omnibus stünde, und meinten damit jene von zwei Pferden gezogenen, hölzernen Kästen auf hohen Rädern, wie sie damals noch üblich waren, das Ganze wie auf Stelzen, angestrichen in der gleichen Farbe, wie die Uniformen der einzelnen Portiers sie hatten, und in denen die ankommenden Gäste vom Bahnhof zu ihrem Hotel gefahren wurden.

Oder einmal landete etwas auf meinem Kopf, landete mit der gleichen Präzision wie ein mit einem Federverschluss versehener Deckel auf dem ihm zugehörigen Behälter, und es war die Hotelmütze von einem der Jungen. Was alles geschah unter dem polternden, unendlichen Gelächter der Übrigen und bis der Zug eintraf.

Bis ein oder zwei Wochen später wir nicht mehr die einzigen Nachkommen Zimmer vermietender Eltern des Dorfes waren, die mit Wagen und Tafel hier an der Ecke standen, und jetzt nicht bloß nicht mehr die einzigen mit Wagen und Tafel, vielmehr die Emma, eines der Gerardi-Mädchen, jetzt auch noch mit einer großen Foto auf der Brust, an einer Schnur von ihrem Hals hängend, und auf der das Haus zu sehen war, in dem ihre Eltern Zimmer vermieteten.

Bis wieder Tage oder Wochen später ein Brief vom Verkehrsbüro eintraf, in dem geschrieben stand: «Jede Werbung von Kurgästen auf öffentlichen Plätzen oder Straßen ist verboten.»

«Das klingt wie: Jedes Anlocken von ... auf Straßen und Plätzen ist verboten», sagte Pà zu Mà, und nach dem Wort Anlocken zwinkerte er mit den Augen und machte Bewegungen mit dem Kopf, als bedeute er jemandem, du, komm mit, komm, und wobei sein Gesicht einen Ausdruck hatte ähnlich dem von Ciciu, dem nicht ganz Gescheiten.

Am darauf folgenden Tag kam Reto, der Pàs warmes Mittagessen für seine ganztägige Tour nach Tirano an die Bahn hatte bringen müssen, mit einem Zettel heim, auf dem mit Bleistift geschrieben war: «Lass Enrica und Barbara sich von heute an um die gleichen Zeiten auf unserem Weg aufstellen, dort, wo dieser in die öffentliche Straße einmündet. Sollen dort die vom Bahnhof kommenden, Zimmer suchenden Fremden abfangen. Auf unserem Grund und Boden dürfen wir tun und lassen, was uns beliebt. Schau zu, dass bis zum Abend alle Zimmer besetzt sind!» Einer jener Zettel wars, wie sie unserer Mà im

Laufe der folgenden Jahre zu Hunderten vom Zug aus zuflogen und für die wir, die allmählich Heranwachsenden, bald eine Bezeichnung gefunden hatten, indem wir sie Pàs Liebesbriefe nannten.

So, bis ihm, unserem Pà, ein neuer Knochen zugeflogen, zugeschleudert kam, und die ihn schleuderte, war diesmal Frau Nota, dieselbe Frau Nota, die wie wir in den Drei Häusern unten gewohnt hatte. Sie, mit ihrer Familie, hatte Pà als Mieterin unseres zweiten Stockes in unser neues Haus aufgenommen.

Denn Frau Nota wollte nun ebenfalls Zimmervermietengeldverdienen und machte sich dazu zu Pàs lernfreudigen Schülerin. Nicht dass sie sich nun ebenfalls auf unserem Weg aufgestellt hätte, nicht doch ... sie war eine Frau, die wusste, was sich gehörte. Nichts anderes tat sie, als sich an einem Fenster ihrer Wohnung aufzustellen, um zu beobachten, wer die Straße heraufkam.

«Nur wenn sie zu mir heraufschauen, frage ich sie ...», so behauptete sie später, und wie dem auch sein mochte, jedenfalls pflegte sie hinunterzurufen: «Die Herrschaften, verzeihen Sie, suchen Sie vielleicht ein Zimmer?» Sagte wirklich die Herrschaften und verzeihen Sie, was mir ungeheuer vornehm vorkam.

Nur dass unser Haus und damit auch die Fenster ihrer Wohnung unserem Weg vorgelagert waren und sie somit mit ihrem Rufen und Fragen uns beiden, Enrica und mir, nicht bloß Konkurrenz leistete, vielmehr zuvorkam.

Womit sie bei unserem Pà an den Falschen geraten war. Bei Gott, das war sie. «Kommt nicht in Frage», so sagte er zu unserer Mà, «das ist unser Haus, und sie, als nichts als Eingemietete, hat sich hier in keiner Weise hervorzutun, neinnein, dulde ich nicht und unter keinen Umständen!»

Und unsere Mà hatte der Frau Nota zu rapportieren: Er duldet es nicht, duldet es unter keinen Umständen.

Womit der Kampf seinen Anfang nahm.

Denn unsere Mà musste nun ebenfalls. Nämlich sich an der äußersten Ecke des Gemüsegartens aufstellen, der seinerseits dem Haus vorgelagert war, sodass nun sie es war, die die heraufziehenden Fremden als Erste sah. Und hatte nun ihrerseits hinunterzurufen: «Suchen die Herrschaften ein Zimmer?»

Nach drei oder vier Tagen aber sagte sie: «Ich tue es nicht mehr, nie mehr, das sind Schikanen», und indem sie dieses sagte, hatte sie eine Stimme wie nie sonst, ganz unzugänglich, und noch nie hatte sie zu Pà gesagt: Ich tue es nicht mehr. Er seinerseits stand da wie ein angeschossener Tiger, aber für einen kurzen Augenblick nur, wie ein Aufflackern wars, dann ging er aus der Küche.

Frau Nota aber grüsste nicht mehr. Wir Kinder wurden von Mà angehalten, uns nicht in die Angelegenheiten der Erwachsenen zu mischen und gleichwohl zu grüßen, sie aber grüßte nicht zurück, und Pà in der Küche und vor unseren Augen ahmte sie nach: Hoch erhobenen Hauptes und mit hochmütigem Gesicht ging er auf und ab.

An einem der folgenden Morgen, als wir Mädchen vom Estrich heruntersteigen, in dem wir drei jetzt schliefen – wieder im Estrich also –, waren die Treppen vom zweiten zum ersten Stock mit Säcken belegt, und es waren die gleichen, die Pà im Frühling sofort nach unserem Einzug auf sämtliche Treppen gelegt hatte, weil das Geld ihm noch fehlte für richtige Treppenläufer. Beim Eintreffen der ersten Gäste dann hatte er alle entfernt, und wir, weil es Holztreppen waren und damit nicht ein dauerndes Klappern im Hause stattfinde, durften nur noch leise auftreten. Jetzt, über Nacht, lagen die Säcke wieder da, indessen bloß auf den Treppen, die zu Frau Nota hinaufführten.

Im Laufe des gleichen Morgens verschwanden diese aber wieder. Waren weg und verschwunden, und unsere Mà sagte, wir sollten uns nicht auf den Treppen aufhalten, uns dort am besten überhaupt nicht zeigen. An diesem Tag grüßten uns auch Roberto und Ursula und Hansli nicht mehr, schauten an uns vorbei und auch wir dann an ihnen.

Dann war es Abend und sechs Uhr, und Mà war es, die hinaufgehen musste, um an der Wohnungstür zu läuten, während Pà beim Holzschopf hinter dem Haus wartete.

Worauf dann alle vier draußen waren, Pà, Mà und Herr und Frau Nota, und Enrica das Küchenfenster öffnete, damit wir verstehen könnten, was sie redeten, Daniela es aber wieder schloss, bis Enrica es wieder öffnete und so hin und her, bis das Fenster einmal zuschlug, sodass Mà es hörte und herüberkam und mit dem Finger drohte. Was Enrica nicht weiter beeindruckte, sie öffnete jetzt einfach den Fensterflügel, und wir konnten weiterhin Fetzen des Gesprächs aufschnappen.

«Sie wollen mit Herrschaften umgehen ...», so hörten wir Frau Notas grelle Stimme, «legen aber Säcke aufs Stiegenhaus.» Und bevor Daniela den Flügel wieder schloss, konnten wir das Wort Persien herüberhören und wussten, was sie jetzt daran war zu sagen, nämlich: wie sie schon als junges Mädchen bei vornehmen Herrschaften gearbeitet habe, bei denen im ganzen Haus Teppiche aus Persien gelegen hätten, und so sagte sie: Teppiche aus Persien, hatte in den Drei Häusern unten immer schon so gesagt, von diesen geredet.

«Tausende von Franken haben die gekostet ...» Enrica hielt den Flügel wieder offen, «Sie aber legen Säcke hin für die Herrschaften ... Sie müssen noch Höfischkeit lernen!» Und da war also auch dieses Wort wieder, das sie uns Kindern in den Drei Häusern unten hundert Mal gesagt hatte.

Und jetzt Pàs Stimme, lauter als bisher: «Gut, dass es Sie gibt, sie *befana*», und es klang wie nach unterdrücktem Lachen. Dann redete wieder Frau Nota und dann wieder Pà: «Das mit der Höfischkeit» – sprach das Wort jetzt aus wie sie – «besorgen wir selber, aber die Säcke, die liegen bis morgen früh vor unserer Wohnungstür, verstanden ...»

Die Säcke aber lagen nicht vor der Tür, und am Abend stritten Pà und Frau Nota wieder, und zwar diesmal auf dem Stiegenhaus, sodass die Gäste sie hören konnten, umso mehr als Pà diesmal von Anfang an mit kräftiger Stimme redete.

In jenen Nächten wars dann, dass vor unserem Haus unbändige Katerkämpfe stattfanden. Ein Heulen und Fauchen wars, als streunten wer weiß wie viele Kater auf der Straße oder auf der Wiese unten herum, und so sehr lärmten sie, dass mindestens ein oder zwei Mal selbst wir Mädchen erwachten.

Bis eines Morgens die Säcke vor unserer Tür lagen. Jahre später aber erst erfuhren wir, was Frau Nota veranlasst hatte, sie herzugeben, und es war anlässlich eines unserer Maroniabende.

Im Spätherbst, wenn in Tirano draußen die Kastanien zum Verkauf standen, pflegte unser Pà seine Proviantasche voll davon heimzubringen, und unsere Mà machte sich an einem oder zwei Samstagabenden ans große Maronibraten. Unsere Küche und die Stube, solange wir noch in den Drei Häusern unten wohnten, waren an solchen Abenden voll von Müttern und Kindern und Vätern.

Im neuen Haus erst wars, dass Pà begonnen hatte, Sciur Cesare mit Frau und Kindern und niemanden sonst zum Schmaus zu laden, und auf dem Tisch pflegten seitdem außer der mächtigen braunen Schüssel mit den gebratenen Maroni auch Krüge voll Glühwein und ein mächtiger persüt zu stehen, was alles Sciur Cesare aus seinem Keller mitbrachte; denn unter anderem war er auch Bauer.

Wenn an solchen Abenden die erste Esslust gestillt und die Gemüter und Zungen der Erwachsenen, vornehmlich der Väter, vom Wein gelöst waren, ging es ans große Erzählen, wobei der beste Erzähler jetzt Sciur Cesare war, und wenn seine Augen glänzten, er seinen linken Arm aufstützte, die Hand am Nacken, dann wussten wir: Jetzt gehts los. Eine der Geschichten war die von den kämpfenden Katern von damals, und wir erfuhren, wie jene Kater gar keine Kater, vielmehr die wirklichen Kater unser Pà und Sciur Cesare gewesen waren. Sie diejenigen gewesen waren, die geheult und gekämpft hatten. Und so viele Nächte hindurch hatten sie geheult, bis Frau Nota, so meinte Herr Cesare, die Krüge voll Wasser, die sie aus dem Fenster geschüttet, gewiss nicht mehr zu zählen vermocht hatte und um die Nachtruhe ihrer Gäste so besorgt geworden war, dass sie die Säcke hergab.

Damals müssen auch die in unseren Zimmern schlafenden Gäste in ihrer Nachtruhe gestört worden sein, doch sosehr unser Pà darauf aus war, dass wir abends nach neun Uhr in Stiegenhaus und Korridoren nur noch auf Zehenspitzen gingen, hier nur noch mit leiser Stimme redeten, nur was unumgänglich war und ja keine Türen zuschlugen – in jenen Nächten, wo es ihm darum ging, seinen Willen durchzusetzen, kümmerte ihn der Lärm, den er selber veranstaltete, nicht.

Eine andere Geschichte war die von Herrn Stefani und den Brettern.

«Gestern ist er wieder drüben gestanden, vor seinen Brettern ...», so fing Sciur Cesare an. Und stand auf, und mit nach außen gedrehten Füßen und vorgestreckten Knien, die Hände hinten am Rücken, diesen leicht nach rückwärts gebeugt, mit hohlem Kreuz, als hätte er Herrn Stefanis gewaltigen Bauch, ging er auf und ab und trippelte und blieb stehen und ging wieder auf und ab und drehte sich uns zu, und mit einem Gesicht voller Wichtigkeit tat er, als betrachte er etwas mit kritischem Blick, und ahmte so Herrn Stefani nach, nämlich, wenn dieser vor seinen Bretterstapeln stand und, diese betrachtend, auf und ab ging. Und setzte sich wieder und:

«Weißt du, wie viele ich …?», fragte er und: «Quater, dü, zeru, tri, zeru, cinch», tat, als spiele er *Mura*, indem er zwischen diesen Zahlen ganz schnell irgendwelche anderen sagte, und dabei schaute er Pà an und Pà ihn, und mit blinkendem Gesicht fing auch dieser an, mit der Hand auf den Tisch zu schlagen und Zahlen zu sagen … Und da, plötzlich, fing Romano an zu reden, mit begeisterter Stimme, als ginge es darum, wieder einmal zu erzählen, wie Sciur Cesares Hund seinen Ball nun schon mehr als einmal mit der Schnauze aufgefangen habe: «Wir, wenn wir mit Pà in den Wald gehen müssen, damit er junge Bäumchen ausgraben kann, müssen auf dem Weg stehen bleiben, und sobald jemand kommt, müssen wir singen …», so erzählte er. Er, der Sechs- oder Siebenjährige, der somit wie wir zu verstehen, jedenfalls zu ahnen schien, was die beiden mit Hilfe der Zahlen einander sagten.

Das Mura-Spiel war uns bekannt durch Dino und Giuseppino, die beiden Arbeiter und Maurer von Herrn Borani. Die beiden, selbst auf den Baustellen und in ihrer Mittagspause, spielten es, und dabei schrien sie und bekamen Augen, als wären sie plötzlich wütend gegeneinander und als wollten sie aufeinander losgehen.

Wir alle spürten also, dass es sich um jene Bretter handelte aus Herrn Stefanis Lager und Stapel, die sich schräg gegenüber, auf der andern Seite der Straße, befanden.

Sciur Cesare aber pflegte jeweils abschließend zu sagen, bah, wer tut das schon nicht. Und einmal sagte er auch: «Andere tun noch ganz anderes», aber Sciura Cesare stupfte ihn: «Lass das», mahnte sie, «Genaueres weißt du ja doch nicht», und jaja, schon gut, beruhigte er sie, indem er von etwas anderem zu reden anfing.

Von Herrn Stefani redete er auch immer wieder als vom *batoir* und sagte, der mit seinem Hotel und seiner Schreinerei sei ja Millionär.

Es war Herbst geworden damals. Frau Nota wohnte immer noch bei uns, und wie wir hielt auch sie Hühner; nur dass sie ihren

Hühnerhof, weil bei uns hinter dem Haus neben dem unsrigen und den Holzschöpfen kein Platz mehr gewesen war, auf Herrn Stefanis Boden, unterhalb seiner Schreinerei und Bretterstapel, hatte hinstellen dürfen.

Das Glück aber weilte nicht ungeteilt bei Frau Notas Hühnern, indem eines von ihnen – ein Huhn also diesmal – zwar nicht zu beißen begonnen, indessen die fast ebenso schlechte Gewohnheit angenommen hatte, über das Gehege in die Freiheit hinauszuflattern, unter anderem in unseren vorderen Garten mit den Liegestühlen und Tischen für die Kurgäste. Dabei ließ es seine Exkremente liegen und nicht bloß hier im Garten, sondern auch auf den Treppen, die zu diesem hinaufführten. Sowohl Frau Nota als auch unsere Mà und wir Kinder taten, was in unserer Macht lag, um *Tarloca*, wie wir Kinder das Huhn getauft hatten, zu verscheuchen, und Mà hielt uns dazu an, das, was dieses zurückließ, ebenfalls ohne viel Worte zusammenzuputzen. Womit wir aber nicht zu verhindern vermochten, dass ab und zu doch auch unser Pà mit seinen Schuhen auf das trat, was es hatte fallen lassen.

Alle Fremden waren weggereist, und sie, Frau Nota, war mit ihren Kindern in den Wald gegangen auf die Suche nach Pilzen. Reto, Romano und ich befanden uns im Gemüsegarten, um die letzten Johannisbeeren zu pflücken, da hörten wir heftiges Gegacker, aber bis wir gerannt kamen, war Pà schon daran, Tarloca in einen Hanfsack zu stecken, und sie gebärdete sich wie wahnsinnig, zeterte und kreischte und zappelte. Bis es im Sack unvermittelt still wurde, so still und lautlos, dass wir Kinder sagten, nun sei sie tot vor Angst und Schrecken. Pà aber ließ sich durch nichts beeindrucken, gab auf keinerlei Fragen Auskunft, und bald hing der Sack vom Estrichfenster herunter und baumelte vor dem Stiegenfenster des zweiten Stockes leicht hin und her, als würde er vom Winde bewegt, und einzig wenn man genau hinschaute, konnte man feststellen, dass etwas im Sackinnern sich mitunter bewegte. Als wir Frau Nota mit ihren Kindern heimkommen hörten, saßen wir bei Tisch, und sie rief Gesù Maria. Wir aber durften uns nach dem Nachtessen nicht mehr auf den Treppen zeigen.

Tarlocas Leben nahm damit sein trauriges Ende; wir sahen sie nicht mehr, und Pà sagte, nun habe Herr Nota sich durchzusetzen vermocht.

Jahre später wusste Reto zu erzählen, wie Pà an jenem Herbsttag vor dem Mittagessen bei Sciur Cesare oben am Straßenbord gesessen, und beide hätten sich ausgeschüttet vor Lachen; man könne sich somit denken, was sie damals miteinander ausheckten.

Unsere Schlafstätten
Residenzen, Unterschlupfe

Wir drei Mädchen, nachdem wir in unser neues Haus eingezogen waren, schliefen zunächst in einem Zimmer, das mir als Paradies vorkam: Es hatte einen Balkon, von dem aus wir auf eine große Wiese hinunter- und zum Wald hinübersahen, und drinnen warme Wände aus Sperrholz, ferner eine Lampe, die von der Decke zum Greifen nah herunterhing und eingehüllt war in einen Schirm aus besticktem Tüll.

Vor dem Einzug hatte Pà gesagt, das würde unsere Stube sein. Dann hatte er außer dem runden Stubentisch und dem Buffet zwei Betten hineingestellt.

Wenige Monate später und da unsere Art von Fremdenwerbung ihre Früchte trug, begann er Ausquartierungen vorzunehmen.

Uns drei Mädchen zügelte er aus der Wohnung in den Estrich hinauf, diesen Estrich, der nicht einmal durch eine Tür vom zweiten Stock und damit von den Notas getrennt war und vor dessen Lattenwand Mà, erst nachdem Frau Notas Kinder ebenfalls im Estrich und uns gegenüber schliefen, ein Stück Stoff hängte.

Im Kellergeschoss, neben den Treppen, befand sich in jenem ersten Sommer noch eine große Nische; von der hatte Pà gesagt, sie sei für die Liegestühle, wenn es draußen regne oder schneie.

Nur dass er, Pà, in jenem Sommer abends immerzu damit beschäftigt war, Bettgestelle anzufertigen, und eines Tages dann, statt der Liegestühle, eines dieser Betten in der Nische stand. Von da an war das die Schlafecke für Reto und Romano, und die Liegestühle mussten wir jetzt unter das Vordach des Holzschopfes tragen.

«Nur für diesen Sommer», hatte Pà zu Reto und Romano gesagt, und wir Kinder fuhren fort, sie die Ecke für die Liegestühle zu nennen.

Im Herbst dann baute er eine Wand vor die Nische und in die Wand eine Tür, und hinter die Wand stellte er ein Bett und einen Stuhl. Von da an und bis er sich etwas Neues einfallen ließ, war das Enricas Zimmer, in das sie sich allerdings zeitweise mit mir teilen musste.

Er und Mà schliefen in jenem ersten Sommer, wenn vor lauter Fremden kein einziges Zimmer mehr frei blieb für sie beide, in der Waschküche, wo Pà Bretter auf den Spültrog gelegt hatte und eine Matratze darüber, was alles morgens wieder weggeräumt wurde.

In jenem Sommer wars auch, dass Pà abends zu Mà sagen konnte: «Mach, dass du fertig wirst hier, und zieh dich an», und wir wussten, was das zu bedeuten hatte, was er mit «zieh dich an» meinte, nämlich «zieh dich recht an».

Damals und abends befanden sich alle Kurgäste auf der Dorf- und Hauptstraße – damals sprach man noch von Kurgästen und Kurort, gab es noch keine Autos, selbst Doktor Claraina besaß keines, eilte im Sommer zu Fuß zu seinen Kranken, im Winter auf seinem Schneetrottinett, und gehörte Puntraglia noch zu den aufstrebenden Fremdenorten – und es war ein Strom, der sich über die ganze Breite von Trottoir und Straße ergoss, von Vornehmen und Reichen aus den großen Hotels, Las Blaisas, Palace, Park und anderen – Engländer, Holländer, Franzosen, Deutsche oder weiß Gott welcher Nationalität – die Damen dann in langen Roben, die Herren in Frack, und von wirklich Erholung Suchenden, vom Arzt im Ernst hier herauf Geschickten, aber auch von Touristen in Knickerbockern und selbst von Dorfbewohnern und Angestellten. Ob es zur Verdauung der Table d'Hôte war oder eines gewöhnlichen Nachtessens, alles, was Zeit hatte, da war, um nichts als Zeit zu haben oder sich für einmal Zeit genommen hatte, und alles, was gesehen werden oder bloß sehen und staunen wollte, kam, flanierte und promenierte sich. Auf dem Zaun des Trottoirs, beim Eisplatz, ungefähr in der Mitte des Dorfes, waren auch noch die Bergführer, auch sie, um gesehen und angeworben zu werden.

Hierher also trieb es Pà, hinein in die gehobene Stimmung, in das Gefühl, hier gehöre ich hin, hier kann auch ich mich nun zeigen.

Dann begannen wir ein «bekanntes Haus» zu werden, sodass es sich für Enrica und mich allmählich erübrigte, an der Wegecke zu stehen, um die Fremden anzulocken, denn nun kamen sie von selber, schrieben uns Briefe und bestellten die Zimmer im Voraus, und Pà, zu seinen zahlreichen anderen Berufen als Schreiner und Installateur und Elektriker, legte sich nun auch den des Briefaufsetzers und Direktors unserer wachsenden Korrespondenz zu. Gleichzeitig erachtete er den Augenblick für gekommen, der Frau Nota zu kündigen. «Ich will nun eine Pension auftun», so sagte er, «und dazu benötige ich das ganze Haus.»

Und setzte damit auch dem ganzen Kampfgetümmel zwischen ihm und ihr ein Ende. Wobei es allerdings Frau Nota war, die den letzten Trumpf ausspielte:

«Wenn nicht Sie mir gekündigt hätten, hätte ich Ihnen, wir sind nun nämlich daran, uns unser eigenes Haus zu bauen», so sagte sie, und es war erst Jahre später, dass Mà uns erzählte, wie Pà damals vorgezogen hätte, die Kündigung noch ein oder zwei Jahre hinauszuschieben, dann aber über Drittpersonen von ihr – nun also ihrem neuen Haus – erfahren habe und ihr dann, um ihr zuvorzukommen, doch kündigte.

Eines Abends kam Pà mit einer Schreibmaschine heim, einem rasselnden, klappernden Ungetüm, das er sich bei der Versteigerung des Mobiliars irgendeines Bankrott gegangenen Hotelkastens in

Saruna ergattert hatte und auf dem sich Enrica nun im Schreiben üben musste, um fähig zu werden, Pàs Briefe und Antworten an die Kurgäste zu tippen.

«Sehr geerte Herr, ihre werte Brief dankent eralten. Bin sehr gern berait schöne sonige Sudzimmer zu reservire. Unsre Preis beschaide, da Familienbetrieb wo alle Kind mithelfe. Sind in kurze Zeit bekante Haus geworde und fersihere Ihne frentlige Bedinunk ...»

Denn Pà hatte sich seine Deutschkenntnisse erst in Puntraglia erworben, aus Zeitungen und den Büchern von Herrn Zyri vom Bazar, und vorwärts stürmend, wie er war, mochte er sich nie die rechte Zeit dafür genommen haben.

«An euch ist es, sie ins richtige Deutsch zu setzen, ihr geht ja hier zur Schule», so pflegte er zu sagen; und war alles, was zu sagen er für notwendig erachtete.

Oder setzte auch Geschäftsbriefe auf. Bestellte beispielsweise beim Gelmoli in Zuric Nägel, Schrauben, Nachttischlampen, Bettvorlagen. Tat es, auch er in der Zuversicht desjenigen, der auf dem Lande wohnt und an die Stadt glaubt, als an den Ort für alles Gute und Billige. Und bei einer anderen Firma, ebenfalls in Zürich, bestellte er Orangen, Zitronen, Grapefruits. «Bitte umgend Ware senden erste Qualität, aber zu reduzirte Preis da große Bestelunge. Sonst sende zuruk ...»

Und begann, nachdem Frau Nota ausgezogen war, das Haus zu vergrößern, im Frühling und Herbst, immer um ein kleines Stück.

«Diese großen Zimmer sind für die Gäste», so sagte er eines Tages, «das hier aber ist für dich ...», und wandte sich zu mir, die ich zusammen mit Reto Bretter auf den Dachstock hatte hinauftragen müssen.

«Aber da hat es doch keinen Platz mehr für ein Zimmer», warf ich ein. «Was, kein Platz, ein Salon wird das werden, pass auf, und an die Tür werden wir schreiben: Salon Barbara ...», und lachte, und dann war es so weit, das Zimmer eingerichtet, und ich wusste, weshalb er von einem Salon geredet hatte, nämlich wegen des Spiegels mit dem Goldrahmen, den er aus Nonas Laden mit heimgebracht und hier an die Wand gehängt hatte. Nona hatte immer gesagt, der Spiegel sei blind, und hatte ihn irgendwo liegen gehabt, nun aber also hing er hier an der Wand, am Fußende meines Bettes, und neben ihm, in der Ecke, hing eine von Pà geschreinerte geschweifte Konsole. «Hier kannst du Kamm und Bürste hinlegen ... was willst du mehr ...» Und wenn er mir auch keine eigene Beleuchtung eingerichtet, sondern nichts als eine Luke zuoberst in der Wand gelassen hatte, in die die Hälfte der Stiegenlampe hereinhing, und wenn auch während der Nacht zusätzlich Licht durch die Fugen der Bretter hereinschimmerte, so war das nun doch meine Burg und Festung, die für eine kurze Spanne Zeit mir ganz allein gehörte.

Bis ich sie mit Mà teilen musste und mit ihr auch mein Bett; und bald darauf zogen auch Pà und Reto und Romano hinzu.

Denn da war etwas Merkwürdiges mit diesem Zimmer, nämlich an der Innenwand in der rechten untersten Ecke eine Öffnung, die sich in der Tiefe, unter dem Dach im Dunkeln verlor. Wir, die Buben und ich, nannten sie den Tunnel, und man konnte denn auch nur kriechend in diesen hineingelangen. Anfangs hatten wir hier Kartonschachteln, überzählige Kissen und anderes verstaut; eines Abends aber lagen dort, am Fußende meines Bettes also und dicht beieinander, zwei Matratzen, lagen so, dass die Hälfte von ihnen in den Tunnel hinein, die andere ins Zimmer heraus reichte, anders wäre für sie gar kein Platz gewesen, und waren zum Schlafen hergerichtet. Für mindestens einen Sommer lang schliefen sie nun hier, während Mà und ich weiterhin mein Bett benützten, und als Erste mussten jeweils Reto und Romano schlafen gehen, nicht bloß weil sie Buben waren, sondern weil nicht Platz war für mehr, um sich zu wenden und zu drehen, und zu Spiegel und Konsole konnte ich nun nur noch gelangen, indem ich auf die Matratzen stand.

Bis ich mich eines Abends in einem Gästezimmer neben einer Dame liegen fand und auch das Pà zu verdanken hatte. Die Dame hatte das Zimmer mit ihrem Mann bewohnt, doch war der Mann aus geschäftlichen Gründen für einige Tage weggereist, und so hatte er, Pà, dieser Dame einen Vorschlag gemacht: Falls sie einverstanden sei, während der Abwesenheit ihres Mannes seine jüngste Tochter im zweiten Bett schlafen zu lassen, werde er für dieses so lange nichts verrechnen. So viele Feriengäste, sagte er, wünschten in seinem Haus zu wohnen, dass er sich gezwungen sehe, selbst die Betten für seine Familie herzugeben.

Die Dame, beeindruckt von so viel zwingenden Umständen, hatte Ja gesagt.

Sodass, als ein Brief von einer andern Dame aus Deutschland eintraf, der besagte, dass sie, die Frau Hofmann, vom Arzt einen Erholungsurlaub von acht Wochen verschrieben bekommen habe und infolgedessen eine «gute, aber nicht teure Pension» suche, Pà auf seine nun gemachten Erfahrungen zurückgreifen und ihr folgenden Vorschlag unterbreiten konnte: Er würde, so schrieb er ihr, eine noch größere Preisreduktion in Betracht ziehen können als die von soundso viel … falls sie sich einverstanden erkläre, das Zimmer mit seiner jüngsten Tochter zu teilen, für die er eine Couch ins Zimmer stellen würde. «Schicke eine Foto, wo Kreuz, da is junste Tochter Barbara.»

Die Dame war einverstanden, kam angefahren, und das Zimmer, in dem wir zwei nun schliefen, war jenes, das mir in den ersten Wochen nach unserem Einzug als Paradies vorgekommen war.

Glücklicherweise sah ich sie nicht sehr oft, indem ihre Erholungsbedürftigkeit nicht darin zu bestehen schien, abends früh ins Bett zu gehen. Dafür schlief sie morgens lang; und Enrica war der Ansicht, am Morgen lange schlafen zu können, sei eben etwas, das zur großen Welt gehöre, die reichen Leute, so sagte sie, seien nicht wie wir, mit unserem Glauben an Morgenstund und Gold im Mund.

Nur gelegentlich traf ich sie an, und solche Abende, wo ich mich nun doch in ihrer Gegenwart entkleiden und in eines dieser von Nona genähten geblümten, ewig zu kurz geratenen Barchent-Nachthemden steigen musste – nun also zu kurzen, wo sie nun nicht lang genug hätten sein dürfen –, waren ein Gipfel der Verlegenheit und Pein.

Wenn sie nicht da war hingegen, und obgleich Mà mich jeweils mit der Anweisung entließ, das Licht sogleich zu löschen und mich zur Wand zu drehen, ich hätte kein Recht, die Dame in der geringsten Weise zu belästigen, hatte ich nun ein neues Spiel, bevor ich ins Bett stieg. Denn da war sie nun, die große Welt ... oder was anders waren die Fläschchen und Döschen, Quasten und Cremen, die auf dem Toilettentisch lagen und die ich mir nun alle betrachten und beriechen musste? Und alles, alles gehörte dieser Dame mit dem schönen, gepuderten Gesicht und diesen Haaren ... dunkelroten Haaren mit schwarzem Scheitel. Nie im Leben hatte ich Derartiges gesehen, und woher denn sollte ich Wunder und Geheimnis dieses Scheitels kennen, wo nicht einmal Enrica etwas darüber zu sagen wusste.

Und Kleider besaß die Dame, eines schöner als das andere, und sie begann, abends auszugehen, und Daniela wusste zu berichten – sie, die fünf Jahre älter war als ich und nicht mehr zur Schule ging, dafür aber im Saal servierte und viel später ins Bett gehen durfte –, dass sie, die Dame, jeden Abend von einem Herrn abgeholt werde. Und mehrmals, wenn sie heraufkam, um sich umzuziehen, lag ich noch wach und spähte hinüber, und zum ersten Mal in meinem Leben sah ich schwarze Unterwäsche, und alles war atemraubend.

Dann, eines Abends, lag auf ihrem Nachttischchen eine gewaltiggroße Pralinéschachtel, eine von denen, wie sie im Schaufenster der Conditorei Algreza ausgestellt lagen. Lag da, vor meinen Augen, noch umwickelt mit dem hauchdünnen, durchsichtigen Papier und also noch unberührt, und ich dachte: Das ist ein Geschenk von jenem Herrn. Wie aber konnte man ein Geschenk wie dieses ungeöffnet liegen lassen!

Bis eines Abends das dünne Papier weg war. Aber erst ein einziges Praliné fehlte.

Und bis zwei, drei Tage später nichts mehr ungeschehen gemacht werden konnte.

Bis dahin hatte ich von der Vorstellung gelebt, wie gut sie sein mussten, das … und dieses und das dort …

Nun aber ging ihre Güte über jede Vorstellung hinaus, und Abend für Abend nahm ich mir eins oder zwei, und ein oder zwei Mal schlüpfte ich selbst nach dem Mittagessen ins Zimmer.

Dann war es so weit. Eines Nachmittags, wie ich von der Schule heimkam, hatte Mà ein Gesicht wie nie sonst: unzugänglich und erbarmungslos, und so schaute sie mich an, und ich wusste, dass es geschehen war, und bereitwillig wollte ich mich ans Salatrüsten machen oder ans Kartoffelnschälen.

«Du brauchst heute nicht zu helfen, mach du dich an deine Aufgaben …», so sagte sie, und Angst und Grauen fielen über mich her.

Weshalb, so frage ich, scharen sich in Augenblicken wie diesen nicht Heere von Engeln zusammen und kommen geflogen und flehen um Erbarmen.

Aber sie kamen nicht. Und weshalb hätten sie sollen, da doch sie, die Erwachsenen, die Engel hätten sein sollen, müssen.

Weshalb hatte sie, die Dame, mich bei Mà verklagt … Hätte sie, die Erwachsene, unendlich Überlegene, mich nicht unter vier

Augen zur Rede stellen und mich damit strafen können, so sehr strafen, dass ich keinen Griff mehr in die Schachtel gewagt hätte? Und hätte nicht auch ich sie anklagen können, weil sie die verfluchte Pralinéschachtel, diese überwältigende Versuchung, auf dem Nachttischchen liegen gelassen hatte? Sie anklagen dürfen, sollen, weil sie mich bei Mà verraten hatte, bei ihr, die dann nicht anders konnte, als mich zu bestrafen?

Wehe, wenn Kinder nehmen. Sie dürfen nicht nehmen ... Wenn schon, *wer* nimmt, darf nehmen, filzen?

Bloß Mà, ja, sie vielleicht dachte: mein Gott, er ... ich weiß ... sags ihm ja immer ... Aber sie, die Kinder ... nein, darf nicht sein, neinnein, müssen lernen, müssen gezüchtigt werden, gehört zum Kindsein ...

Und weshalb durfte Pà mich in das Zimmer der Dame stecken? Wo meine Augen sahen, Nase roch, Herz klopfte, Mund begehrlich wurde. Und niemand da war, der mir geholfen hätte, tapfer zu sein?

Keine Engel, nein, alle waren zu beschäftigt. Oder gedankenlos. Und des Sängers Fluch wollte mir an jenem Nachmittag nicht in den Kopf, und dann war es sechs Uhr, und Mà sagte: «Pack zusammen, es gibt kein Nachtessen für dich heute abend.» Und in meiner Brust war ein Stein, größer als ich selber, aber niemand sah ihn. Auch Pà nicht. Er fragte nur, was ist los, weshalb muss sie ins Bett, und da wollte der Stein herausspringen. Aber sprang doch nicht. Steine dieser Art waren nicht gewohnt zu springen. Und Mà antwortete nichts als «deshalb», und ihr Gesicht blieb unzugänglich.

Dann lag ich im Bett. Mà hatte gesagt, du schläfst heute in Nummer fünf, und die war Wand an Wand mit Nummer vier, nämlich, wo bisher die Dame und ich geschlafen hatten, und dann kam Mà, und in der Hand hatte sie die Rute. «Schlag die Decke zurück, und zieh das Nachthemd herauf ...», und ließ die Rute sausen, und ich schrie. Und dann war es Pàs Stimme: «Was zum Teufel geht hier vor?», und seine Stimme war aufgebracht und dringlich, und dann aber: «Nein, ich bitte Sie, so hab ichs doch nicht gemeint …», und das war ihre Stimme … Ha, hinterher kann das jeder sagen … Wie ich sie jetzt hasste! Und wusste jetzt auch, wer sie war, nämlich jedenfalls keine Dame. Damen wissen zweifellos, was sie zu tun haben, und eine wirkliche Dame hätte mich nicht verraten.

Mà wollte dann nicht mehr, dass ich in Gästezimmern schlief. Sie sagte zu Pà: «Schicke mich, wenn du glaubst, es nicht anders richten zu können …»

Dann hatte Pà nicht bloß den Estrich zu einem neuen Geschoß um- und ausgebaut, sondern auch das Kellergeschoss, und wo bis dahin Keller und Waschküche und zu großer Gemüsegarten und zu viel Felsen und Enricas Zimmer gewesen – welches längst nicht mehr von ihr bewohnt wurde, weil Pà es an einen Arbeiter vermietet hatte, – waren eine neue Küche und ein neuer Speisesaal entstanden und stellte Pà eines Abends in diesem Speisesaal zwischen den Tischen zwei Gartenliegestühle auf, zwei jener schmalen Rohrliegestühle mit breiten Armlehnen aus Holz und schmalen Seegrasmatratzen, wie sie damals in den Hotelgärten noch üblich waren.

«Hier könnt ihr zwei nun in Frieden schlafen», so sagte er zu mir und Enrica. «Jede hat ihr eigenes Bett, und der ganze Saal gehört euch für die Nacht, was wollt ihr mehr …!»

In einer der darauf folgenden Nächte aber erwachte ich mitten in der Nacht. Mir war übel, und ich fühlte, dass ich erbrechen musste, aber beide Ausgänge aus dem Saal waren verschlossen, und Pà hatte die Schlüssel mit sich genommen, so weckte ich Enrica. Sie aber fauchte mich an, ich sei eine extravagante Person. «So wie du bist, nein, so möchte ich nicht sein», rief sie aus und zog die Decke über den Kopf und drehte sich auf die andere Seite.

Ich aber saß auf den Treppen, die vom Speisesaal hinausführten, und Wasser stieg mir in den Mund herauf, und da sagte ich, dort in den Topf hinein würde ich alles hergeben, und meinte den Ziertopf, in dem der Topf mit der Pflanze steckte, und da aber schnellte Enrica wieder unter der Decke hervor: «Untersteh dich …, kriech durch die Durchreiche, wenn du nicht anders kannst», und daran hatte ich auch schon gedacht, nur dass die Öffnung nicht hoch war, indem unser Pà deren Schieber arretiert hatte, damit weniger Küchengerüche in den Saal drangen, aber nun also versuchte ich hindurchzukriechen. Und schon kam es herausgeschleudert, heraus und hinunter auf den Küchenboden, sodass ich hinterher noch das Aufputzen hatte.

Pà, am folgenden Morgen aber, lachte über alles, und nichts bei ihm sah nach schlechtem Gewissen aus oder Gewissenserforschung und Einsicht und Umkehr. Nach gar nichts anderem sah es aus als nach Blinken und Lachen, und er sagte: «Also gut, heute Abend schließt ihr selber von innen ab.»

Und blieb damit der Sieger. Sieger und Stratege, uns nach Belieben und Bedarf hin und her verschiebend und befördernd.

Immer mehr Briefe trafen ein, immer mehr Kurgäste wollten bei uns wohnen. Und weil Pà schon überall und am ganzen Haus aus- und aufgebaut und angehängt hatte, Terrassen und Veranden und Ecken und Geschosse, sagte er eines Abends: «Wir wollen ein zweites Haus bauen lassen.»

Sagte *wir* und meinte *ich;* denn in Wirklichkeit war mit wir immer nur er gemeint und traf er alle Entscheidungen allein. Hatte sie längst getroffen und ausgemacht im Augenblick, da er sie mitteilte und so tat, als wolle er sie mit Mà besprechen; und wenn sie versuchte, wagte, sich zu widersetzen, nein, nicht widersetzen, niemals widersetzen, bloß beispielsweise wagte, auf seine Eröffnungen keine Antwort zu geben, war es aus und vorbei auch mit dem sozusagenen Besprechen. Und setzten die Demonstrationen ein, kam er für mehrere Tage nicht mehr zum Essen und sprach mit niemandem mehr.

Denn er war der Herr im Hause. Er hatte die Einfälle. Tagsüber, von einer Station zur andern, nachdem alle Fahrkarten geknipst waren, er in den weichen Polstern der ersten Klasse saß und der Zug ratterte und hämmerte, tatatam, tatatam, ich bin der Schwung und du das Rad, die Zeit ist kurz, die Zeit ist lang, darum tu noch, was du kannst, ja, da kamen die Einfälle. Die Puntragliabahn war jetzt nämlich für ihn da, nicht er für sie. Damit er Zeit hatte für diese Einfälle, für das Herum- und Austragen dieses Drängelns und Drängens in ihm.

Nicht dass er ohne die Bahn ausgekommen wäre, das auch wieder nicht. Die vier- oder fünfhundert Franken im Monat, die sie einbrachte, waren nicht zu verachten, während der toten Saison zum Beispiel reichten die für das Essen der Familie. Außerdem, was hätte er zu Hause tun sollen den ganzen Tag. Fürs Kochen, Servieren, Zimmermachen waren die Frauen da, fürs Holzspalten, Fensterläden anstreichen und dergleichen die Buben, und was seine Arbeit betraf – Betten schreinern, Tische, Schränke, Wände, Innenwände –, die tat er abends, an Urlaubstagen, über Mittag, während seiner Ferien. Freilich musste er dann oft zum Bahnhof rennen. Aber wenn sich Mà am Küchenfenster aufstellte, am nördlichen, um die Unterführung drüben beim Muragliawald scharf im Auge zu behalten und ihm sofort zu melden, jetzt taucht er auf ... fährt durch die Unterführung, jetzt musst du gehen, hier deine Jacke, gib mir die Überkleider, reichte es noch. Pà, bei seinen Kollegen und bis hoch hinauf, war bekannt dafür, dass er rennen musste. Aber solange Rennen half, man mit Rennen der Abfahrt des Zuges zuvorkommen konnte und zuvorkam, blieb Rennen seine Sache.

Später, wer weiß, wie viele Male, muss er dann doch zu spät gekommen sein. Wir alle wussten nichts davon, und selbst Mà erfuhr es erst, nachdem der Brief von der Direktion auf dem Küchentisch gelandet war. Man werde ihn für ein Jahr dort- und dorthin versetzen, und es war in eine ganz andere und hinterste Ecke des Kantons, da sei nämlich noch dieses andauernde Fastzuspätkommen, sodass immer andere für ihn einspringen müssten, zum Beispiel um für die Kurgäste vor Abfahrt des Zuges die Stationen auszurufen ...

Da saß er dann, unser Pà, auf der Eckbank in der Küche, nicht einfach schuldbewusst oder verdattert, windelweich und wie ein Häufchen Elend saß er da, und auf uns, in jenen Tagen, lag ein Schreckgespenst, wir alle waren nun eine Front von Mitleid mit ihm, denn dass er, Pà, nun fortgehen musste von Haus und Puntraglia und Mà, das konnten wir uns nicht vorstellen.

Alles konnte dann noch abgewendet werden. Enrica später sagte, da habe der Lüsani herhalten müssen und auch hergehalten, wegen seines halben Dutzends Töchter. Herr Lüsani war der Chef des Bahnhofs in Borgo, und der schien von unserem Pà viel zu halten. Mitunter, an einem seiner Urlaubstage, kamen er und seine Frau nach Puntraglia, a l'aria fina, wie er sagte, und auf Besuch zu uns. Mit Pà, während des Essens, konnte der dann reden und plaudern und reden, und dieser also muss bei der Direktion für ihn eingestanden und geredet haben. Der muss vorsorgen mit all diesen Töchtern und Pà mit seinen Söhnen – aus guter aufstrebender Familie – muss er doch warmhalten, da hält ihn seine Frau schon in Trab, so meinte Enrica.

Redete jetzt also von einem zweiten Haus und davon, dass wir eine eigene Wohnung haben würden im neuen Haus und eigene Zimmer: «Ihr drei Mädchen eins für euch allein, ihr Buben eins und Mà und ich eins», und schnitt dazu seine Gesichter und gab uns Kopfnüsse und packte Mà am Nacken, dass sie leise aufschrie.

Enrica aber maulte: «Ha, eine eigene Wohnung, bei jedem Anbau hat er das schon gesagt ... nächstens laufe ich davon, packe meinen Koffer und gehe ...!»

Und natürlich behielt sie Recht: Nachdem das zweite Haus gebaut war, standen zwar doppelt so viele Zimmer zur Verfügung, fuhr Pà aber gleichwohl fort, uns hin und her und auf und ab zu verschieben, von Ecke zu Unterschlupf.

Und bloß in der Zwischenzeit, wenn die Gäste abgereist waren, schon vorher, zwei, drei Tage bevor die letzten wegreisten, sagte er: «Nun, morgen – übermorgen, in drei Tagen – ist Einzug, sind wir die werten Gäste ...! Welches Zimmer wünschen Sie? Und Sie?» Konnte uns Mädchen so fragen, mit uns scherzen, denn das Geld war hereingekommen, die Kasse gefüllt. Und wir durften einziehen, in welches Zimmer vom unteren Haus wir wollten, jedes von uns Mädchen in ein Ein-Bett-Zimmer, und den beiden Buben sagte er: «Ihr dürft in die Nummer zwei einziehen, mit der großen Veranda.» Die Nummer drei hingegen, das schönste Zimmer im ganzen Haus, das nicht bloß eine Veranda hatte, sondern auch mit allen Fenstern gegen Süden gerichtet war, behielt er für sich und Mà.

Bis vor Weihnachten die Feriengäste wieder eintrafen und wir wieder ausziehen mussten.

So, ewiger Aufbruch. Umzug, Einzug, Auszug. Und nie konnten wir uns wirklich niederlassen, nie uns plustern und sagen: Hier bin ich, hier fühl ich mich wohl, hier niste ich mich ein. Nie mit den Flügeln schlagen und rufen: Kikeriki, schaut her, ist unser Nest nicht schöner als alle euren ringsumher.

Wenige Wochen nachdem das zweite Haus fertiggestellt worden war, erhielt Pà von Nona eine Postkarte, auf der geschrieben stand: «Ich weiß alles. Rechne aber auch diesmal nicht mit meinem Geld – gnanca'n quattrin – keinen Fünfer», so hatte sie geschrieben, «solange ich lebe, wirst du keines bekommen. Von allem Anfang hab ichs dir gesagt und dabei bleibts. Madre.»

Ohne Anrede und ohne Gruß, und es war nicht die erste und einzige Karte dieser Art, die Pà von ihr erhielt.

Dann war es Januar und brachte der Briefträger eines Morgens ein Paket ins Haus, eine riesige Hutschachtel, aus der zuerst nichts als Quotidiani zum Vorschein kamen. Erst zuunterst, auf dem Grund der Schachtel, lag er: der Schweinskopf. Lag da, als wäre er noch lebend, nur bleicher und mit geschlossenen Augen. Und kein Brief, nichts als die Adresse, aber Enrica sagte, auch ohne jenen wüsste man, von wem die Schachtel kommt, und einzig unsere Mà blickte in diese hinein, ohne ein Wort zu sagen, und legte den Deckel wieder auf und trug alles eigenhändig in den Keller, und für den ganzen Rest des Tages hatte sie ein Gesicht voller Abwesenheit; selbst auf unser Geplapper hin sagte sie kein Wort, nicht einmal: «Ich will nicht, dass ihr darüber redet ...»

Wir, Enrica und ich jedenfalls, wussten von dem Karnevalsbrauch, der in Borgo herrschte, und mit dem Burschen oder junge Männer heimgesucht wurden, die in der Talschaft als Renommierer galten; Ziu Leone war es, der uns immer wieder davon erzählte.

Dem Betreffenden wurde der Kopf eines Schweines vors Fenster gehängt. In der Nacht stiegen Burschen aufs Dach des Hauses, in dem jener wohnte, und bei sich trugen sie den an einem langen Strick befestigten Schweinskopf und eine Stange. Der Strick mit dem Kopf wurde an der Stange, die Stange am Dachfrist befestigt, und Strick und Kopf ließ man dann hinuntergleiten, so, dass dieser vor den Wohnungsfenstern des Betreffenden, in angemessener Entfernung von diesen natürlich und auch von Boden, Straße oder Garten, zu hängen und zu baumeln kam.

Es galt als Ehrensache, gewissermaßen als Freipass in den Karneval hinein, den Kopf bis zum Aschermittwoch und auch noch an diesem dort hängen zu lassen.

Pà, am Abend, hatte noch nicht die Tür hinter sich geschlossen, als Romano ihm die Neuigkeit entgegenschrie: «Einen Schweinskopf, einen richtigen Schweinskopf hat Nona geschickt ...», und beide gingen sie in den Keller und kamen zurück, und nachdem er, Pà, die Schachtel auf den Tisch gestellt und geöffnet hatte, schaute er eine ganze Weile hinein, und sein Gesicht war voller Blinken. Dann flüsterte er Romano etwas ins Ohr, und während der ging, hob er den Schweinskopf aus der Schachtel, behutsam, ja zärtlich, und dann kam Romano wieder zurück mit einem Büschel Rosmarinzweigen. Hinter jedes Ohr des Kopfes steckte Pà einen dieser Zweige und blickte sich um nach Mà, die am Herd stand: «Schau, wie gut ihm das steht ...», so sagte er, aber Mà mit ihrem abwesenden und jetzt auch abweisenden Gesicht hantierte hastig mit den Pfannen herum und sah nicht her, sodass Pà sie gewaltsam herüberzog.

Und mit seinen geschlossenen Augen, dem breit gezogenen Maul und dem Rosmarin hinter den Ohren sah der Kopf aus, als träume und lächle er vor sich hin und fühle sich eins mit uns und der Welt, und Pà war aufgeräumt für den ganzen Abend, und den Kopf musste Mà an jenem Abend auf dem Küchenbuffet stehen lassen.

Und so hatten sie jetzt beide ihren Knochen, an dem sie nagen konnten, sowohl Pà als auch Enrica. Nämlich Enrica, indem sie in den folgenden Tagen nach dem Kopf suchte; denn dass Pà den nicht einfach fortgeworfen hatte, davon waren wir eigentlich alle überzeugt. Und Enricas immer, fast immer, ein wenig gelangweiltem, ein wenig verschnupftem Gesicht konnte man die Unruhe ansehen. An Tagen wie diesen hatte sie auch einen unergründlichen Blick und eine Art, durch einen gewissermaßen hindurchzuschauen.

Dann hatte sie ihn gefunden. Drüben, in Pàs Werkstatt, hoch

oben auf einem Gestell, in einem der großen, geblümten Steingut-
töpfe, in denen Mà sonst eingekochte Butter oder eingelegte Eier auf-
bewahrte, lag er, und aus ihm roch es jetzt nach Sprit.

*Vielleicht war da ein Ort – damals und zu Zeiten, die niemand von uns er-
lebt hat –, ein Ort, sage ich, in dem Heiterkeit und Fröhlichkeit herrschten
und wo die Menschen einander mit «Ach, ist das wieder ein Leben» begrüß-
ten und mit «Alegra, ich wünsche einen fröhlichen Tag», sich wieder vonein-
ander verabschiedeten.*

*Was sie alles sagen konnten, weil sie erfüllt waren von dem, was sie
umgab und was sie lebten.*

*Außer der Heiterkeit war auch die Großmut unter ihnen und der
Mut und die Tapferkeit.*

*Da war aber auch die Sehnsucht. Diese machtvolle, machtvoll trei-
bende Kraft.*

*Und die wuchs und wuchs, diese unergründliche, diese schmerzhafte,
die Grundfesten der Welt erschütternde Sehnsucht. Und heute reicht die Erde
mit all ihren Gütern nicht aus, um sie zu fassen.*

*Oder vielleicht hat der Mensch nicht genügend Geduld, sie auszutragen,
auszuhalten, auf eine Erfüllung hin?*

*Auf welche Erfüllung hin? Ja, das ist es und ist eben die Frage, die
wir Menschen haben.*

*Und deshalb, ich meine wegen dieser Sehnsucht, ist das andere her-
eingebrochen. Die Sucht nach Ansehen und Geltung und Machtausübung
und Beherrschung. Und Geld.*

*Und dann und deshalb war mit einem Mal er da: Sbirro, auch Um-
brifér genannt, und wuchs und breitete sich aus und nahm zu an Macht, bei
Pà, bei uns, bei allen. Jaja, bei allen.*

Sbirro
auch: Umbrifér

Und somit denn: «Drei Vaterunser, drei Gegrüßt und Ehre sei dem Vater, damit bis morgen Abend alle Zimmer wieder besetzt sind ... drei Vaterunser, Gegrüßt und Ehre, damit es bald wieder schneit und die Gäste nicht abreisen ... Damit morgen das Wetter wieder schön ist und viele Gäste mit dem Lunch fortgehen, sodass unsere Mà einen langen Tag hat, um sich ausruhen zu können ... Mà genug Geld hat, um die großen Rechnungen zu bezahlen. Und drei Vaterunser – nein sechs, drei genügen jetzt nicht mehr –, sechs Vaterunser, Gegrüßt und Ehre, damit Pà aufhört, wegen allem und jedem die schlechte Laune zu bekommen ... Lieber Gott, du weißt, dass wir so beten müssen, weil unsere Mà bald keine Kraft mehr hat, und der Doktor sagt, dass sie, wenn alles so weitergeht, sehr krank werden wird. Der Doktor aber weiß nicht, dass es nicht bloß wegen der Arbeit ist, sondern weil unser Pà so schwierig ist und die ganze Zeit die schlechte Laune hat. Lieber Gott, hilf uns doch!»

Reto, der ältere von den beiden, hatte eigentlich keine Lust, jeden Abend noch so zu beten. Als ob es tagsüber nicht genug gegeben hätte, das er nach der Schule noch musste: hundertmal zum Bahnhof hinunterlaufen, um all das Zeug heraufzufugen, Gepäck, Orangen, Gemüse, Bretter, Röhren ... nicht zu reden vom Wegewischen, Schneeschaufeln, Eisaufpickeln, Skierversorgen, Holzhereintragen, Brotholen, Milchholen, Milchammorgenmilchamabend. Und erst die Arbeiten während der Ferien: Wolle und Rosshaar zupfen für die neuen Matratzen, Fensterläden anstreichen, Holz sägen, Holz aufschichten, Säcke voll Sand holen, Dutzende von Schuhen putzen,

Schuheammorgenschuheamabend, sodass fürs Skifahren und Schanzenspringen und Ballspielen und Boxen nie genug Zeit blieb. «Wenn sie ihre Arbeiten getan haben, lass sie ins Freie gehen, damit sie mit den andern spielen können …» Freilich pflegte Pà das zu Mà zu sagen, aber andere, der Peter und der Robert, die konnten den ganzen Tag draußen sein, und übrigens auch der Jules, dessen Eltern ebenfalls eine Pension hatten und der aber fast nie helfen musste, weil seine Eltern sich eben mehr Angestellte leisteten.

Aber weil er, Reto, im Bett fürs Leben gern noch schwatzte, vom Skifahren und so weiter, dabei Äpfel kauend und frische, noch knusprige Brotanschnitte, konnte der kleine Romano sagen: «Wenn du nicht zuerst mit mir betest, so schwatze ich nachher nicht mit dir!»

Und umgekehrt konnte er, Reto, tagsüber zu Romano sagen: Wenn du diese und diese Arbeit nicht für mich tust, nicht in den Keller kommst, um mit mir den Salat nach faulen Blättern zu durchsuchen, nicht für mich auf die Post gehst, nichtdasnichtdiesnichtjenes tust, so werde ich heute Abend nicht mit dir beten. Und wie ein Eichhörnchen sich Vorräte anlegt für den Winter, so füllte sich Reto während des Tages seine Hosensäcke mit Äpfeln und Brotanschnitten, um diese hinauf- oder hinüberzutragen, dorthin, wo sein und Romanos Bett gerade stand, und legte alles unter Kissen oder Leintuch. Denn Reto liebte das Brot und die Äpfel über alles, aber nicht das Gemüse, Spaghetti, Nudeln und nicht das Fett am Fleisch. Und stopfte sich auch für den Schulweg und die Schulpause seine Säcke voll, sodass, bis er zu Tische kam, er ohnehin keinen großen Hunger mehr hatte.

So waren sie zu ihrem eigenen Konkordat gekommen, konnte der eine Arbeiten abschieben und der andere seinem Nachtgebet so viele Vaterunser und Ave anhängen, als ihn sein Kummer trieb.

Er, der kleine Romano, war es auch, der damals die Küchenwände mit frommen Bildchen überklebte, vom Herzen Jesu, von Maria mit dem Kinde, von der Heiligen Familie.

In den meisten der zahllosen Fälle war der äußere Anlass für Pàs schlechte Laune irgendeine Kleinigkeit. Angefangen bei der Fahne auf dem Dach, die bei schlechtem Wetter – Sturm oder Gewittern – nicht heruntergelassen oder hinterher nicht wieder hochgezogen worden war, über die Liegestühle, die ebenfalls nicht herein- oder nicht wieder hinausgetragen worden, die Wege, Treppen, Plätzchen, Ecken vor, hinter, neben dem Haus, die beim allgemeinen Wischen vergessen, den Schnee, der in irgendeiner verlorenen Ecke nicht weggeschaufelt, das Eis, das nicht aufgepickelt, Holz, das nicht in der genügenden Menge gespalten oder geschichtet, Unkraut, das nicht oder zu wenig ausgerupft, die Heizungsklappe, die nicht zurück- oder vorgestellt, Pàs Zettel für Mà, der nicht abgegeben, die Harasse, die nicht abgeholt worden waren. Und so weiter und so fort, hunderttausend Kleinigkeiten, Nichtigkeiten, bis hinauf und hinüber zu den Arbeiten, die Mà – falls ein Um- oder An- oder Ausbau im Gange war und Arbeiter im oder um das Haus – im Laufe des Tages zu wenig vorangetrieben hatte. Und nur in den seltensten Fällen handelte es sich um einschneidende, lebensverändernde Dinge wie beispielsweise den Bau eines zweiten Hauses.

Denn unsere Mà war für alles verantwortlich, für Wege und Stege, Schnee und Eis, Regen und Staub, schönes Wetter, schlechtes Wetter, für nicht versorgte Vehikel, Leiterwagen, Schlitten, Velos, Skier, für noch nicht hereingeholte Abfallkübel, für kranke Hühner, für Mäuse im Keller, von Mäusen angefressene Äpfel, faule Äpfel, für Gräte im Fisch, Haut an den Tomaten, Fadenfädchenresten an gekochten Bohnen, zu scharfen Essig, zähes Fleisch, zu heiße Suppe, zu kalte Glace.

Und das: obgleich die Tomaten für Pàs Salat geschält – in heißes Wasser eingelegt und rasch wieder herausgenommen und geschält –; die Bohnen nicht einfach von Hand entfädelt, vielmehr mit dem Messer und unter dem Faden, das heißt dem Fleisch, entlang geschnitten, der Salat überhaupt nicht mit Essig, sondern mit Zitronensaft angemacht worden war, Mà an Fleisch nur das Zarteste vom Zarten und Weißeste vom Weißen für ihn kaufte, Milke, Hirn, Kalbsfilet, obschon jeder Fisch, bevor er auf Pàs Teller gelegt wurde, von Mà eigenhändig entgrätet war.

Und das alles, obschon Mà nicht bloß dies und jenes und alles andere zu tun hatte, vielmehr darüber hinaus einzige und alleinige Köchin war für sechzig bis achtzig Feriengäste, und das drei Mal des Tages und acht Monate im Jahr.

Was immer noch nicht alles war, denn für Pà hatte sie sozusagen zu jeder Tageszeit zu kochen, wenn er die Tour nach Tirano hatte und je nach Dienstzeiten: auf morgens halb neun, halb zehn oder halb elf das Mittagessen, wobei dieses an die Bahn gebracht werden musste – denn Pà wollte nicht, wie die andern Bahnangestellten es taten, in einem Restaurant essen, das kam nicht, kam keinesfalls in Frage für ihn –, und abends auf sieben, acht, halb neun, neun Uhr wieder, je nach Dienstzeiten, und immer noch nicht alles war, denn da waren noch die Rechnungen: die Elektrisch-, Fleisch-, Milch-, Butter-, Comestible-Rechnung, von denen nach Pàs Meinung die eine oder andere oder alle zusammen jeweils zu hoch waren.

Was diese Rechnungen betraf, fing es beispielsweise damit an, dass eines schönen Morgens auf dem elektrischen Herd nichts mehr warm werden wollte: nicht das Wasser für die Kaffeemaschine, nicht die Milch, nicht das Wasser für die Eier, nichts. Das Wetter aber womöglich schön war und die Gäste wartend im Speisesaal saßen; und nicht bloß auf den Kaffee, sondern auch noch auf die Lunchpakete, und die mussten gerichtet werden, und nichts wollte von der Hand gehen. Bis in Mà eine Ahnung aufstieg und sie dorthin lief, wo das Zähler- und Sicherungstable zu hing, und suchte und auch fand, nämlich die Lücke, den Schlund, wo die Herdsicherung hätte stecken müssen. Und bis sie es nach dem einen, höchstens zweiten Mal wusste, ein für allemal wusste, dass sie sich ihre eigenen Ersatzsicherungen zulegen musste, nämlich, versteckt an einem einzig ihr bekannten Ort, damit sie noch dort waren, wenn sie sie dringend finden musste. Denn Pà, nach dem zweiten oder ich weiß nicht wievielten Mal, begann auch die Ersatzsicherungen zu sich zu nehmen, solange diese noch dort lagen, wo Mà bis dahin die Gewohnheit gehabt hatte, sie aufzubewahren.

Und nachdem Pà einmal damit angefangen, er die Lust, die süße, dunkle, gekostet, griff er immer wieder auf sie zurück: schraubte einmal diese, einmal jene Sicherung aus. Wenn nicht die des Herdes, so der Mange, der Waschmaschine, der Kühlschränke, und bei diesen vorzugsweise desjenigen für das Fleisch. Je nachdem, welche der Rechnungen er zu hoch fand. Er, der es sich leisten konnte, darüber zu befinden, da ja nicht er es war, der für sechzig, siebzig, achtzig Gäste Fleisch bestellen und zweimal täglich auf den Tisch bringen musste, und zwar gutes Fleisch, das noch nie billig gewesen ist.

Oder dann standen morgens sämtliche Schüsseln mit den Resten des Vortages oder vielleicht auch noch des Vorvortages aufgestellt in Reih und Glied auf dem Küchentisch, und dazu sämtliche Vorräte an rohen Fleischstücken, Schnitzeln, Koteletten, was alles Pà aus den Kühlschränken genommen und hierher getragen hatte.

«Soll er einmal in den Speisesaal kommen und sich davon überzeugen, wie die eine keinen Fisch, die andere kein Schweinefleisch, die dritte bloß Grilliertes mag …» Dies eine Mal wars Daniela, die immer brave Daniela und Obersaaltochter, die aufzumucken wagte. «Soll er einmal für hundert Personen kochen, ohne Resten zu haben …!», und natürlich übertrieb sie mit ihren hundert.

Mà aber nahm die Schüsseln und wärmte auf, briet und

mischte und verwandelte und bereitete Soufflés und Küchlein und Suppen aller Art für uns und für die Angestellten. Einzig für Pà nicht. Pà mochte Resten nicht.

Alles fing aber schon früher an. Am Abend vor der Rache mit den Sicherungen. Indem er, Pà, nicht mehr zu Tische kam, für drei, vier, fünf Tage nicht mehr, was das Mindeste war. Oder allenfalls noch ein einziges Mal, nämlich am ersten Abend, nachdem die Rechnungen eingetroffen waren und er dann vielleicht noch nicht recht wusste, wie dreinschlagen. Oder die Wut noch nicht richtig in Wallung gekommen war; vielleicht aber ganz einfach zum Trotz: um es ihr wieder einmal zu zeigen, Teller und Schüsseln zum Teufel zu schicken. Wobei es schon bei der Suppe losging: «Gelsomina, bringen Sie kaltes Wasser für diese Suppe …», rief es laut genug, dass Mà und jedermann es hören konnte. Um dann, nachdem er aus seinen Extraplättchen geschöpft, sich eine Gabel voll in den Mund zu schieben und herumzukauen, alles mit spitzen Fingern und geweiteten Nasenflügeln, sodass er aussah wie einer, dem das Essen im höchsten Maße zuwider ist, aber dazu gezwungen wird. Oder nicht einmal eine Gabel voll davon in den Mund steckend, vielmehr bloß im Teller herumstochernd, um dann diesem und mit ihm Schüsseln und Platten und Glas einen Stoß zu versetzen, dass dieses kippte, die Fleischsauce überschwappte, die Kartoffeln oder was immer auf und über den Tisch schlitterten. Dabei aus den Augenwinkeln spähend, ob einer und vor allem Mà es sehe, und zu sagen: «Schweinefutter, nichts als Schweinefutter», oder «Iß deinen Müll selber …», oder «Es schmeckt nach nichts …», und aufzustehen und hinauszugehen.

Und steigerte sich so hinein in seine Wut und sprach zu keinem von uns mehr ein Wort, grüßte nicht mehr, blickte an uns allen vorbei, als wären wir niemand, und holte sich alle Informationen bei den Angestellten, redete nur noch mit ihnen und den Gästen.

In den folgenden Tagen dann, wenn für uns Essenszeit war, wir uns zu Tisch setzten und er uns erblickte, durch ein Fenster, eine Glastür, oder auch bloß wusste, jetzt ist Essenszeit, jetzt setzen sie sich zu Tisch, wurde er ruhelos, begann ein und aus zu gehen, durch die eine Tür herein, die andere wieder hinaus und wieder herein, wieder hinaus, dabei bloß ums Haus gehend oder einfach eine Weile fortbleibend, um uns zu täuschen und unvermittelt wieder einzutreten und uns zu überraschen. So meinte er. Wir aber kannten ihn. wussten und waren darauf gefasst, ihn wieder eintreten zu sehen, zu hören, und einzig, durch welche Tür er das nächste, dieses Mal, eintreten würde, wussten wir nicht. So, uns umkreisend, belauernd. Nämlich daraufhin, ob wir von ihm redeten oder vergnügt waren, es wagten, vergnügt zu sein und zu lachen, vielleicht gar über ihn. Denn wonach ihn verlangte, war, uns bedrückt zu sehen. Ertrug es nicht, uns, während er eingemauert war in seine Wut, heiter zu sehen und überhaupt, es um ernste Dinge ging wie nichtherunterodernichtwiederhinaufgezogenesbefördertes oder: zu hohe Rechnungen.

Wir indessen lachten nicht, denn wir fühlten mit unserer Mà, spürten und erkannten alle Ungerechtigkeit und allen Widersinn und waren bedrückt.

Und wenn er, Pà, der Mà begegnete, nahe bei ihr vorbeiging, nicht anders konnte, als bei ihr vorbeizugehen, drehte er sich ab und ging mit abgewandtem Rücken an ihr vorbei, ihr dabei womöglich einen Stoß versetzend. Um flugs, in blitzschneller Wendung, Verwandlung «So, wie gehts? ... gute Erholung, schönen Ausflug unternommen heute?» einen ihm über den Weg laufenden Gast so zu begrüßen und zu befragen, freundlich, höflich, gelassen, als wäre nie etwas anderes möglich auf diesem Gesicht als Freundlichkeit, Höflichkeit ...

Doch, wie war das schon wieder? Da war die Sehnsucht ... und da war aber auch die Großmut und die Tapferkeit. Und so sagte Pà denn doch auch immer wieder zu Mà: «Gib den Kindern genug zu essen. Sie arbeiten und sollen auch genug essen dürfen.» Nicht, dass Mà seine Ermahnungen nötig gehabt hätte. Sie konnte lachen, wenn Daniela beispielsweise «Schau mal, wie viel Butter sie wieder auf den Tisch stellen» jammerte, und sagen: «Nun, nun, lass sie doch essen ...» Denn Enrica und ich waren närrisch nach Schnitten mit dick aufgestrichener Butter, nicht zu reden von Reto und Romano. Sie aber, Daniela, war die Sparsame, war es immer schon gewesen. Schon in den Drei Häusern unten hatte sie, wenn sie beispielsweise abends aufs Klo ging, kein Licht angedreht. Und hatte auch uns den Schalter wieder abgedreht, der sich im Korridor draußen am Türpfosten befand, sodass wir, falls oder sobald es ging, aufstanden, die Tür öffneten, um ihn wieder aufzudrehen; sie aber kam wieder ... und so ein paar Mal, bis jeweils ein großes Geschrei zwischen uns ausbrach.

Pà und Mà aber, wie gesagt, geizten nicht mit dem Essen. Er, Pà, als wir, Reto, Romano und ich, uns später auf den Schulen befanden und freilich nur, wenn er guter Laune war, sagte auch: «Schick ihnen einen Kuchen, back wieder einmal cocon, schick ihnen Butter ... Würste ... Äpfel.» Was Mà aber alles schon von sich aus getan hatte.

Da war aber noch etwas mit Pà. Da saß er oder stand bei den Gästen im Speisesaal oder wo immer, mit aufgekrempelten Hemdsärmeln, und nicht allein Hemds-, sondern auch Ärmeln seines Wollleibchens, wie er jahrein, jahraus eines trug, auch die aufgekrempelt und gut sichtbar. Denn nachdem er von seinem Bahndienst heimgekommen war, nach dem Nachtessen und bevor er sich zu seiner Arbeit, seinen Überstunden in die Werkstatt begab, pflegte er zu den Gästen zu gehen, um für eine halbe Stunde mit ihnen zu plaudern, sie «So, eine schöne Tour unternommen heute?» ... oder «Gefalt Ihne bei uns,

Essen gut?» zu fragen. Und zog sich dazu aber nicht fein an, nicht einmal ordentlich – ordentlich aussehende Jacke oder Weste, auch bloß Weste, beispielsweise jene schöne, elegante, für die wir Kinder gespart und die wir ihm, mit Mà zusammen, auf Weihnachten geschenkt, mit Absicht geschenkt hatten, damit er «endlich etwas hat, das leicht ist und bequem und das man jederzeit im Windfang vor der Küche hängen lassen kann – noch näher als die Jacke also, die draußen im Korridor hängt – sodass er sie, die Weste, immer zur Hand hat und sozusagen keinen überflüssigen Gedanken daran verschwenden muss, und sie immer anziehen kann, bevor er zu den Gästen geht, und damit er vor ihnen als Hotel- oder auch bloß Pensionsbesitzer erscheinen kann, und nicht bloß deswegen, sondern auch, um ihnen die Ehre zu erweisen, die ihnen gebührt ...», so redeten wir mit Mà.

Er aber nicht allein mit aufgekrempelten Hemds- und langen Wollleibchenärmeln, vielmehr auch Ärmeln eines farbigen Hemdes. Nicht farbigen Hemdes, wie man sie heute, gestreift oder bedruckt und nach der Mode, trägt, vielmehr farbig, wie das Hemd eines Handlangers, Handwerkers, der eben von seiner Arbeit heimkommt. Wo doch damals, wer etwas auf sich gab, mit weißem Hemd daherkam. Von denen Mà aber keine mehr kaufen wollte und wir Kinder später dann auch nicht mehr, weil schon zwei davon in der Schublade lagen, die er nie tragen wollte, sodass wir wussten, dass er auch ein neu gekauftes nicht tragen würde, weil er nie welche getragen hatte, so weit wir Kinder uns zurückerinnern konnten, und bloß Mà wusste, dass er an ihrem Hochzeitstag ..., ja, da hatte er eines getragen, ein gestärktes und plissiertes! Und selbst das zu glauben, fiel uns schwer und war etwas, das wir uns immer wieder an ihm vorzustellen versuchten. War aber wie das, was Mà beispielsweise von sich und ihren Geschwistern, unseren Onkeln und Tanten, immer wieder erzählte, nämlich wie sie, um die fünfte und sechste Schulklasse besuchen zu können, bis nach

Borgo marschieren mussten, zweimal täglich einundeinhalb Stunden, morgens hin und abends zurück; und zum Mittagessen hätten sie nichts anderes bei sich gehabt als Brot und Käse und nur ab und zu ein Stück Wurst dazu; und gegen den Durst oder damit alles nicht so trocken war, hätten sie sich frisches Wasser vom Brunnen geholt.

Sodass später, als Pà zu je unserer eigenen Hochzeit in einem seiner farbigen Hemden erschien und mit farbiger Krawatte – beispielsweise zur meinigen mit einer zitronengelben –, wir das mit Gelassenheit hinnahmen.

Unsere Mà, falls sie seiner habhaft wurde und falls seine Laune es zuließ, redete ihm zu: «Schämst du dich denn nicht, in diesem Aufzug vor den Gästen zu erscheinen?» Er aber: «Möchte wissen, was da nicht recht ist», oder: «Wenn sie mich nicht begrüßen wollen, sollen sies sein lassen.»

Und mehr als einmal nicht bloß mit aufgekrempelten Ärmeln, vielmehr in den Überkleidern. Was dann der Augenblick war, wo Daniela hochging: «Ärzte, Advokaten, Professoren, lauter geistliche Häupter sind da, und er kommt herein wie … wie ein Ausbund!» Sagte «testi da preost», nämlich geistliche Oberhäupter, was Sciur Cesare zu seinen oder auch unseren Buben etwa sagte, wenn er ihnen bedeuten wollte: «Was für gescheite Köpfe ihr seid!», und Daniela somit von ihm gelernt hatte; das Wort Ausbund aber hatte sie noch aus Frau Notas Zeiten, die jeweils ihrem Hansli, wenn er im Freien draußen mit Erde spielte, vom Fenster aus zurief: «Was für ein Ausbund an Schmutz du bist.» Daniela, auch von diesem Ausdruck offensichtlich beeindruckt, verwendete ihn, wann immer sie die Gelegenheit dazu für gegeben erachtete.

Pà aber, wenn er sie schimpfen hörte, schnitt seine Gesichter.

Nur, dass es immer wieder über ihn kam und damit alles immer und immer wieder sehr schwierig war.

Ich weiß nicht, hing alles damit zusammen, dass Pà eines Tages noch ein drittes Haus kaufen wollte. Diesmal ein schon stehendes, ein Patrizierhaus. Da gibt es nämlich in unserem Dorf außer den schönen Bauernhäusern auch einige dieser alten Patrizierhäuser, die an der Hauptstraße stehen oder wenig abseits und gut sichtbar. Man sieht es ihnen an, dass sie reichen und vornehmen Leuten gehört haben oder noch gehören, Ärzten, Hotelbesitzern, aus dem Ausland zurückgekehrten Kaufleuten. Schönheit und Würde und Anmut gehen von ihnen aus, wie sie gebaut sind und da stehen, die dazugehörigen Gärten sind gepflegt, und vor den Fenstern des Erdgeschosses hängen geschmiedete Gitter.

Kam eines Abends also von seinem Bahndienst heim, und kaum hatte er die Tür hinter sich geschlossen, sagte er: «Das Haus Giangialüdas steht zum Verkauf, wer, meint ihr, könnte es kaufen?» Und das Haus Giangialüdas war eines dieser Patrizierhäuser, und es stand etwa fünf Minuten von uns entfernt. Auf Pàs Gesicht blinkte es, und keiner von uns muckste. Bis Enrica «Ich weiß wer, wir, wer denn sonst», sagte, die drei letzten Worte in einem Ton ganz nebenbei und indem sie wie zufällig vom Tisch, an dem sie gestanden, sich abwandte und gegen das obere Küchenfenster schlenderte.

«Ich aber kann nicht mehr.» Die das sagte, war unsere Mà und setzte sich und war blass, und der Arzt hatte ja gesagt, diese Frau muss jetzt geschont werden.

An jenem Abend sprach Pà kein Wort mehr, auch bei Tisch nicht. Saß da und tat, als ginge ihn die ganze Welt nichts an und gab Mà und niemandem mehr eine Antwort, und in jener Nacht wars, dass er in einem der Gästezimmer schlief. Obgleich es später Herbst war, die Zimmer ungeheizt und die Betten nicht angezogen.

Von da an war das auch die Regel: schlief er, wenn er seine Launen hatte, nicht mehr dort, wo Mà, sondern in einem der Gästezimmer, falls ein solches frei war. Ging, während diese beim Abendessen saßen, von Zimmer zu Zimmer, und wenn eines frei geworden und frei geblieben war – für eine, zwei Nächte vielleicht –, schlief er in diesem. Nahm am folgenden Morgen auch den betreffenden Schlüssel mit sich und begann überhaupt die Schlüssel von frei gebliebenen Zimmern ab und mit sich zu nehmen. Da aber keines der Türschlösser gleich war dem anderen, war auch kein Hauptschlüssel da, sodass mehr als bloß einmal jemand von uns zum Schmied laufen musste, um sich dessen großen Schlüsselbund geben zu lassen, damit das betreffende Zimmer geöffnet werden konnte für die ankommenden Gäste. Und einmal fragte Herr Fuoza, wer zum Teufel bei uns die Schlüsselmagie habe. Sagte Magie und meinte wahrscheinlich Manie.

Und wenn nicht in einem der Gästezimmer, weil keines frei geblieben, so schlief er auf der Küchenbank – im Aufenthaltsraum – in seiner Werkstatt, und in dieser, die an den Hühnerstall angebaut und nichts anderes als eine Bretterbude war, stand eine Werkbank und hingen die Werkzeugkästen, und nur auf dem Boden lagen Hobelspäne. Eines Morgens zum Beispiel hatte Reto Holz geholt wie immer, und da sagte er, den Hobelspänen könne man ansehen, wo Pà in der vergangenen Nacht geschlafen habe. Enrica ging, um nachzusehen, und sagte: Jaja, genau die Abdrücke seines Körpers.

Es war am zweiten Abend nach jenem einen, wo Pà vom Haus Giangialüdas gesprochen hatte, da sagte er, bevor er zur Küchentür hinaus- und zur Arbeit ging, wir würden ihn nie mehr sehen. Abends hörten wir ihn denn auch nicht von der Arbeit heimkommen; es war November, überall lag schon Schnee, und Mà hatte ein gramvolles Gesicht, während Romano weinte, obgleich er jetzt bereits elf oder zwölf Jahre alt war. Gegen neun Uhr sagte Mà, sie werde von Zimmer zu Zimmer gehen, und Enrica, die nun auch nicht mehr zur Schule ging und also fast erwachsen war, ging ihr nach. Dann berichtete Mà, der Schlüssel von Nummer zweiundzwanzig hänge nicht mehr am Haken, er stecke aber auch nicht von innen im Schlüsselloch, und wahrscheinlich, so meinte sie, sei Pà auf dem oberen Weg heimgekommen und befinde sich nun in jenem Zimmer. Da machten wir Mädchen es untereinander aus, und Reto sagte, er wolle mitmachen: Abwechselnd wollten wir hinüber schleichen, vor der Tür von Nummer zweiundzwanzig Stellung nehmen und lauschen, ob irgendein Geräusch zu hören sei, denn, so sagten wir, ewig werde und könne er nicht auf dem gleichen Fleck und ohne jede Bewegung bleiben. Dann war es Reto, der ihn hörte. Das heißt, nicht bloß hörte er ihn im Zimmer hin und her gehen, vielmehr hörte er ihn zur Tür kommen, sodass er, Reto, noch im allerletzten Augenblick fliehen konnte, hinter die Glastür, die zum zweiten Stock hinaufführte. Er habe sich, so berichtete er hinterher, eben noch hinter diese verziehen können und schon sei Pà tatsächlich aus dem Zimmer gekommen und zur Lingerie hinuntergestiegen, während er selber Tritt für Tritt die Treppe hinaufgeschlichen sei. Da, richtig, habe einer der verfluchten Tritte geächzt und er keinen Schritt mehr zu tun gewagt, nicht einmal gewagt, den zu Ende zu führen, zu dem er angesetzt hatte, und geschlagene zwanzig Minuten lang habe er mit einem Fuß halb in der Luft, jedenfalls, ohne diesen richtig aufsetzen zu können, warten müssen; Fuß und Bein, nein, beide Beine hätten am Ende nicht bloß gezittert, geschlottert hätten sie, außerdem habe er kaum zu atmen gewagt, und alles, weil Pà unten so lange herumgefummelt sei, von Lingerie zu Waschküche und wieder zurück; auf dem Weg von der einen zur andern sei er auch immer wieder stillgestanden, sodass er fürchten musste, von ihm doch noch gehört zu werden. Bis er, Pà, wieder heraufgestiegen und sich in seinem Zimmer wieder eingeschlossen habe. Nach noch einmal fünf Minuten sei er selber dann die Treppen heruntergewankt.

Nicht bloß Romano und Reto fühlten an jenem Abend Bangigkeit und Elend, sondern auch wir.

Es war auch damals, dass Pà, während er seine Launen und Zustände hatte und tagelang nicht mehr zum Essen kam, begann, Augen zu haben wie von Sinnen. Ging ein und aus und sozusagen im Kreise herum mit diesen Augen wie ein gefangenes, hungriges Tier.

Und Daniela sagte: «Wenn er nur nicht auf der Straße umfällt vor Hunger oder aus dem fahrenden Zug stürzt», aber Enrica meinte: «Bah, der verhungert doch nicht, habe ich ihn doch schon dabei überrascht, wie er sich Brot aus dem Kasten geholt, und in der andern Hand hatte er Salami und Schinken. Salami, jaja, wo er sonst behauptet, der tue ihm nicht gut ... isst ihn jetzt, wo er Hunger hat, haufenweise!»

An einem der folgenden Abende hatte Enrica, bevor wir uns schlafen legten, uns alle herbeigelockt, auch Reto und Romano, und es lag in der Luft, dass etwas Besonderes los war mit ihr.

«Ich habe Pà etwas in die Werkstatt gehängt», sagte sie mit abgewandtem Gesicht, und man konnte sehen, dass sie in sich hineinlachte. «Was ...? So sag doch, was», befahl Daniela und schien sich über Enricas geheimnisvolles Getue zu ärgern.

«Einen Salami ...», und drehte sich herum und begann herumzuhüpfen, wie in halb gespieltem, halb verstecktem Entsetzen oder Erschauern über ihren eigenen Mut.

«Einen Salami aus dem Keller, und habe ihn mit der Schnur zwischen die Tür des Werkzeugkastens geklemmt, jenes, der an der Wand gegen den Holzschopf hängt. Dort baumelt er herunter, und wenn Pà zur Tür hereinkommt, kann er nicht anders, als ihn sehen.»

Wahrscheinlich erschauerten wir alle, und alle waren wir sprachlos.

Am folgenden Morgen beim Aufstehen fühlte ich mich aufgeregt, ich glaube so wie einst am Weihnachtsmorgen, wenn Pà uns um fünf Uhr früh zu wecken pflegte, damit wir den Schuh hereinholten, den wir abends zuvor fürs Christkind vors Fenster gestellt hatten.

Dann saßen wir in der Küche beim Morgenessen, und Mà hatte bereits die Frage gestellt: «Wer von euch hat in der Werkstatt einen Salami aufgehängt?», aber Enrica sagte nichts, und so gaben auch wir keine Antwort, und da hörten wir auch schon, wie die äußere Küchentür aufgerissen wurde, und das konnte nur Pà sein. Er schaute zu uns herüber, und Enrica, die auf der Bank saß, schaute ihn an, hob einfach den Kopf, und beide blickten sie sich an, auch sie, ohne mit der Wimper zu zucken. Einen kurzen Augenblick nur, und dann senkte sie ihren Kopf und immer mit diesem Gesicht, gelangweilt und verschnupft.

Und da geschah es, kam Pà zu ihr herüber: «Aha, du bists gewesen ...» Sagte dies und gab ihr einen Klaps auf den Hinterkopf: «Matelina, matelina, guarda vè ...», und drohte ihr mit dem Finger und lachte. Wirklich und wahrhaftig: Pà lachte, das Lachen blubberte nur so aus ihm heraus, und indem er zu Mà hinüberging, drohte er auch ihr: «Du auch, nimm du dich bloß auch in Acht ...!»

Einmal schüttete sich Reto eine Pfanne voll siedenden Wassers über einen Fuß. Pà hatte sich auf dem kleinen Eisenofen in seiner Werkstatt seinen Schreinerleim heiß machen wollen, und Reto hätte ihm dazu diese Pfanne voll Wasser aus der Küche bringen sollen. Die Pfanne war alt und wurde zum Kochen eigentlich nicht mehr verwendet, ihr Stiel saß nicht mehr fest, ruckte hin und her, sodass sie mit beiden Händen und von zwei Seiten her getragen werden musste, was wir alle wussten bei den unzähligen Malen, wo wir sie schon hinaufgetragen hatten. Aber Reto musste sie diesmal nicht richtig gehalten haben, denn sie kippte, und das siedende Wasser ergoss sich auf Retos linken Fuß, sodass er jetzt da saß und stöhnte und Pà in die Küche gestürmt kam, um nach seinem Wasser zu rufen, und wie er aber Reto sah und uns, die wir um ihn herumstanden, und während Mà ihm erklärte, was geschehen war, tat er wie gestochen, schrie: «Was, zum Arzt ... zur Strafe, dass du nicht Acht gegeben hast, kommst du jetzt mit zum Bahnhof ...» Das zu Reto, und Enrica und mir befahl er ebenfalls zu kommen, wir müßten ihm helfen, die zwei neuen Lavabos heraufzuziehen. Und unserer Mà, die sich schützend vor Reto aufstellte und sagte, wo denkst du hin, der Bub wird jetzt nicht einmal in seine Sandale hineinkommen ..., gab er einen Stoß und riss Reto vom Stuhl auf. «Wenn er nicht in die Sandale hineinkann, kommt er ohne mit ...», und zog ihn zur Tür hinaus.

Dem Reto aber, auf dem Weg, konnte jedermann ansehen, dass er große Schmerzen haben musste, er stöhnte und war blass, und mehr als einmal blieb er stehen, aber Pà tat nicht dergleichen und lief – ja, so schnell ging er, dass man es durchaus Laufen nennen konnte. Und nachdem der Karren geladen war am Bahnhof, gab er seine Befehle: Enrica beorderte er nach vorne, damit sie ihm beim Ziehen helfe, und uns nach hinten: «Dass ihr mir stoßt», sagte er, «sonst ...» Enrica konnte ich den Zorn anmerken, den sie hatte, nämlich an der Inbrunst, mit der sie vorne zog, was sie gewiss nicht tat, um Pà mehr von der Last abzunehmen, als sie unbedingt musste.

Ich sagte dann zu Reto, er solle auf den Karren steigen, auf das bisschen Gewicht mehr oder weniger komme es nicht an; Pà aber belferte nach hinten, er solle machen, dass er wieder heruntersteige, der Wagen sei so schon schwer genug.

Aber, so war er jetzt: böse nicht bloß gegenüber Mà, sondern gegenüber uns allen und vielleicht am wenigsten noch gegenüber Romano.

Da war es auch – immer alles nach jenem Abend, da er vom Haus Giangialüdas geredet hatte –, dass jenes geschah: wir mit einem

Mal vom Keller her Schreie hörten und Pà herausgestürmt kam und wieder hinausstürmte zur andern Tür hinaus und unmittelbar darauf auch Mà aus dem Keller kam, Reto an der Hand, und sie hatte ein Gesicht wie überhaupt noch nie, voll von Erregung und Gram, und Reto weinte und schluchzte und setzte sich hin und ließ den Kopf auf den Tisch fallen und weinte noch heftiger. Mà aber saß da, und weder weinte sie, noch tat sie sonst etwas. Saß einfach da und blickte zu Boden und sah aus wie versteinert.

Dann kam Pà wieder, mit diesen Augen wie von Sinnen, und schoss hinaus, diesmal durch die Tür, die ins Freie führte, und lag es an diesen Augen oder an sonst etwas, jedenfalls überfiel mich eine unerklärliche Angst; es war aber Enrica, die ans Fenster ging, um hinauszuschauen, ausgerechnet Enrica, und noch wie zu sich selber sagte sie: «Über den Zaun ... geht über den Zaun», sagte es mit einer Stimme, als verstehe sie nicht, noch nicht, nein, als wolle sie noch nicht verstehen, glauben. Da aber schrie sie: «Er geht in die Schlucht ...», und war schon bei der Tür und hinaus, und wir jetzt ebenfalls, Daniela und ich, und Romano hinter uns her. Und Enrica schon über den Zaun steigend und Romano am Zaun stehend und schreiend: «Pà, Pàa, ven sü ...», in großer Verzweiflung und wollte der Enrica nach, und jetzt Enrica, indem sie ein Stück den Abhang hinunterrannte:

«Pà, bleib stehen und komm sofort herauf, sonst lasse ich mich hinunterrollen», ihre Stimme aber klang wütend und gar nicht weinerlich. Dann war Mà da und stieg über den Zaun und hinunter, bis dorthin, wo Pà stand, tatsächlich stehen geblieben war und nichts tat, als vor sich hin zu schauen. Màs Hand stieß er zwar weg, aber stieg doch herauf.

An jenem Abend gingen wir drei Mädchen ans Bett der Buben, und Reto, noch angegriffen und bedrückt, erzählte vom Keller, von Pà und dem Messer. Erst wie er geschrien, habe Pà es fortgeworfen, sei dann aber doch auf ihn los, und indem er ihn am Hals gepackt, habe er ihn geschüttelt und gewürgt und etwas dazu gesagt, er wisse nicht mehr, was – wollte es vielleicht nicht mehr wissen –, und da habe Mà Pà beim Arm gepackt, und jetzt habe sie ihn geschüttelt.

Wir, nachdem er alles berichtet, versuchten Reto zu trösten: Er wisse doch, so sagten wir, wie sehr Pà ihn liebe, es sei bloß, weil er so lange nichts Rechtes mehr gegessen, dass er solches an ihm und auch an Mà getan.

Der folgende Tag war ein Mittwoch oder Samstag, jedenfalls ein schulfreier Nachmittag, denn Reto und ich befanden uns im Garten und waren damit beschäftigt, Unkraut auszuzerren. Pà hatte Frühdienst gehabt, war auf zwei Uhr heimgekommen, und wenn er auch noch kein Wort sprach, so aß er doch zu Mittag.

Gegen vier Uhr kam Sciur Cesare zu uns, wir hörten ihn radebrechen, und es war mit einem Herrn und einer Dame, fremden Kurgästen, die unten auf der Straße stehen geblieben waren, und er, der Herr, wies auf die Berge hinüber, zeigte mit seinem Spazierstock auf diesen und jenen und einen nächsten, und wir hörten Sciur Cesare sagen:

«Piz Burela, ja», mit sanfter, unschuldiger Stimme und: «Das? Piz Scüdela – Scüdela, ja. Das? Piz Umbrela», immer noch sanft. Und jetzt aber und während der Herr immer noch auf die Gipfel zeigte: «Piz Burelapizscüdelapizumbrela, Piz Soflam», alles ganz schnell und mit einer Stimme, wie Kinder reden und loslegen, wenn sie sich von andern angegriffen fühlen und dabei zum dritten oder siebten Mal erklären, dass sie es nicht gewesen seien, mit aufgebrachter, aber auch verdrossener Stimme und am Ende ihrer Geduld.

«Wie sagten Sie, Sof...?», jetzt wieder der Herr unten auf der Straße.

«Soflam, Sof-lam, Soflamilchül ... alles chinesisch, türkisch, borgesisch, jaja, schwere Sprake unsre Sprake nit wahr ...», jetzt wieder Sciur Cesare mit seinem Gesicht voll von List und Pfiffigkeit und Verschlagenheit und fing an, Bücklinge zu machen, hinunter zu ihnen und *«Gieta tüch insema i züchin de la malura...»*, und drehte sich uns zu, auch Reto und mir, die wir näher gekommen waren, um besser hören zu können, während die beiden unten auf der Straße ungläubig zuerst und verblüfft heraufschauten, nicht wissend, was sie vom Ganzen halten sollten. Dann aber lachend und «Aha jaja, vielen Dank!», als hätten sie alles verstanden und erfasst, auch des Mannes Späße, und gingen. Und er aber: «Bureliscüdeliumbreli», alles wiederholend. Und was eigentlich nicht übersetzt werden kann, da alles nur auf Grund der gleichen Endungen spielt und des ähnlichen Wortklanges. Wäre Sciur Cesare und wären wir alle Deutschsprachige gewesen und die andern die Borgeser oder meinetwegen Italiener, hätte er vielleicht gesagt: Piz Blasmir, Piz Trolldich, Piz Machdichdoch, Piz Ausdemstaub. Und er bog sich vor Lachen, und wir lachten mit, und selbst Pàs Gesicht verzog sich zu etwas wie einem Lachen.

«Was wollen die denn immer mit ihren wie eißt das und wie das ... die Berge gehören uns, und bis morgen haben sie doch alles wieder vergessen», und fasste Pà beim Arm, und sie gingen hinauf in dessen Werkstatt, wo sie redeten und redeten. Sciur Cesare auf der Werkbank sitzend, Pà sich an diese anlehnend, und mehr war es Sciur Cesare, der redete. Nämlich von Mà, auch von ihr jedenfalls, denn immer wieder sagte er: «La Maria ...», das wenigstens konnten wir hören und verstehen.

Und dann war es Romano, der berichtete, dass gestern, wie Pà und Mà in der Schlucht unten gestanden hätten, er, Sciur Cesare, die Straße heraufgekommen und geschaut habe und weitergegangen sei. Er habe also alles gesehen, bestimmt sei er gekommen, um mit Pà zu reden.

Denn Reto und Sciur Cesare waren dicke Freunde, und Romano, das konnte man ihm an jenem Abend ansehen, war des Glaubens, dass jetzt, wo er, Retos Freund also, gekommen war, um mit Pà zu reden, alles gut, alles sich ändern werde.

Eigentlich war er immer schon da gewesen. Er: Sbirro. Sbirrone. Umbrifér. War mit Pà über den Berg gekommen nach Puntraglia. Nur dass er in den Drei Häusern unten noch nicht die Oberhand hatte. Etwas war damals noch da gewesen, das ihn zu überlisten, ihm sozusagen eine Nase zu drehen vermocht hatte, Geister und Schiffe und Steine und istinto und comando supremo. Aber da war dann diese Sehnsucht. Ohne die wir vielleicht gar nicht leben würden, könnten. Ohne die es vielleicht auch die Geschichten nicht gäbe. Bis Pà das andere zu wittern begann, Ansehen und Geld. Und nahm sich dann keine Zeit mehr für jenes, Geschichten und Bäume und so weiter oder vielleicht auch: begann das alles als zu niedrig anzusehen. Was dann der Augenblick war für jenen.

Wo aber er ist, da geht es böse zu, denn seine Art ist die eines Spitzels und Geheimagenten. Eines Schleichers und Hehlers. Er ist für den Menschen voll von Gefahren, wühlt, ist hinterlistig, heimtückisch und wild. Ist ein Verruchter, der mächtiger werden kann als alles Licht und alle Sonne und sich bleiern auf alles und alle legt und den Tag sowohl als die Nacht mit Schrecken erfüllt.

Den Namen Sbirro Undsoweiter habe ich ihm gegeben, später, als ich begann, ihn zu verstehen.

Nur, damals verstanden wir – jedenfalls wir Kinder – nicht, dass er es war. Nicht einmal Pà schien es zu wissen. Obschon es einmal darnach aussah. Nämlich damals, als er zu Nona kam wegen der Entleerung des Siphons in der Küche. Auf dem Weg zurück zum Bahnhof dann, während Enrica und ich unser Gemüse hinter uns herzogen, ging er zwanzig oder dreißig Schritte voraus, und irgendetwas war an ihm: Seine Jacke war aufgeschwollen, als hätte er etwas unter ihr verborgen. Er hatte auch nicht gewollt, dass Nona mit zum Bahnhof komme.

Es war Winter und in Puntraglia, wie wir ankamen, schon Nacht. Um von Surriva ins Dorf zu gelangen, musste man ein Stück weit durch den Wald und über den Bach; im Wald aber hing bloß eine Straßenlampe, und es war düster. Mit einem Mal, auf der Brücke, fing Pà an zu laufen und rief dabei etwas wie … «dort …» und noch etwas, und es war auch ein Klatschen, ein Kollern und Aufklatschen, und er lief immer noch, und jetzt rief er zurück: «Kommt, lauft auch ihr …», aber wir liefen ja schon, da er lief, aus plötzlichem Entsetzen heraus.

Daheim angekommen dann, tat er, als ob nichts gewesen wäre. Das konnte Pà, und wir konnten ihm dann auch ansehen, dass er bloß so tat, als ob. Pflegte bei Tisch beispielsweise hähä zu sagen und mit dem Löffel, der Gabel, dem Messer zu spielen, und sein Gesicht sah dabei ganz unschuldig aus.

Später, zur Bettzeit, saß Enrica auf der Bettkante, mit ihrem gelangweilten und jetzt auch abwesenden Gesicht und sagte etwas vor sich hin: «Was wir alles nicht merken dürften, merkensehenhören …»

«Was ist, was hast du?»

«Nichts hab ich, überhaupt gar nichts, du … Träumerin du! Du hast natürlich wieder nichts gesehen und gehört, klar … Aber was geht mich das alles an. Wer tut das schon nicht, sagt Sciur Cesare …» Und stand auf, und mit einem wütenden Blick gegen mich fing sie an, sich auszuziehen.

«Was hab ich denn wieder verkehrt gemacht?»

«Du … du merkst nie etwas … hast du denn das Paket nicht gesehen, das er in die Schlucht geworfen hat? Und dass er gelaufen ist, wir gelaufen sind, hast du wahrscheinlich auch nicht gemerkt … ach was, mit dir kann man über nichts reden.»

«Was für ein Paket … ich habe etwas klatschen gehört, jaja, das hab ich, an einem Felsen der Schlucht ist es aufgeklatscht, was war das?»

Und dann sagte Enrica, ob ichs denn nicht gesehen hätte unter seiner Jacke, in Borgo draußen auf dem Weg zum Bahnhof, und sie behauptete, in dem Paket sei Herrenwäsche gewesen aus Nonas Laden, das Ganze habe Pà auf der Brücke, wahrscheinlich weil er Angst bekommen habe, in die Schlucht geworfen …

Ich wusste jetzt, wovon Enrica redete, genau so, wie ich es damals gewusst, als sie von der Weste gesagt hatte, sie wisse, wo die hingekommen sei. Sie war es, die mir auch mehr als einmal gesagt hatte, dem Giovanni schicke Nona immer wieder Pakete; in den zwei Jahren, wo sie bei ihr gewohnt, habe sie genug Gelegenheit gehabt, das zu sehen.

Mir gefiel es nicht mehr daheim. Alles war immer wieder fremd und schwierig und unverständlich, und alle waren anders geworden. Enrica und Daniela waren älter als ich und tuschelten viel, und wenn ich mich dann zu ihnen gesellen wollte, sagten sie, was sie redeten, gehe mich nichts an, und Reto war jünger, und es waren er und Romano, die zusammenhielten. Und überhaupt hatte ich ein Gefühl, als wären mir alle fremd geworden und ich ihnen auch.

Eines Tages fand ich mich auf dem Schulplatz stehend, lange bevor die Schule anging; noch niemand sonst war da, und ich dachte: Niemand mehr liebt mich.

Dann kam Annamaria, die immer noch in den Drei Häusern wohnte, und sagte, Sciur Prüiriva sei tot. Da stiegen wir abends hinunter zu den Drei Häusern und hinauf in die Wohnung der Rasellis, zum gemeinsamen Rosenkranz, und da lag er, mein Sciur Prüiriva, aufgebahrt in der Stube. Sein Bart war noch voll und braun, aber seine dunklen Augen, aus denen es gefunkelt hatte, waren für immer geschlossen, das Gesicht war nur noch Haut und Knochen und ganz blass, und ich konnte es nicht fassen und brachte kein Wort hervor.

Am Begräbnis nahmen alle Kinder der Drei Häuser teil, auch wir, und wir trugen Kerzen wie beim Frühlingsfest und zündeten sie beim Friedhofeingang an. Ich war immer noch wie versteinert und konnte nicht weinen, und in einer der folgenden Nächte träumte ich und wusste, dass ich im Traum Sciur Prüiriva gesehen hatte. Auf der Großen Wiese, zuoberst bei der Gruppe von Föhren und Lärchen, war er gestanden und hatte mir zugewinkt. Ich selbst stand im Traum irgendwo zwischen Steinen und Felsen, und rings um mich waren Gesichter, garstige, grinsende Gesichter, wobei ich eines nicht aus meiner Erinnerung zu verscheuchen vermochte: ein Gesicht, vorne schmal wie eine Kante, auf der nichts als die Nase Platz hatte, und seine Augen rechts und links blickten mich wild und heimtückisch an und erfüllten mich mit Angst und Schrecken. Dieses Gesicht war im Traum immer näher auf mich zugekommen, und da hatte ich auch seinen Kopf genau sehen können, und der trug keine Haare, sondern hatte nichts als Furchen. Ich hatte versucht, mich von ihm abzuwenden, aber ringsum waren grinsende Gesichter gewesen. Dann war ich erwacht, schwitzend vor Angst.

Der Traum verfolgte mich in den nächsten Tagen, und ich hatte ein dumpfes Gefühl von Schuld. Da waren ja auch die gestohlenen Pralinés von damals, und niemand hatte wirklich gestohlen wie ich, weder Enrica noch Reto und erst recht nicht Daniela oder Romano. Enrica hatte damals auch nicht gesagt: «Ach was, wer tut das schon nicht», Sciur Cesare wusste von nichts und konnte es somit auch nicht sagen, und Pà hatte keine Zeit. Auch keine Zeit nachzudenken, oder nahm sich keine. War nun also erfüllt von Schuldgefühlen und

Pein und Verwirrung, und auch wenn Kinder, Jugendliche – die erst recht – alles, fast alles wissen, spüren, was die Erwachsenen tun, nämlich, ob richtig oder verkehrt oder unwahr, ist die Welt der Erwachsenen eben doch ihre Welt, und ihre Welt und die Welt des Kindes, des Jugendlichen, liegen wie auf verschiedenen Sternen.

Es war auch in jenen Tagen, dass die Frage in mir aufstieg: Bin ich denn so anders als die andern, dass mich niemand mehr liebt?

Nur abends, wenn ich im Bett lag, entglitt ich in eine Welt der Vorstellungen und Träume und träumte den immer gleichen Traum: Wie Sciur Prüiriva wollte auch ich nach Kanadien reisen. Dort, bei den großen Wäldern, wollte ich leben und wollte einen Mann kennen lernen und ihn lieben. Er würde mir dann aber untreu werden, wie die Cirpionna dem Sciur Prüiriva untreu geworden war, und deshalb würde auch ich nach Puntraglia zurückkehren, würde inzwischen ebenfalls die Gitarre und ich auch Klavier spielen können. Wie Sciur Prüiriva wollte ich heiter und guter Laune sein und nur bisweilen traurig und schweigsam wegen des untreuen Mannes, und würde mir dann aber Spiele ausdenken für das Frühlingsfest. Und ich wollte die Kinder lieben, und sie würden mich lieben.

Da lag aber bei uns ein Buch herum, das «Onkel Toms Hütte» hieß und das Reto von seinem Freund Jules zum Lesen erhalten und heimgebracht hatte und über das ich ihn mit Romano reden hörte, und das las ich nun ebenfalls, holte es abends bei Reto und las in alle Nächte hinein. Und da loderten alles Weh und alle Verwirrungen in mir immer wieder auf und glitten aber hinüber und verwandelten sich und wurden zur überwältigenden Hoffnung und zum heißen Verlangen: Auch ich wollte so gut werden wie Onkel Tom. Und die Träume vom Mann in Kanadien genügten nun nicht mehr oder verwoben sich ineinander mit dem Neuen, Großen, das ich tun wollte.

Ich begann, jeden Tag in die Kirche zu gehen: Nachmittags,

nach der Schule, wartete ich bei der Abzweigung des Weges, der zu unserem Haus hinunterführte, bis alle weitergezogen waren, die Anni und Heidi und Tin, und ging dann hinein in die Kirche, die sich am Weg befand. Und ich betete, ich weiß nicht mehr was, und trug und nährte so meine neue Hoffnung und stellte mir vor, wie ich gut werden würde wie Onkel Tom und Missis Shelby, oder noch lieber: so tapfer und kühn wie der junge Master George. Und da war aber niemand, mit dem ich über alles hätte reden können.

Aber da war Ursula, die in der Schule davon zu reden begann, dass sie nach Coira gehen und dort an der Kantonsschule studieren werde. Das war es! War Erleuchtung und Offenbarung und Wegweisung, das wollte auch ich. Ein Taumel von Begeisterung und Entzücken stellte sich in mir ein, der indessen wieder abgelöst wurde von Verlegenheit und Sorge; denn, was würden sie daheim sagen? Ich müsse hierbleiben, um zu helfen, wie Daniela und Enrica, das würden Pà und Mà sagen.

So versuchte ich es im Laufe der folgenden Wochen immer wieder: übte mich in Gedanken und dachte mir aus: Heute, nach der Schule, wenn Enrica und Daniela nicht in der Küche sind, sondern Mà und ich allein, sage ich es ihr. Und legte mir die Worte zurecht, die ganze Art, wie ich da stehen und es sagen wollte, nämlich als wäre nichts dabei ...

Der Augenblick, wo wir allein waren, kam denn auch, und ich dachte: Jetzt ... wenn jetzt noch nicht wieder jemand in die Küche kommt, nehme ich es als Zeichen, dass ich es sagen soll. Aber viele Augenblicke kamen und gingen wieder vorbei, und nie wagte ich es.

Sodass ich auf etwas anderes kommen musste und auch das wieder zu üben begann.

«Studieren ... an der Kantonsschule studieren, ja ... fühle, dass ich studieren muss ...» Lag abends im Bett und flüsterte so mit halblauter Stimme und übte, stieß die Worte ruckartig heraus, damit sie nach Schlaf und Träumen klangen, und lauschte und übte und nahm mir vor, heute Abend sage ich es Mà, nachdem sie das Licht gelöscht hat und bevor sie einschläft, sage ich es. Denn Mà und ich schliefen damals wieder im gleichen Bett.

Und wagte es eines Abends. Aber nur zwei, drei Worte: «Kantonsschule ... studieren ...»; denn selbst für meine Ohren klang es nicht nach tiefem Schlaf und Träumen. Mà aber sagte nichts, tat nichts dergleichen, verstand vielleicht nicht recht, was war.

Bis ich es einige Abende später wieder sagte und jetzt alles, was ich mir ausgedacht und geübt hatte. Aber immer noch klang es auch für mich nicht nach richtigem Schlaf und Träumen, und diesmal griff Mà ein. Knipste das Licht wieder an und beugte sich über mich; ich aber drehte mich hin und her, wie man es im Schlaf tut, man beim andern, der neben einem schläft, schon festgestellt hat, dass er sich hin und her dreht; und mit den Lippen tat ich, wie kleine Kinder tun: bewegte sie auf und ab, schlappelnd und schmatzend.

An jenem Abend sagte Mà noch nichts. Erst am folgenden Tag, wie wir allein in der Küche waren – auch sie also wartete diesen Augenblick ab –, begann sie: «An der Kantonsschule studieren willst du ... wo denkst du hin, schlag dir solche Gedanken aus dem Kopf ... du weißt doch, dass du hier helfen musst.»

Sagte nicht «Was sind das für Scherze ...» oder «Mach mir doch nichts vor ...» oder «Was für ein Theater ...». Aber sagte, was sie eben sagte, sodass mir nichts anderes blieb, als weiterhin in die Kirche zu gehen mit meiner Sehnsucht und meinem Verlangen.

Und dann musste wieder einmal nach Borgo gefahren werden, und weil Enrica genug Arbeit hatte, in den Zimmern, im Speisesaal und mit der Wäsche, und Reto in Borgo schon davongelaufen war, musste ich allein hinfahren.

An eben dem Tag aber fand in Borgo eine Prozession statt, ich weiß nicht mehr, weshalb und wozu, an der auch die Nonnen des Klosters von Borgo teilnahmen, zwanzig oder dreißig an der Zahl. Und wie diese, mit ihren Schleiern und wallenden Gewändern, ihrer gesammelten Haltung, die Augen nicht umherschweifend, sondern zuchtvoll nach vorn gerichtet, in langsamem Schreiten daherkamen, da geschah es, ward ich ergriffen und dachte ich: Auch ich will werden wie diese, voller Sammlung und Anbetung, auch ich will ins Kloster gehen. Und es war, als hätten Hoffnung und Sehnsucht und Pein, alles, alles, sein Ziel und Ende gefunden. Es war nicht ein Denken in Worten und Vorstellungen, vielmehr war es dieses plötzliche Ergriffensein und ein Gefühl: Das ist es und ist die Rettung aus aller Wirrnis.

Weil ich aber wusste, spürte, dieser Instinkt, wenigstens dieser, lebte noch in mir, dass sie daheim mir nicht glauben, vielmehr sagen würden: Was ... du und ins Kloster, ha, zuerst stehlen, dann studieren wollen und jetzt ins Kloster ..., ging ich zum Pfarrer. Und der Pfarrer sagte es Pà, fing diesen eines Abends ab und erzählte ihm alles.

An jenem Abend und in den folgenden Tagen schaute mich Pà an mit Augen wie noch nie, voll abgründiger Verwunderung, und wäre er eine Glocke gewesen, hätte er kreuz und quer geläutet, nur nicht auf und ab oder hin und her, vor lauter Verblüffung, und ich selbst fühlte mich verzagt und voller Furcht und wusste nicht, was vorziehen: dass er etwas zu mir sage oder nicht. Aber einige Abende später, als es Zeit war, zu Bett zu gehen, sagte er: «Du, warte hier ...», und alles in mir zog sich zusammen, und die Gänsehaut lief mir über den Rücken.

«Ist es wahr, dass du ins Kloster willst?» Fragte unvermittelt und ohne Umschweife; sein Gesicht sah dabei höflich aus, wie das Gesicht eines Hundes, der jemanden kommen hört, dem das Bellen aber verboten worden ist. Und in den folgenden Tagen war immer dieser

Ausdruck auf seinem Gesicht, wie eine Frage: Ist das meine Tochter, die Tochter, die ich zu haben glaubte, voller Erwartungen auf das Leben ... ist das nun alles, was sie zuwege bringt, und ich spürte das alles und ohne dass es der Worte bedurft hätte zwischen uns.

Auf seine Frage also, ob es wahr sei, sagte ich: «Ja, aber ich möchte zuerst Lehrerin werden ...» Denn der Pfarrer war ein kluger Mann und hatte mir von Klöstern erzählt, die auch Schulen hätten. In einer von diesen, so hatte er gesagt, könne ich mich zunächst einmal ausbilden, zur Krankenschwester oder Lehrerin beispielsweise; das könnten solche, die später ins Kloster eintreten wollten, für wenig Geld. Ja, soviel ihm bekannt sei, brauche man in solchen Fällen für die ganze Ausbildung überhaupt nichts zu bezahlen.

Hatte Kloster gesagt und aber auch Schule und Lehrerin, und so hatte auch ich Lehrerin gesagt und wusste damals doch noch nichts von jenem Gesetz, dem auch die Pflanze gehorcht, wenn ihr Same oder Knollen tief in der Erde steckt, aber doch sich entfalten und wachsen und durchstoßen muss, durch alles Dunkel und Dumpfheit und Gewicht, und wo sich ihr etwas in den Weg stellt, weicht sie aus, biegt und krümmt sich und muss hinauf, zu Licht und Sonne.

Und Pà geriet in Fahrt und in sein Element, setzte einen Brief auf an das Kloster, das ihm der Pfarrer angegeben hatte. Schrieb, dass seine Tochter den Wunsch äußere, ins Kloster zu gehen, sie sei aber erst sechzehn Jahre alt und wohl noch zu jung, um eine Entscheidung fürs Leben zu treffen. Sie wolle aber auch Lehrerin werden, und wie er gehört, hätten sie, die Nonnen, Schulen, in denen man das werden könne, und er habe eine Idee: Seine Tochter könnte in ihrer Schule zur Lehrerin ausgebildet werden; während dieser Jahre würde sie reifen und merken, woher der Wind bläst. So schrieb Pà, unbekümmert und ohne viel Respekt und Federlesens vor Nonnen, und setzte am Schluß das Eigentliche, das für ihn Ausschlaggebende: Er befinde sich aber nicht in der glücklichen finanziellen Lage, der Tochter ein Studium zu bezahlen. «Ik bin ainfache Bahnangestellte mit funf Kinder.»

Und die Nonnen antworteten, seine Tochter, unter den angegebenen Umständen, dürfe kommen.

Und damit hatte Pà, so weit es an ihm lag, alles eingefädelt. Und hätten jene Klostergedanken nicht hineingespukt, hätte man in aller Fröhlichkeit behaupten können, er habe zwei Fliegen auf einen Schlag getroffen, denn nicht bloß hatte er jetzt eine studierende Tochter, vielmehr musste er für dieses ihr Studieren nicht einmal etwas bezahlen. Später ... nun ja, später ist auch ein Tag und wird man überlegen müssen, ächzen, fünf Kinder und so weiter ...

Gänseschwil
auch: Badimhemd, Karussell

 Der Ort, sein Name, spielt eigentlich keine Rolle, da es ebensogut in Kappelau, Auenthal, Felsenrain oder anderswo hätte sein können. Überall, wo es eine Schule dieser Art gibt oder gab.
Wie immer also der Ort heißt, befand ich mich nun auf der Reise dorthin, nein, diese lag schon hinter mir, und nur die Verwirrung hatte schon in jenem Bähnchen, das uns endgültig zu den Nonnen gebracht hatte, eingesetzt, und ich hatte es den schnatternden, krähenden, gickelnden Fünfzehn-, Sechzehn- und Siebzehnjährigen zugeschrieben mit ihrer Renommiererei und ihrem Geflunker.

«Kein Heft hab ich angerührt, obschon ich ihr, der Christina, versprechen musste zu schuften, die ganzen Ferien hindurch nichts, als zu schuften ... ha, so blöd bin ich doch nicht ...!» – «Sie, die Directrice, wird ihren Schnabel auch wieder gewetzt haben inzwischen ...» – «Weißt du, was die mir gesagt hat? In diesem kommenden müsse ich mich in die Stricke legen, ansonsten würde ein Brief an die Meinen unaufschiebbar werden. Die kann mir, ist mir doch alles egal!» – «Och die ... mit welchem Recht kommandiert die überhaupt herum? Bin ich erwachsen oder nicht? Durchfallen ist meine Sache, kann ihr wurscht sein, sie bekommt doch ihr Geld dafür, dass ich dort bin, was will sie mehr ...»

Ich war dagesessen, starr vor Verblüffung und Verwirrung. Waren das die «Zöglinge», von denen im Programmbüchlein gestanden hatte, dass sie zu hoher Sittlichkeit und Anstand und Höflichkeit angehalten würden? Denn, obgleich ich hinter die Bedeutung des Wortes Sittlichkeit noch nicht recht kommen konnte, so hatte doch alles, was in jenem Heft gestanden, das die Nonnen geschickt hatten, den Eindruck in mir hinterlassen, dass ich daran sei, etwas Erhabenem entgegenzugehen, und immer wieder hatte ich alles durchgelesen und mir alles vorgestellt.

Seither waren Tage und vielleicht schon Wochen vergangen, und alles in mir hatte sich zu drehen begonnen. Ja, alles war Drehen und Trudeln, und in meinem Gedächtnis sind Löcher, kohlenschwarze Löcher vor lauter Drehen.

Vielleicht war ich, wer weiß, auf so etwas wie ein Karussell geraten.

Löcher in meinem Gedächtnis, doch auch wieder präzise Erinnerungen und Bilder. Wie an dieses Unbehagen beispielsweise, das sich in Blitzesschnelle zur Verwunderung, Bestürzung und Verwirrung, noch mehr Verwirrung steigerte.

Bestürzung und Verwirrung, denn vom ersten Tag an und vom Morgen bis zum Abend wurde rechtsumlinksumringsum, ringsumlinksumrechtsum gedreht. Gedreht und geredet und geläutet. Morgens um halb sieben Uhr fing es an mit Gelobt sei Jesus Christus, Loué soit Jésus-Christ, auf Deutsch oder Französisch, je nach Wochentag, und das hieß so viel wie erwachen und aufstehen und anziehen. Anziehen bis zum Unterrock. Dann Frisiermantel. Und wehe der, die Frisiermantel nicht umtat. Da doch Mädchen früh züchtig werden müssen, wegen später, das heißt wegen Mann, denn wo kämen wir hin, wenn alle wären wie die Männer mit ihren Erwartungen und Vorstellungen von Frauimunterrock odergarohne. Hatte alles die Schwester Direktorin gesagt in der Anstandsstunde am Sonntagmorgen. Und wie ich zu Schwester Christina, unserer Schlafsaal-Schwester, die hinter den Vorhang meiner Zelle spähte und feststellte, dass ich ihn nicht um mich gelegt hatte, sagte: «Ich kann mich aber mit Frisiermantel nicht richtig waschen, an den Schultern und die Armhöhlen ...», entgegnete sie: «Dochdoch, der Frisiermantel hat seine weiten Ärmel, damit man sich dennoch, durch die Ärmel hindurch, waschen kann.»

Am Morgen also Frisiermantel umlegen. Dann zum Morgenstudium ins Klassenzimmer, dann Geklingel und Aufbruch zur Kirche, zum Gottesdienst. In Hut und Handschuhen.

Dann Frühstück, dann Schule von achtuhrzehn bis elfuhrsoundsoviel, dann Studium, dann Mittagessen im großen Speisesaal. Hierfür Sammlung im großen Gang, die ganze Herde, und dieser Geruch, immer dieser Geruch, abgestanden, von Schweiß undichweißnichtwasnoch, wahrscheinlich von diesem Waschen im Frisiermantel und dieser ewig gleichen, schwarzen Schürze. Nach dem Mittagessen Spaziergang. In Reih und Glied und Dreiergruppen, denn was zwei wissen und hören dürfen, das darf auch eine dritte hören und wissen, und wo am Ende der Reihe eine oder zwei Schülerinnen übrig blieben, hatten sich diese an die vorderen Dreiergruppen anzuschließen, sodass diese dann aus vier bestanden. Hatte ebenfalls die Schwester Direktorin in der Anstandsstunde gesagt. Dann wieder Unterricht, dann Tee, dann Studium. Im Klassenzimmer. Den ganzen Tag, alle Wochentage, Sonntage, morgens, abends, immerimmerimmer im Klassenzimmer, nur schlafen in der Koje im großen Schlafsaal. Dann Nachtessen, dann gemeinsame Spiele oder bei schönem Wetter und zunehmendem Sommer freie Rekreation im Garten. Freie Rekreation, so hatte die Schwester Direktorin gesagt … Aber, was hieß hier frei …: «Barbara, Kind, was tust du hier so ganz allein? Nachdenken? Neinnein, nachdenken während Rekreation ist nichts, ist auch für dich nicht gut … Hast Lust, allein zu sein, sagst du? Betest den Rosenkranz? Neinneinnein, keinen Rosenkranz beten jetzt, jetzt lachen, Rekreation heißt lustig sein mit den andern, lachen, fröhlich sein … Komm mit, jetzt wird gelacht … Dochdoch, man kann lachen, so, siehst du, Mundwinkel auseinander ziehen, und es lacht von selber. Musst dich zwingen, muss man oft ... Komm jetzt, auf zu den andern.» Ringsumrechtsumlinksum. Auch in der Rekreation.

Dann Nachtgebet, dann Stillschweigen und zu Bett gehen, jede in ihrer Koje, Lichter löschen durch die Schlafsaal-Schwester und sofort einschlafen: «Damit man für den folgenden Tag wieder gestärkt ist.» Für ringsumrechtsumlinksum.

Dann Samstagnachmittag und Ende Monat: Spaziergang, Studium, Tee. Dann Stunde der Ordnung. Der Noten. Der Noten für Ordnung in der Koje. Stunde der Schubladen. Der Nastücher, Leibwäsche, Strümpfe, Servietten, Frottiertücher. Stunde, wo sich Bügelkante wieder auf Bügelkante legen muss. Ringsumrechtsum ... und ich stand in meiner Zelle, die Schubladen waren geöffnet, und Falten da, Falten dort, überall Falten und Kanten, und vor lauter Falten sah ich die Kanten nicht, und vor lauter Faltenkanten drehte sich alles in mir. Bügelkantchen drehe, viele Kanten, sieben Falten, welche bist dus denn? Vor lauter Drehen seh ichs nicht, vor lauter Drehen weiß ichs nicht, Bügelkantchen zeig dich doch, Bügelkantchen drehe ... Dann schrillte die Glocke, und Kanten sind Kanten, so dachte ich. Und dann wurde es Abend, und wir standen wieder in unseren Zellen. Draußen im Korridor aber, zwischen den Kojen, stand die Klassenschwester und verlas die Noten, und ich hörte meinen Namen, und ich hatte eine Vier. Und da rief ich hinaus, ich weiß eben nicht, welches die Bügelkante ist. Aber die Schwester schwieg und schwieg ... und nur aus den Zellen nebenan hörte ich Kichern, und nicht einmal das begriff ich: dass sie kicherten, nicht weil ich nichts von Bügelkanten wusste, vielmehr, weil ich hinausgerufen hatte, wo man doch im Schlafsaal nicht reden darf, jedes Reden verboten ist, erst recht nach dem Abendgebet. Ringsumrechtsumlinksum, drehe, drehe, drehe, Bügelkantchen drehe, Schwester liest die Noten ab und hab bloß eine Vier, Bügelkantchen, Bügelkantchen hast dich nicht gezeigt!

Aber, da war noch die Schule. Und da wollte ich lernen, alles andere vergessen, alles Drehen hinter mir lassen.

Alles andere vergessen, ja, denn in der Geschichtsstunde, da war beispielsweise Griechenland, und in Griechenland, da war der Peloponnes, und ringsum war das Meer, und alles war nahezu wie bei Pàs Krim am Schwarzen Meer, und die Hoffnung schwoll an ...

Aber da war im Peloponnes dieses Sparta. Und zu Sparta gehörten Schrecken erregende Wörter wie Lykurg und Ephoren, Phalanx und schwarze Suppe und Heloten und Periöken. Die Heloten und Periöken, ja, die Ärmsten ... Bei denen hieß es wahrscheinlich auch immerzu ringsumrechtsumlinksum. Und die schwarze Suppe der Spartaner, was bedeutete die denn anderes als immerzu dieses Ringsumherum. «Stellt euch vor, nichts als schwarze Suppe ...», so sagte die Schwester Eustasia, die Schwester für Geschichte, und ihre alles durchbohrenden Augen beluchsten uns und: Auch sie möchte uns mit nichts als mit schwarzer Suppe füttern, so dachte ich, auf dass wir gezüchtigt und bezwungen und gedrillt würden und zahm für alles, alle Heloten und Periöken, Lykurgen und Euphoren und alles Ringsum.

Da war aber noch die Deutschstunde. Und hatten nicht die Gäste zu Hause unserem Pà versichert, dass wir die deutsche Sprache ausgezeichnet sprächen?

Aber dann war es wieder die Eustasia, die uns auch die Deutschstunden gab, und wieder warf sie mit fremden Wörtern um sich wie Senkungen und Hebungen, Hexameter, Pentameter. Und nie hatte ich etwas Derartiges gehört, und heute noch denke ich, dass das alles todlangweilig ist. Dann gab uns die Schwester Gedichte an, die wir auswendig lernen sollten, um sie vorzutragen, und dafür streckte ich dann die Hand auf und durfte eines vortragen. Aber die Schwester sagte, nun ja ... und rief andere auf, die Anna, die Gertrud und die Regula, und die sprachen Bühnendeutsch, und die Schwester, indem sie zu mir herüberschaute, sagte, das ist gutes Deutsch.

Da war aber noch die Botanik, und Blumen und Gräser liebte ich, und so stürzte ich mich auf diese. Und die Schwester Bonaventura dann redete und redete: von Koniferen und Gymnospermen, Mikrosporophyllen und Pollensäcken, und ich dachte, was ist denn das schon wieder, und alles drehte sich und drehte. Bis gegen Ende der Stunde aber war noch etwas anderes in mir, etwas Brodelndes. Aber die Schwester gefiel mir, ihre Augen sahen gescheit aus und aber auch heiter und gütig, und ich dachte, wenn ich die schwierigen Wörter immer wieder lese und ihren Klang auf mich wirken lasse, komme ich vielleicht hinter ihr Geheimnis. Auf die folgende Stunde also las ich und las. Aber alles blieb trocken, die Worte rollten und kugelten in meinem Gehirn auf und ab und hin und her und waren wie Staub. Mein ganzes Gehirn wurde zu Staub; bis ich bei den Blättern angelangt war, den schraubigen, quirligen Blättern. Und quirlig, das gefiel mir, endlich war etwas, das mir gefiel und das anfing zu leben und das sich selbständig machte, nämlich zu quirlen anfing: quirlen, quirlig, quirlen, warum nicht drehen und nicht wirbeln, nicht quasseln und nicht quengeln, nicht rühren und nicht mengen, warum nicht Papagei und Kakadu … Mit einem Mal, ganz unvermittelt war es wieder da, jenes Brodeln, das ich während der Stunde gespürt hatte, und stieg auf, und indem es aufstieg, wurde es zur Welle, zur Woge, zur Brandung und sprühte und zischte und schäumte und toste, und meine Fäuste fingen an, auf das Pult hinunterzuschlagen, als wären sie von Sinnen, und dann schlug mein Kopf auf, dass es wehtat, und ich heulte und schluchzte.

Und gab niemandem Auskunft. Denn natürlich schraken alle auf, die Klasse flog schier von ihren Stühlen, so rapportierte mir Christa später, und jemand rannte nach der Schwester, die im Korridor draußen ihr Offizium las. Aber auch die brachte kein Wort aus mir heraus, und so musste ich zur Schwester Direktorin, und zu der sagte ich es: Es gefalle mir nicht hier, gefalle mir ganz und gar nicht, und ich verstünde nichts von dem, was hier vorgehe, verstünde überhaupt rein gar nichts. Sie aber glaubte mich trösten zu können, sagte: In den ersten zwei Trimestern gehe es vielen so, wir müssten Geduld haben, alles werde sich machen. Und da sagte ich auch zu ihr kein Wort mehr, denn die Woge, die Brandung, sie war wieder da und ... nein, lieber nichts mehr sagen.

Dann war wieder einmal Samstagnachmittag. Programm: Baden. Kabinen im Untergeschoss, eine neben der andern, und die Wände dazwischen schlossen sich nicht bis zur Decke hinauf. Im Gang draußen eine Schwester: die Aufsicht. Ringsumherum, immer-immer. Aber im Bad, da bin ich allein, da kann ich nachdenken über alles, kann von daheim träumen und von Puntraglia. Kann nachdenken auch über das Paket von daheim, das heute Morgen geöffnet auf dem Pult lag, Paket und auch ein kurzer Brief von Mà, und Christa hatte gesagt, weißt du das denn noch nicht, alles wird geöffnet, Pakete, Briefe. Und die Schokolade da, so hatte sie gesagt, müsse ich abgeben, die würde von der Schwester an alle verteilt, an einem Sonntagnachmittag. Ob ich denn noch keine Briefe heimgeschrieben hätte, die müssten wir doch ebenfalls offen abgeben ... Aber ich hatte erst eine Karte heimgeschrieben, wusste ja nicht, was schreiben. Und das Wasser da sprudelt und schwatzt in die Badewanne hinein und macht Kapriolen, und da ist der Hocker, da kann ich meine Kleider hinlegen ... Was ist das? Ein Badetuch? Nein, kann nicht sein, haben wir ja selber mitbringen müssen ... Was denn? Kann mir gleichgültig sein, hat vielleicht jemand vergessen ... geht mich nichts an, ich will nachdenken ... Huh, der Steinboden da ist aber kalt. Vielleicht ist das eine Badevorlage, das Ding auf dem Hocker da? Ich nahm es und faltete es auseinander … Ein langes Etwas, grob, mit kurzen Ärmeln, zwei Bändeln oben … Sieht aus wie ein Halsausschnitt, und hinten offen von oben bis unten, wie ein Spitalhemd … Hier aber ist nicht Spital. Alles dreht sich wieder, ringsumherum, und jetzt … ein Schaudern am Rücken, herauf und hinunter und Ahnungen, weiß der Himmel, woher. Da aber ruft jemand, aus der Kabine nebenan und ist Christa: «Das auf dem Hocker …», ruft mit verhaltener Stimme …, «das ist zum Anziehen, damit man nicht blutt ins Bad steigt …» Als hätte sie geahnt, was mich im Augenblick beschäftigte. Ich aber, indem sie das sagte, schrie: «Nein, nein», schrie, nein, kreischte, als hinge ich am Galgen, wäre irrtümlicherweise dort aufgehängt worden. Und dann hörte ich das Poltern an der Tür und «was ist los», rief jemand; ich aber schrie weiter, denn in mir war wieder Aufruhr und Verzweiflung und Wut. «Zieh das Hemd an, ich komme herein … hast dus an?» Es war die Stimme der Aufsicht führenden Schwester, ich aber schrie, nein, nicht hereinkommen.

Dann stand eine Schülerin der oberen Klassen da, ich aber schluchzte und weinte und war ins Bad gestiegen, und jetzt wieder die Stimme der Schwester: «Hat sie das Hemd an, kann ich hereinkommen?» Aber ich war wie von Sinnen vor Wut und schlug aus und drauf los, mit den Beinen aufs Wasser und hielt die Fäuste vor den Mund und schrie aber doch: «Nein, ich will nicht, dass sie hereinkommt, ich ziehe das Hemd nicht an …» Und dann sagte die Schülerin: «Die Tür ist jetzt geschlossen, wir sind allein, wir können über alles reden, was ist dir denn?» Ich aber wollte nicht reden, und da war es wieder Christa, die herüberrief: «Das Hemd …, ich glaube, es ist wegen dieses Hemdes …»

Alles hatte mit dem Schaudern begonnen, den Ahnungen, nachdem ich das Ungetüm auseinander gefaltet. Im gleichen Augenblick war diese Angst über mich gekommen, hatte sich aufgereckt von irgendwoher und hatte mich überwältigt. Die Urangst alles dessen in mir, was leben wollte. Außerdem Empörung und Abneigung und Auflehnung gegen dieses ganze Ringsum.

Den ganzen Abend heulte ich vor mich hin, und an jenem gleichen Abend war es auch, dass ich die Gänse sah: Für einen kurzen Augenblick waren es nicht mehr Bänke und Schülerinnen, die ich vor mir sah, vielmehr eine Schar gefiederter Tiere, die mich an Gänse erinnerten, selbst Geschnatter hörte ich, und selber schien ich auch eine Gans zu sein, nur stand ich abseits, feindselig und misstrauisch und gestört.

In einer der darauf folgenden Nächte, vielmehr am Morgen, wusste ich, dass ich im Traum wieder einmal Sciur Prüiriva gesehen hatte. In meiner Brust war ein stechender Schmerz und ein großes Verlangen zurück nach Puntraglia, nach dem Wald und den Drei Häusern und nach Sciur Prüiriva.

Und es war in diesen Tagen, dass mir plötzlich der Name Gänseschwil einfiel, und nur bisweilen sprach ich später auch von Badimhemd oder Karussell.

Dann, eines Morgens beim Aufstehen, fühlte ich mich krank und fühlte Schwindel und sah die Geschwülste zwischen den Brüsten und auf der linken Brust; sie sahen aus, als wären sie voll Eiter.

Es war in der vorangegangenen Woche gewesen, dass Pà und Mà mich besucht hatten. Es war ihre erste größere Reise, seitdem sie verheiratet waren, und weil ich nichts als ein paar Karten heimgeschrieben hatte, hatten sie einen Abstecher zu mir unternommen. Und Pà hatte gefragt: «Was ist mit dir los, bist ja nicht wiederzuerkennen ...»

Und nun war ich also krank und musste aufs Krankenzimmer, und die Krankenschwester sagte, wir müssten den Arzt kommen lassen wegen der Geschwülste. Der schaute mir in den Hals und schaute wieder und nahm einen Abstrich und sagte, ich müsse abgesondert werden. Man steckte mich in ein Zimmer, das weit weg war von der Schule und den Schlafsälen, und wie der Arzt wieder kam, setzte er sich auf den Rand meines Bettes und schaute mich an, ohne ein Wort zu sagen. Nickte bloß mit dem Kopf und wollte nicht aufhören damit. Später wusste ich: dass ich sein Schweigen damals und seinen Blick ertragen hatte, war einzig, weil kein Ringsum mehr um mich war. Sonst wäre die Woge, die Brandung wahrscheinlich wieder aufgestiegen, hätte mich und ihn überflutet ...

Schließlich sagte er: «Jaja, die Barbara ... die werden wir hier nicht wiedersehen ...», und ich schaute ihn an und sagte nichts. Nicht einmal «Woher weiß ers» fragte ich mich.

Obschon die Geschwülste verschwunden waren, ließ mich der Arzt noch eine ganze Weile in der Absonderung liegen, und nie habe ich erfahren, was er den Schwestern für Erklärungen gegeben, was seine Diagnose eigentlich gewesen. Vielleicht hat er gesagt: Diese Geschwülste sind absonderliche Geschwülste eines absonderlichen Geschöpfes.

Einmal kam die Schwester Direktorin zu mir, und sie sprach von Trimester, Examen und Inspektoren. Ich aber fühlte nichts als Verwunderung und auch ein wenig Verachtung, dass sie es nicht spürte, wo der Arzt es aber doch hatte spüren können, denn ich wollte nichts anderes mehr als bloß noch träumen, von Mà, von Sciur Prüiriva, von Reto und Romano und von Pà, und ich sah Mà lächeln, sah sie in ihrer schweigsamen und bescheidenen Art, und der Himmel war blau, und es duftete nach Föhren und Lärchen und nach Sommer, und über allem lag ein wunderbarer Glanz, jener Glanz, der daheim sein bedeutet und alles einschließt: alle Gerüche und Geräusche und alle guten Gefühle. Und auch wenn ich an Pà dachte, war Sbirro einfach nicht da, war weit weg und versunken, und nichts als das Gefühl von Dazugehörigkeit war in mir, auch ihm gegenüber.

Dann war das Trimester zu Ende, die Koffer konnten aus dem Estrich geholt werden, und keine sieben Rosse hätten mich davon abhalten können, nicht alles einzupacken. Nichts zurückzulassen, was mir gehörte, und dann war auch die letzte Nacht vorüber, und ich saß im Zug und war schon allein; alle andern waren entweder schon an ihrem Zuhause angekommen oder umgestiegen, und ich fühlte mich wie von Flügeln getragen. Wie an einem blauen, frischen Morgen im April, und alles in mir war still und friedlich.

In Coira dann musste ich umsteigen, und während der Zug, der mich endgültig heimbringen würde, noch da stand und ich die Leute des Städtchens in ihrem wohlklingenden Idiom reden hörte, geschah es, bewegte sich etwas in mir, und war wie eine Kugel, die, während sie bisher still in meiner Brust gelegen, nun von irgendeiner Kraft in Bewegung gesetzt worden war. Um dann, jetzt, wieder still und irgendwo schwebend vor sich hin zu warten, bis ihre Zeit wieder gekommen, sie wieder und vielleicht endgültig in Bewegung gesetzt werden würde, um dann ihren Inhalt herzugeben.

In dem Augenblick indessen spürte ich nichts als die leise Bewegung, ohne zu wissen, was es zu bedeuten habe. Erst später begriff ich, dass es etwas gewesen sein musste, dem ähnlich, was Pà damals mit istinto oder comando supremo benannt hatte.

Coira

Eines Nachmittags in jenem Sommer, nachdem ich aus Gänseschwil zurückgekehrt und wieder bei ihnen allen war, Mà und Pà, Reto und Romano, Enrica und Daniela, wieder wusste, wie sie alle aussahen und alles war – die obere Wiese, die Pà jetzt gekauft hatte, damit niemand darauf bauen und unseren Gästen die Aussicht versperren konnte, und die, wenn sie ins Blühen kam, sich über und über bedeckte mit Gänseblümchen oder dem, was wir gelbe Gänseblümchen nannten, aber wahrscheinlich Gold-Fingerkraut war, sodass man, wenn man vom dritten Stock des oberen Hauses auf sie hinunterschaute, vermeinte, kein grünes Hälmchen mehr zu sehen vor lauter Gold und die am allerschönsten war nach einer Regennacht, wenn die Sonne wieder auf die mit Wassertropfen gefüllten Blumenkelche schien, sodass sie immer wieder und an hundert Stellen auffunkelte. Wieder wusste, wie es war, wenn um die Mittagszeit im Gemüsegarten jene brütende Stille des Mittags herrschte, Luft und Vögel und Insekten und Vogelbeerbäume, alle und alles sich still verhielt und nur noch lauschte auf etwas, das kommen oder geschehen würde oder bereits daran war zu geschehen, etwas, das mit Geistern, lispelnden, wispernden Mittagsgeistern zu tun hatte – an jenem Nachmittag also, im Gemüsegarten draußen, beim Unkrautjäten, war es geschehen, war jene Kugel wieder in Bewegung geraten und diesmal geplatzt und hatte ihren Inhalt hergegeben, sodass ich von da an gewusst hatte, was ich wollte. Irgendetwas in mir hatte von da an auch gewusst, dass Pà Ja dazu sagen würde, und ohne Pfarrer und ohne lange geübt zu haben, hatte ich es Mà eröffnet und hatte sie gesagt: Das musst du mit Pà besprechen. Hatte diesmal nicht gesagt, wo denkst du hin, wer denn würde mir helfen, wenn alle fortgehen wollten, und woher sollen wir das Geld nehmen. Und noch am gleichen Tag oder darauf folgenden Abend war ich Pà entgegengegangen – wenn er guter Laune war und Spätdienst hatte, mochte er es, wenn man ihn von der Arbeit abholte – und hatte es auch ihm gesagt: dass es mir im Institut zwar überhaupt nicht gefallen habe, ich aber doch studieren möchte, an der Kantonsschule von Coira.

Zuerst hatte er nichts geantwortet, null und nichts, ich aber hatte sogleich gespürt, dass die Kerbe geschlagen, das Reis gesetzt war, ich nun nichts anderes mehr tun musste und durfte als warten und schweigen und Zeit lassen, damit alles sich entwickeln konnte.

Hatte ihn bloß wieder einmal abgeholt und ihm das Programm gezeigt, das ich von der Kantonsschule hatte kommen lassen.

«Und das Geld?», so hatte er gefragt. «Studieren kostet Geld.»

Daran hätte ich auch schon gedacht, aber während der langen Sommerferien, über die Weihnachts- und Neujahrstage und wieder während der Osterferien würde ich daheim sein und arbeiten, so hatte ich geantwortet, und weitere Fragen hatte er nicht gestellt.

Hatte auch nicht gefragt, was ist mit deinen Klostergedanken. Darnach hatte sich Mà erkundigen müssen, in seinem Auftrag ohne Zweifel, und ich hatte geantwortet, ich wisse es noch nicht, wisse wie gesagt erst, dass es mir in Gänseschwil nicht gefallen habe. Aber eigentlich wusste ich es damals schon, dass ich auch nicht ins Kloster gehen wollte, fürchtete mich indessen vor meiner eigenen Abtrünnigkeit.

War nun also in Coira. Aber alle waren sie wieder so gescheit, und nie würde ich so sein wie sie, wie sie so gewandt von allem reden können.

Bis auch das vorbei war und sich vollzog: nämlich eines Morgens, auf dem Weg zur Schule, das Gefühl von einer unendlichen

Befreiung und Freiheit und Helligkeit und Gewichtlosigkeit mich durchströmte und mir von da an alles eine Lust war: die Sprachen und die neuen Länder, die vergangenen dunklen Zeiten und alles Denken und Erkennen.

Und am allermeisten liebte ich die Deutschstunden, denn unser Lehrer in diesem Fach lehrte uns alle Schönheit erkennen, alles las er mit uns oder grub es für uns aus, von Matthias Claudius mit seinem Gedicht:

> Der Säemann säet den Samen
> Die Erd' empfängt ihn, und über ein kleines
> Keimet die Blume herauf –
>
> Der Adler besuchet die Erde,
> Doch säumt nicht,
> Schüttelt vom Flügel den Staub und
> Kehret zur Sonne zurück!

bis zu modernen Gedichten von Karl Kraus, wie «Vor einem Springbrunnen» oder «Flieder», oder den Gedichten von Else Lasker-Schüler oder Bert Brecht.

Und war nun alles wie die richtige Fährte, meine Fährte, die ich gefunden hatte, und war eine Beschwingtheit immerzu.

Bis *sie* aufkam, die Stimme. Und zu stechen und zu sägen begann: «Jaja, genießest die Freiheit und Schönheit und Wissen, aber deine Mà hat alle Mühsal und Arbeit und Unfreiheit.» Wurde zum immer währenden, unterirdischen Geräusch mitten in alle Beschwingtheit hinein, sodass ich anfing, das zu tun, was Romano und Reto auch taten, jedenfalls getan hatten, anfing zu beten.

Stand morgens eine Stunde früher auf und ging hinüber in die Kapelle der gémissante zum Gottesdienst. «Gémissante», so hatten die

Internen das Institut Santa Klara getauft, was die Abkürzung von «Maison des gémissantes» war. Ich selber wohnte im Externen-Flügel nebenan mit andern Kantonsschülerinnen zusammen, dem Libergal, wie dieser ebenfalls umbenannt worden war, was seinerseits auch eine Abkürzung war, nämlich von liberté, égalité, denn jede von uns Externen hatte einen Hausschlüssel und konnte frei ein- und ausgehen bis abends elf Uhr; so hatte es der Rektor der Kantonsschule vor Jahren für die hier wohnenden Kantonsschülerinnen von den Nonnen ausbedungen. Ich hatte mich für diese Unterkunft entschließen müssen, weil sie billiger zu stehen kam als bei einer privaten Familie.

Ging hinüber zum täglichen Gottesdienst, um für Mà zu beten, was mir aber noch nicht genug zu sein schien, sodass ich in schulfreien Zwischenstunden, anstatt mit den Kolleginnen zum Rebweg hinüberzugehen oder hinunter ins Städtchen zu einem Kaffee, mich zur nahen Kathedrale begab.

«O Gott, wenn du, wie man uns lehrt, die Liebe selber bist, so bitte ich dich, höre mich: Sieh unsere liebe Mà an, sieh, wie viel Unfrieden und Erniedrigung, Ungerechtigkeit und Mühsal sie ertragen muss und ohne Murren auch erträgt ... kannst du dich ihr nicht als Liebender erweisen und ihre Not und Mühsal lindern, kannst du nicht unseren Pà zur Einsicht kommen und ihn friedlicher werden lassen?»

Bat so und flehte und verstummte aber auch wieder und lauschte den Worten nach, die ich gesprochen hatte, gewissermaßen, um sie wirken zu lassen und auch aus dem Gefühl heraus eines notwendigen Anstandes, ich meine, um den Bogen nicht zu überspannen, in ihm, ich meine, in *Ihm*, nicht den Eindruck zu erwecken, ich wolle nun alle Hilfe für mich und meine Anliegen in Anspruch nehmen. Aber immer die ganze Stunde dasitzend, und allmählich, aus dem Gefühl heraus, es gehe nicht an, vom andern Großmut zu erwarten, ohne selber welche zu haben, auch vermutlich, um meinem Beten mehr

Nachdruck zu verleihen, begann ich meine Gebetstunden mit einem Psalm zu eröffnen, einem Lob und Preis dessen, dem ich mich mit meinem Anliegen nähern wollte, diesem auch eigene Worte beifügend, um dann zu meinem Anliegen überzugehen und schließlich die Stunde mit jenem Gebet zu beschließen, das die Nonnen in Gänseschwil uns gelehrt hatten: «Mein Herr und mein Gott, nimm alles von mir, was mich hindert zu dir – mein Herr und mein Gott, gib alles mir, was mich fördert zu dir – mein Herr und mein Gott, nimm mich mir und gib mich ganz zu eigen dir», wie Bruder Klaus es gebetet haben soll.

Dann war Fastenzeit, und der Religionslehrer ermahnte uns, die Zeit zu nutzen und nicht bloß durch sie hindurchzupflotschen, wie er sich auszudrücken pflegte, und wies auf die entsprechenden Texte im Missale hin, und da war bei mir ohnehin die Stimme, sodass ich begann, nun auch abends nach dem Nachtessen und bevor ich mich wieder an die Schulaufgaben machte, in die Kapelle der gémissante hinüberzugehen, um den Kreuzweg zu betrachten und in den Zwischenstunden in der Kathedrale im Missale die Texte der Fastenzeit zu lesen, Texte wie diese:

«Die Drangsal meines Herzens ist groß, führe mich aus meinen Nöten. Siehe an meinen Jammer, Herr, und meine Mühe … Bewahre mich und errette mich, lass mich nicht zu Schanden werden, denn ich vertraue auf dich …»

«So spricht der Herr: … Ich behüte dich und mache dich zum Bund des Volkes … Nicht wird sie der Glutwind treffen, noch die Sonne, denn ihr Erbarmer hütet sie und tränket sie an Wasserquellen. Kann denn eine Mutter ihr Kind vergessen, dass sie kein Erbarmen hätte mit dem Sohne ihres Schoßes? Und wenn jene vergessen hätte, ich aber vergesse deiner nicht! So spricht der Herr, der Allmächtige …»

Oder:

«Es werden fallen dir zur Seite tausend und zehntausend zu deiner Rechten, dich aber wird es nicht erreichen. Denn seinen Engeln hat er über dich befohlen, auf den Händen sollen sie dich tragen. Über die Schlange und den Basilisken wirst du schreiten und wirst zertreten den Löwen und den Drachen ...»

«So spricht Gott, der Herr: Verflucht sei der Mann, der sich auf Menschen verlässt ... Er wird wie eine Tamariske in der Steppe sein ... Gesegnet aber sei der Mann, der auf den Herrn vertraut, er wird wie ein Baum sein, am Wasser eingepflanzt ...»

«Der Engel des Herrn lagert sich rings um die, welche ihn fürchten, und errettet sie. Kostet und seht, wie gut der Herr ist ...»

Wie anders wäre es möglich gewesen bei so viel Versprechen, so viel Kraft und Gewalt, so viel Herrlichkeit der Sprache und Bilder, als dass ich von ihnen beeindruckt wurde und weggetragen, und mein Herz erzitterte in Vertrauen und Hoffnung auf Hilfe, ganz konkrete Hilfe für unsere Mà, und ich ließ nicht ab, zu beten und zu bitten.

Dann waren die Tage gekommen, wo die Feierlichkeiten stattfanden zum fünfundsiebzigjährigen Bestehen unserer Schule, und diesen folgte der Tanzabend für uns Schüler.

Ein junger Musiklehrer hatte denen, die noch nicht tanzen konnten, einige Gratisstunden gegeben; Mà hatte mir Geld geschickt für ein Kleid, zum ersten Mal in meinem Leben trug ich ein langes! Es war aus dunkelblauem Samt, und die Nonnen im Libergal sagten, ich sähe darin aus wie eine Prinzessin.

Und nun also drehte ich mich und drehte, und etwas Schöneres als tanzen, so dachte ich, habe ich noch nicht erlebt.

Dann holte er mich, Jurov. Ich kannte ihn vom Sehen, und nie hätte ich zu träumen gewagt, dass er mich einmal zum Tanz holen würde.

Nach den ersten Schritten schon spürte ich, wie sicher und kraftvoll er führte, wie keiner vor ihm, und er holte mich wieder und wieder, und es war, als hätten wir immer schon miteinander getanzt, und nach den ersten paar Tänzen begann er mich weit von sich wegzuhalten und schaute mich an und hielt meinen Blick fest, und etwas ging von ihm aus und sprang auf mich über.

Gegen Ende des Abends wurde von den Musiklehrern ein Preistanzen ausgerufen, und wir zwei waren es, die es gewannen. Als Preis spielte das Orchester noch einmal einen Wiener-Walzer. Der ganze Saal gehörte nun uns allein, und eine Erregung kam über mich mitten im Tanzen, ein Zittern am ganzen Körper, und dabei schaute er mich an, und nie hatte ich lebensvollere Augen gesehen.

Um drei Uhr war Schluss, und obgleich wir mehrere Schülerinnen waren, die im Libergal wohnten, bestand er darauf, mich heimzubegleiten.

Am folgenden Tag, einem Sonntag, war Katerbummel, ihn konnte ich aber nirgends entdecken, und mir war immerzu, er müsse irgendwo auftauchen.

Auch während der folgenden Woche sah ich ihn nicht oder bloß von weitem und im Gedränge der andern und hatte das Gefühl, er wünsche nicht, mir zu begegnen, und es war, als kennten wir uns nicht.

Dann, am Freitag derselben Woche, sah ich ihn auf dem oberen Pausenplatz stehen und herunterschauen zu mir, und so, wie er stand und schaute, war es, als befänden wir zwei uns allein auf dem Platz und vermöge ihn nichts sonst zu interessieren oder abzulenken. Erst später habe ich diese Art von Dastehen und Schauen wieder gesehen und dann bei Hunden: wo der eine den andern erspäht hat, der andere daran ist, auf diesen zuzukommen, dieser Lust hat, jenen kommen zu lassen, als hätte er auf nichts so sehr gewartet wie auf ihn. Und steht bewegungslos und steht und schaut. Oder mit höchstens einem leisen Heben des einen Fußes, Bewegen des einen Beines und sonst nichts als das Schauen und bewegungslose Dastehen.

Dieselbe angespannte Aufmerksamkeit auch bei ihm. Und lachte mir zu und kam heruntergelaufen:

«Ich hole dich ab heute Abend ... zu einem Spaziergang, kommst du?» Ohne einleitende Worte oder Erklärungen. Nichts als das.

Und der Abend kam, und wir gingen zum Rebweg und höher hinauf. Auf dem Weg erzählte er mir von einer Reise nach Griechenland, die sein Lehrer für Latein und Griechisch, Doktor Scharanis, im folgenden Frühling mit seinen Schülern unternehmen wolle.

«Ja, es wird schön werden», bestätigte er meine Kommentare, aber hinter seinen Worten spürte ich schon die ganze Zeit eine Erregung, und sie sprang auf mich über, und bis wir uns auf die Bank setzten, waren meine Hände feucht; und jetzt, sich ganz mir zuwendend, sagte er etwas in einer fremden Sprache, aber erst später verstand ich, dass es Griechisch gewesen sein musste; es hatte geklungen wie eràn.

Wir saßen lange, und er sagte es noch einmal und noch etwas dazu, in derselben Sprache, wie mir schien, und der Mond schien, und ich sah seine Augen, sprühend von Lebenslust und Gescheitheit. An der Schule sprach man von ihm denn auch als von einem genialen Schüler und sagte, der Scharanis, der sei weg von ihm, so wie er den Homer und den Sophokles übersetze oder den Vergil oder Horaz oder Cicero.

Auf dem Heimweg, kurz vor dem Libergal, blieb er stehen und drehte mich zu sich und küsste mich auf Stirn und Augen und sagte wieder eràn und das andere, und noch in meinem Zimmer, während ich mich auszog, zitterte ich am ganzen Körper. Und hatte ihn nicht einmal gefragt, was die Worte hießen.

Dann waren die Weihnachtsferien, und nach diesen holte er mich regelmäßig zwei Mal in der Woche vor dem Libergal ab, am Mittwoch und Sonntagnachmittag.

Inzwischen wusste ich auch, dass er jeden zweiten Samstagnachmittag ins Unterland fuhr, um bei einem bekannten Meister Stunden im Oboe-Spiel zu erhalten; dass er Mitglied des Studentenorchesters war, das hatte ich anlässlich der Jahresfeiern feststellen können. An einem Sonntagnachmittag sagte er denn auch, wir gingen zu ihm heim, er werde mir vorspielen.

Er wohnte mit seiner Mutter; von seinem Vater wusste ich nichts und wusste offenbar niemand etwas, er selbst sprach nie von ihm. Seine Mutter, so sagte Silvia – und sie selber hatte alles von Susanne Waldmann erzählt bekommen –, sei hierher gekommen, wie er noch ein kleiner Bub gewesen: Sie sei vermögend und stamme aus dem Nordosten, ihre letzte Station, bevor sie in die Schweiz gereist sei, sei Riga gewesen. Außerdem: Zwischen ihr und ihrem Sohn herrsche ein außerordentlich gutes Einvernehmen; sie hätten oft Besuch von auswärts, vor allem von einem Freund seiner Mutter, sie sei eine sehr schöne Frau, so behauptete Susanne, sie persönlich habe allerdings noch nie das Glück gehabt, ihr zu begegnen.

Nun hatte ich Gelegenheit, sie mit eigenen Augen zu sehen, und von da an, wenn ich abends bei meinen Schulaufgaben saß, gehörte es zu meinen Vergnügungen, an sie zu denken und mir ihr Gesicht vorzustellen: die Fülle ihrer dunklen Haare, ihre tiefblauen Augen, vor allem aber ihre Stirn und ihre Nase, die wirklich so waren, wie Susanne Waldmann sie der Silvia beschrieben hatte, von aristokratischer Vornehmheit.

Ich selber hatte das Außergewöhnliche an dieser Stirn und Nase sogleich gesehen und gespürt, und bei der Nase lag es an ihrem Ende und den Nasenflügeln. Etwas Vornehmes, meinem Empfinden nach Einmaliges lag auf ihnen, etwas, das mit Wissen zu tun hatte. Ich meine, einem Wissen, nicht bloß des Intellektes, vielmehr des Herzens, der Seele, der ganzen Person, etwas, das auf Vorfahren und Urvorfahren zurückgehen musste und sich allmählich angesammelt, allmählich seinen Niederschlag und Ausdruck gefunden haben musste, hier, auf Stirn und Nase. Und mehr als Wissen: Weisheit. Mehr auch noch als Weisheit: Schalk.

Und Schalk lag auch auf seiner Stirn; bei ihm mehr auf der Stirn, während seine Nase anders war; vielleicht hatte er die von seinem Vater.

Diesem ersten folgten weitere Sonntagnachmittage, an denen wir zu ihm heimgingen; und es fanden kleine Hauskonzerte statt, bei denen nicht bloß seine Mutter anwesend war und spielte, sondern auch ein fremder Herr, offenbar ihr Freund, ferner Doktor Vostonov, ein Arzt aus dem Städtchen. Dieser spielte ebenfalls Oboe, nämlich das Englischhorn, blieb aber meistens Zuhörer und Kritiker, während seine Mutter das Cembalo spielte oder den Flügel und der fremde Herr, dessen Namen ich vergessen habe, das Cello.

Sie spielten Sonaten von Vivaldi, Händel, Bach. Und einige, weil sie mir ganz besonders gefielen, vor allem die von Händel, spielten sie an zwei Sonntagen. Und er, allmählich, belehrte mich über den Aufbau sowohl der barocken als der klassischen Sonate, lehrte mich auf die Verzierungen zu hören, die er in den langsamen Sätzen einflocht, sodass ich mit immer differenzierterer Aufmerksamkeit lauschen lernte. Außerdem: Was man als Nichtmusizierende von der Oboe wissen kann, das lernte ich kennen, indem er sich in meiner Anwesenheit einige seiner Schilfrohrblätter schabte und sie dem Instrument aufsetzte, und ich konnte mich kaum fassen vor Überraschung und Staunen über die kräftigen und vollen Töne, die dem Instrument entlockt werden können bei der Schmalheit der Öffnung.

Schließlich, an einem Fasnachtssonntag, unterhielt und belustigte er mich und sich damit, auf dem Instrument die verschiedensten Tierlaute zu imitieren, angefangen beim Miauen der Katze über das Quaken von Enten und Gänsen bis zum lang anhaltenden Heulen des Hundes, tat es mit großer Geschicklichkeit; und vor allem über sein Imitieren des heulenden Hundes vergoss ich Tränen vor Lachen.

Wieder an einem Sonntagnachmittag – wir befanden uns auf dem Weg zum Herrenwald, und zum ersten Mal hatte er sich nicht erkundigt, wohin möchtest du, dass wir gehen, und wieder spürte ich jene Erregung, ja Unruhe an ihm – fragte er unvermittelt:

«Was tust du immer in der Kathedrale, ich habe dich schon oft hingehen sehen?»

Ich zögerte … «Ich bete für meine Mà.»

«Ist sie krank?»

«Ich habs gut hier, sie aber hat ein schweres Leben», und ich begann zu erzählen: wie viel sie arbeiten müsse und was für ein schwieriger Mann unser Pà sei.

Unvermittelt und mitten in mein Erzählen hinein – wir waren in der großen Waldlichtung angekommen, und ich schlug vor, dass wir uns auf einen der gefällten Baumstämme setzten – sagte er:

«Kannst du absagen?»

«Absagen – was, wem?»

«Dem Gott deiner Kirche, der Kirche und dem Papst», und ich schaute ihn an, und seine Augen hatten etwas Unzugängliches, Wildes.

«Niemand kennt Gott, auch deine Kirche nicht …»

Zahllos waren von da an die Gespräche zu diesen Fragen, und für mich, in jenen Wochen und Monaten, geschah alles gleichzeitig: Wachen und Schlafen waren erfüllt von ihm, und immer, während wir redeten, er redete, fühlte ich mich, als führe ein Sturmwind durch mich hindurch und fegte mich rein und klar und leicht, nämlich fühlte eine neue Freiheit, wunderbar und nie erlebt oder doch schon erlebt, in der Schule und durch sie, nur dann gestört und unterbrochen immer wieder durch jenes Gefühl von Schuld gegenüber Mà ... Jetzt aber wieder da, leise und unterirdisch wie das heimliche Gurgeln einer Quelle unter dem Boden, das Summen eines Insektes im Raum. Dann wieder fühlte ich mich aufgewühlt und eingekeilt: Was war mit den schönen Gebeten und den Berichten im Missale, die mich doch in meinen Sorgen um Mà getröstet und genährt hatten? Und was war mit der Kirche? Hatte nicht Christus selbst zu Petrus gesagt, auf diesen Felsen will ich meine Kirche bauen und alle Kräfte der Erde sollen sie nicht überwinden? Hatte er denn zu den Aposteln nicht gesagt, wem ihr die Sünden nachlasset, denen sind sie nachgelassen, wem ihr sie behaltet, denen sind sie behalten? Mehr noch: Hatte Christus sich nicht kreuzigen lassen für seine Lehre und um uns Menschen zu erlösen? Ich aber, ich wollte allem entfliehen in die Freiheit, war das nicht feige Flucht?

Er aber schien sie zu spüren, die Quelle in mir, und in immer wieder neuen Gesprächen sagte er:

«Religion ist Notwehr. Ich meine, es scheint dem Menschen, da er ausgeliefert ist an Not und Ungewissheit und Verzweiflung und Ängste, innezuwohnen, an ein Wesen zu glauben, stärker als er, größer als er, reiner als er. Die Kirchen aber maßen sich an, dieses Wesen zu kennen, zu unterscheiden zwischen Gut und Böse, heilig zu sprechen oder zu verdammen; sie maßen sich an, über das Heil des Menschen zu befinden. Die katholische Kirche vor allem meint Gott zu kennen. So wie sie sich verhält, meint sie alles von ihm zu wissen.»

Einmal nahm ich das Missale mit und las ihm daraus Gebete vor sowie einen alttestamentlichen Bericht, der mich während meines Betens für Mà immer tief beeindruckt hatte und den ich liebte:

«In jenen Tagen, es war eine große Trockenheit und Hungersnot in Israel, erging das Wort des Herrn an Elias also: Auf, gehe nach Sarepta im Gebiete von Sidon und bleibe dort. Ich gebe einer Witwe den Auftrag, dich zu ernähren. Da machte er sich auf und ging nach Sarepta. Als er an das Stadttor kam, erblickte er eine Witwe, welche Holz sammelte. Er rief sie heran und sprach zu ihr: Gib mir in deinem Krug ein wenig Wasser zu trinken. Als sie hinging, es zu holen, rief er hinter ihr her: Bring mir bitte auch einen Bissen Brot mit. Sie entgegnete: So wahr der Herr lebt, ich habe kein Brot mehr, sondern nur noch etwas Mehl im Topf, so viel als man mit einer Hand fassen kann, und ein wenig Öl im Krug. Eben lese ich zwei Stücke Holz auf, um hinzugehen und mir und meinem Sohn Brot zu bereiten, damit wir es essen und dann sterben. Elias antwortete ihr: Sei unbesorgt, geh heim und tue, wie du gesagt, doch bereite mir zuerst von dem wenigen Mehl einen kleinen Brotkuchen und bring ihn mir heraus. Hernach magst du für dich und deinen Sohn einen bereiten. Denn so spricht der Herr, der Gott Israels: Der Mehltopf soll nicht leer werden noch das Öl im Kruge weniger bis zu dem Tage, wo wiederum der Herr Regen senden wird auf die Erde. Da ging sie hin und tat wie Elias gesagt. Und er aß und sie auch und ihre Hausgenossen. Und von jenem Tage an wurde der Mehltopf nicht leer und das Öl im Kruge nicht weniger nach dem Wort des Herrn, das er durch Elias gesprochen ...»

«Dich», so meinte er, «bezaubern die Sprache und die schönen Bilder, aber diese Geschichten aus dem Alten Testament sind Mythen, große Mythen, gewiss, die die Sehnsucht und die Hoffnungen des Menschen widerspiegeln. Wir aber, heute, müssen uns immer wieder allem neu aussetzen: aller Not und Verzweiflung und Einsamkeit und Nichtwissen, um zu prüfen und selber zu erfahren.»

«Deine Mà muss eine wunderbare Frau sein», sagte er ein anderes Mal, «aber du, durch dein Beten, willst dich loskaufen vom Wagnis des Lebens. Du hast nicht den Mut, dein gutes Leben hier zu leben, auf Gedeih und Verderb. Durch ein solches Leben würdest du deiner Mà am Ende besser helfen, weil du heiler bliebest dabei.

Alles ertragen und austragen, das ist vielleicht die beste Art von Gebet. Unsere Gebete, haben sie nicht bloß einen psychologischen Wert und Sinn: Indem wir beten, hoffen wir, und indem wir hoffen, machen wir uns stark und harren aus im Ertragen? Freilich wird gesagt, nicht das kleinste, aufrichtige Gebet, das von Menschen gesprochen wird, gehe verloren, ich aber frage: Unsere Gebete, sind sie nicht bloße Projektionen unserer Wünsche?!»

Mich so beschwerend oder erleichternd oder beides zusammen. Aber auch: mich wieder schonend und ablenkend, indem er mitten aus einem ernsten Gespräch hinüberwechseln konnte zu Scherz und Übermut.

So an einem Sonntagnachmittag, Anfang April. Wir hatten eine lange Wanderung unternommen, hinauf nach dem Dörfchen Guschasuota, und ein Tag war das gewesen, erfüllt von Sonne und neu ausbrechendem Leben. Wir befanden uns auf dem Rückweg und standen still, um die Landschaft zu betrachten, die, in einen hauchzarten Dunst getaucht, vor uns lag: den Prasserynberg, der sich uns gegenüber erhob, immer noch in den lila Tönungen der noch laubfreien Eschen und Birken, im Gegensatz zum Fadaira, links von uns, der stellenweise mit dem zartgrünen Gewebe schon sprießender Buchen überzogen war; und unten im Städtchen und vor uns, in vereinzelten Gärten, blühte schon der rote Schlehdorn, und Magnolien trieben ihre Blüten. Ein Tag war das, wie beflaggt und bewimpelt für den werdenden Frühling, und plötzlich hörte ich den Ruf des Kuckucks. Ich war ganz an den Rand des Hügels getreten, um die Landschaft vor uns besser übersehen zu können, und drehte mich nun um, um meiner Überraschung Ausdruck zu geben, es sei nun doch noch etwas früh für ihn; aber er stand nicht mehr da, schien verschwunden. Ich nahm an, er habe austreten müssen, und setzte mich hin, und immer wieder hörte ich den Kuckuck. Dann kam er zurück, und meine Frage, ob er ihn ebenfalls gehört habe, bejahte er. Wir gingen weiter, und plötzlich ertönte der Ruf wieder, diesmal nahe hinter mir; ich drehte mich wieder um, und wer war es, der rief, er. Und so wusste er also auch diesen Ruf täuschend ähnlich nachzumachen, wie den Ruf eines Käuzchens, das Krächzen des Raben, das verdrossene Kreischen des Hähers.

Und wir stiegen weiter hinunter und kamen zu der vom städtischen Sportklub neu angelegten Laufbahn, und er schlug vor, sie einige Male abzulaufen. In Guschasuota aber waren wir eingekehrt und hatten kalten Braten gegessen und Wein getrunken, sodass ich nach der dritten oder vierten Runde stöhnte, ich hätte zu viel Wein getrunken und zu viel Braten gegessen, ich könne fast nicht mehr, und da fing er an:

> Die fingen endlich an und aßen Ochsenbraten
> Frisierten sich und tranken fleißig Wein –
> Da war's geschehn um ihre Heldentaten,
>
> Um ihrer Dichter edlen Reihn,
> Um ihre Redner, ihre Schreiber;
> Da wurden's große, dicke Leiber
> …

und so weiter bis zu den Schlussversen:

> O, die verdammten Ochsenbraten!
> O, der verdammte Wein.

Rezitierte so Matthias Claudius' Gedicht und fing mich auf, weil ich nun vor Lachen ins Wanken gekommen war.

Und schlug an jenem Abend vor, dass wir bald wieder hierherkämen und dann mit unseren Turnanzügen: «Auch du, ein wenig Training kann dir nur gut tun.»

So stiegen wir von da an immer wieder am Ende unserer Mittwochnachmittage hier herauf. Und mit Vorliebe mitten in der Anstrengung des Laufens brachte er mich zum Lachen mit einem seiner Tierrufe. Oder wenn ich ins Stöhnen kam, blieb er auf dem Weg stehen, und mit ausgebreiteten Armen fing er mich auf oder auch spornte mich an, indem er sich ans Rezitieren machte, zum Beispiel des bergengruenschen Gedichtes «Duschkas Lied», dieses dabei aus dem Stegreif abändernd:

> Springe Pferdchen, du mein junger Adler,
> Führe mich den Weg nach Guschasuota,
> Werd dein'n Zopf mit Rosmarin dir flechten,
> Raute in die Mähne dir auch binden ...

und einen Zopf, vielmehr zwei, hatte ich damals.

Und wollte auch, dass wir Lockerungsübungen machten. Und blieben aber nicht ernst dabei, sondern trieben unsere Spiele: beim Rumpfwippen seitlich links und rechts, indem wir, einander gegenüberstehend, uns gegengleich bewegten, in eingespieltem Rhythmus, sodass wir uns vorkamen wie Windräder. Und wie Stehaufmännchen bei Hocke- oder Liegeübungen.

«Schwörst du ab? Hier vor mir ...!»

Es war der zweitletzte Abend vor den großen Ferien; er hatte alle seine Maturaprüfungen hinter sich, und wir waren zum Herrenwald hinausgezogen. Wieder war jene Unruhe an ihm und etwas in seinen Augen, eine Ferne, Fremdheit.

«Lass mir Zeit, ich muss mich erst zurechtfinden, muss alles austragen können, eine Kirche ist wie eine Heimat», hatte ich geantwortet, nicht anders antworten können.

Der folgende Abend war der letzte, wir hatten nichts vereinbart, aber er würde kommen wie andere Male auch schon, sodass ich hinunterging, um vor dem Libergal zu warten.

Aber es wurde neun Uhr und Viertel nach, und da machte ich mich auf und hinunter zum Fadairaweg zu seinem Haus; da war aber nirgends Licht, sodass ich zurücklief zum Libergal. Vielleicht, dass er jetzt dort wartete oder eine Nachricht hinterlassen hatte; und da war aber weder er noch eine Nachricht, sodass ich zurückeilte. Aber immer noch war kein Licht, und ich setzte mich auf eine Bank im Park seinem Haus gegenüber.

Gegen ein Uhr dann sah ich ihn kommen und rief ihn an, und wie er aufhorchte und stand, das hatte wieder etwas von einem Hund.

«Hab gewartet ... ich konnte nicht anders ...», sagte ich, sagte es, weil ich nicht fragen wollte, wo warst du ...

«Ja», sagte er. Nichts weiter, und so wie er seinen Arm um meine Taille legte und mich auf den Weg in Richtung Libergal führte, ohne zu sagen, wohin wir gehen würden, war nicht bloß eine Unruhe, sondern eine Heftigkeit an ihm. Vor dem Libergal zog er mich wieder weg und hinunter zum Fluss, dort, wo von der Straße her das Licht einer Laterne herunterfiel, und öffnete mir hinten das Kleid, und indem er es ein wenig nach vorne zog, sodass er auf meine Brüste hinuntersehen konnte, schaute er und küsste mich auf Hals und Schultern und Gesicht und schaute wieder hinunter, und indem er das Kleid noch mehr nach vorne zog, küsste er auch beide Brüste, zart, den Ansatz ihrer Rundung, und zog das Kleid wieder zurecht, und da spürte ich, wie seine Hände zitterten.

Dann war der nächste und letzte Morgen; um halb zehn fuhr

der Zug, und Mà hatte am Abend zuvor angerufen: Das Haus sei voll und viel Arbeit da auch für mich, mit welchem Zug ich heimkäme.

Blieb aber noch der Weg zum Bahnhof und die Zeit, bis der Zug abfahren würde, und er würde vermutlich unten vor dem Haus warten, heute bestimmt.

Weder aber wartete er dort noch beim Bahnhof oder auf dem Perron, und der Zug fuhr an und zur Bahnhofhalle hinaus. Da – am Ende der Rangiergeleise stand er, und während ich rief und die Arme nach ihm ausstreckte, tat er nichts als dastehen und schauen; und schaute, bis die Lokomotive uns in einen Bogen der Geleise zog, und mir wurde ganz schwach.

Drei Wochen der Ferien waren vergangen und noch kein Brief, keine Karte war eingetroffen; in der vierten Woche hielt ich es nicht mehr aus und versuchte anzurufen, zum ersten Mal, seitdem wir uns kannten; aber niemand gab Antwort. In den darauf folgenden Tagen versuchte ich es immer wieder, aber immer noch meldete sich niemand, und ich konnte das Ende der Ferien kaum erwarten. Enrica, in jenem Sommer, sagte mehr als einmal zu mir: «Wo bist du eigentlich mit deinen Gedanken, benimmst dich jetzt schon wie ein Professor!» Fragte aber nach nichts sonst, und sie selber hatte angefangen, vor sich hin zu sagen: «Was für ein süßes, süßes Leben.» Plötzlich, beim Bügeln oder sonst einer Arbeit, konnte sie so vor sich hin sagen, und mit einem Gesicht, verträumt, aber auch herausfordernd, als wäre sie jederzeit bereit, jedem zu sagen: «Ihr könnt mir jetzt alle zusammen ...» Bloß, dass ich zu sehr mit mir selber beschäftigt war, um wirklich hinzuschauen, hinzuforschen, und ich glaube, mein Mangel an Neugierde war es, der sie ärgerte und sie das vom Professor sagen ließ.

Endlich dann saß ich wieder im Zug. Aber am Bahnhof von Coira stand er nirgends, weder auf dem Perron noch am Ausgang des

Bahnhofs, und bei den Geleisen draußen hatte ich ihn auch nicht gesehen.

Tage und Wochen vergingen, während deren ich mittags anzurufen versuchte und abends hinlief. Ich wagte nicht, bei einem der Nachbarn am Weg Erkundigungen einzuziehen, und an der Schule oben sagten sie auch nichts, weder Hedi noch Margret oder Anna; selbst Silvia, die mir das von seiner Mutter erzählt hatte – was alles sie getan, weil sie gern mit mir in der Bank saß und damit ich ihr bei den Klausuren auf Zetteln, die sie mir zuschob, die richtigen Lösungen und Antworten hinsetzte –, selbst sie sagte und fragte jetzt nicht, ging bloß immer neben mir her in den Pausen und hatte angefangen, einen Umweg zu gehen, um mich ein Stück auf meinem Weg von der Schule zum Libergal zu begleiten; nur dass ich das gar nicht wollte und ihr auszuweichen suchte. Wollte nichts hören, keine Fragen gestellt, nichts von ihm erzählt bekommen. Wollte lieber in meinem Herzen die Hoffnung hegen und pflegen, dass er sich auf einer Reise befinde mit seiner Mutter, eines Abends die Rollläden am Haus wieder hinaufgezogen sein würden und das Unerklärliche, das am Tag meiner Ankunft am Bahnhof wie ein dunkler Schatten von irgendwoher aufgetaucht war und mich gestreift hatte und das seither immer in einem versteckten Winkel meiner selbst hockte, um mir aufzulauern, sich auflösen und dahinschmelzen würde wie Nebel an der Sonne.

Suchte mir lieber auszudenken, er befinde sich vielleicht im Ausland auf der Suche nach jener Hochschule, auf der er außer den alten Sprachen Chinesisch studieren könne, da diese Sprache, so hatte er mir gesagt, ihn am meisten von allen interessiere. Vielleicht auch auf der Suche nach einem Meister im Spiel der Oboe. Denn immer und bis zum Schluss hatte er nicht von seinen Studienabsichten und seiner Berufswahl gesprochen, und das war auch eine seiner Fremdartigkeiten gewesen.

Sprach also zu meinen Kameradinnen auch jetzt nicht von ihm, und sie, schon an jenem Tanzabend, hatten getan, als würden sie nicht inne, dass er mit niemandem anders mehr tanzte als mit mir. Etwas schien an ihm zu sein, das ihnen fremd und unverständlich war und das sie nicht sehen wollten … Und dass er gescheit war, da kamen sie nicht drum herum und konntens nicht ändern und fanden sich damit ab oder taten, als wäre bei allem nichts anderes dabei.

Eines Abends dann waren zwei Fenster erleuchtet, und mir geschah alles auf einmal: Mein Herz begann wild zu klopfen, und mir wurde wieder so schwach, dass ich mich zuerst auf eine Bank setzen musste.

Dann stand ich vor dem Freund seiner Mutter und dann vor ihr selber, und sie führte mich bei der Hand zu einem Sessel und:

«Kind, Barbara, Jurov ist fort …»

«Fort – wohin?» Dieser Schatten jetzt, wie damals, am Bahnhof – sich nur nicht rühren jetzt, stillhalten jetzt, ihn nicht höher steigen lassen; etwas in mir hatte es gewusst, schon damals. – Und sie brachte mir einen Zettel:

«Liebe Mutter, ich muss fort, du weißt, warum», stand darauf. Ich schaute sie an, ihr Gesicht … etwas daran hatte sich geändert, war anders geworden … und das Schütteln jetzt in mir, aus der Tiefe und immer höher herauf, ein Ton, lang und laut, viel zu laut vor diesem Gesicht, aber nicht mehr aufzuhalten.

Wie das Aufheulen eines Hundes war es gewesen, aber nichts hatte es aufhalten können, und sie hatte meinen Kopf an ihre Brust gedrückt.

Dann hatte sie mich nicht allein gehen lassen wollen, und der Herr hatte ein Taxi bestellt und war mit mir eingestiegen. Vor dem Libergal hatte er mich umarmt und mich auf beide Wangen geküsst: «Achten Sie nicht auf das, was die Leute reden», so hatte er gesagt.

Eines Tages, zur Mittagszeit, saß ich allein in der Schulbar, und da kam Susanne Waldmann mit anderen Gymnasiasten, und sie setzten sich an einen Nachbartisch. Susanne war ebenfalls Mitglied des Studentenorchesters und wohnte am Lorenweg, einem Parallelweg zum Fadairaweg, und sie hörte ich nun sagen: «... ist verrückt geworden, so sagen sie in der Nachbarschaft ... seine Mutter jetzt zurück ... Doktor Vostonov sehen wir sozusagen jeden Abend ins Haus gehen ... scheint das Haus verkaufen zu wollen ...», alles mit einer Stimme, die tat, als wolle sie leise sein und doch scharf und deutlich war wie die Stimme einer Souffleuse im Augenblick, da sie sich einem stecken gebliebenen Schauspieler verständlich machen muss, und ich wusste in diesem Augenblick, dass es ihre Absicht war, mich verstehen zu lassen, was sie redeten. Sie hatte ja immer demonstrativ weggeschaut in den vergangenen Monaten, wenn wir uns zufällig begegnet waren. Und an jenem Sonntag auf dem Katerbummel, in der Wirtschaft Pardisla, als Anna, Silvia und ich, weil am Tisch, wo unsere Klasse sich gesetzt hatte, kein Platz mehr gewesen und wir an den Tisch geraten waren, wo sie, Susanne, mit ihrer Klasse gesessen, hatte sie da nicht gerufen: «Seminaristen wollen wir nicht an unserem Tisch», mit lauter, giftiger Stimme?

Nun saß ich da wie versteinert und doch mit einem Sausen im Kopf. Und abends ging ich wieder hin und stellte dem Freund seiner Mutter, der wieder an die Tür kam, die Frage:

«Ist es wahr, ist er krank geworden – ich meine – geistig krank?»

«Das sagen die Leute, ist aber das, was Sie nicht glauben sollen», und blickte mich an, und seinem Blick war anzusehen, dass er mir wohl wollte. Jetzt wieder das Schütteln; hinaufgehen wollte ich aber nicht, fühlte nicht die Kraft dazu, und er, sich zu mir herunterbeugend:

«Später wird er vielleicht wieder zu Ihnen kommen – jetzt ertragen Sie es.»

Ich aber fand nirgends mehr Ruhe und Erleichterung und Ablenkung, auch in der Schule nicht, und ein Reißen und Ziehen nach Mà war in mir, und da sagte ich zu den Schwestern im Libergal, ich würde heimfahren für das Wochenende. Eine von ihnen, ich glaube, es war die Hieronima, sagte: «Wie siehst du aus in letzter Zeit, bist du krank?» Aber was die und alle andern sagten, war mir gleichgültig. Und die zwei Briefe schrieb ich noch am gleichen Abend, einen für den Schuldirektor: Ich sei krank geworden, schrieb ich ihm, das ärztliche Zeugnis würde ich nachschicken. Und den andern für die Schwestern, ich wisse nicht, wann ich zurückkäme, der Schuldirektor sei benachrichtigt.

Beide Briefe wollte ich am Montagmorgen oder Sonntagabend in Puntraglia einwerfen.

Und fuhr weg, ohne Skrupel und Bedenken und Angst, dass alles auskommen und ich von der Schule fliegen könnte; wie eine, die nichts mehr zu verlieren hat. Auch ohne mich einen Augenblick zu fragen, ob Doktor Claraina mir das Zeugnis ausstellen würde.

Zu Hause sagte ich etwas von Ferien infolge von Lehrerkonferenzen zu einer Schulreform, und am Montag ging ich zu Doktor Claraina, und zu ihm sagte ich: «Ich musste heimkommen, musste einfach, um Mà zu sehen. Zu sehen, wie es ihr geht.» Und er sagte: «Nun, lass uns mal überlegen: Am Samstag bist du heraufgekommen, hättest also den ganzen Sonntag Zeit und Gelegenheit gehabt, dir deine Mà anzuschauen ...», und sah mich an mit leicht zusammengekniffenen Augen.

«Was ist los, heraus mit der Sprache, ich sehs dir an, dass es nicht wegen deiner Mà ist», und das Schütteln und Schluchzen jetzt wieder, sodass ich an mich halten musste, um nicht laut herauszuheulen.

«Jaja, das tut gut ... nun will ich aber wissen, was los ist! Ist es wegen Pà – was hat er wieder angestellt?» Ich aber schüttelte den Kopf, denn immer noch konnte ich nicht sprechen.

«Also gut, dann ist es Liebeskummer ... ja? Das hat einmal kommen müssen, gehört zu deinen Jahren. Das macht stark, merk dir das, macht ein starkes Herz, und jetzt wasch dir dort das Gesicht, und dann warte draußen, nein, geh zum Wald hinauf, und komm in einer Stunde wieder, es sind noch andere, die hereingelassen werden wollen ...»

Ich stieg zum Wald hinauf. Weshalb war ich zu ihm gegangen, diesem Boxer. Das war der Übername, den die Sekundarschüler ihm gegeben hatten, während er Schulpräsident gewesen war, und das war so gekommen:

Abends um acht Uhr hatten damals alle Schulkinder zu Hause zu sein, und er als Schulpräsident nahm seine Rolle noch ernst, hielt seine Kontrollgänge, tauchte hier und dort auf, in versteckten Gassen und an Orten, wo keiner ihn erwartete. Und einmal war es der Fritz Lupani gewesen, der noch herumgestrolcht war, und weil der ihm davongerannt war, war er ihm nach und hatte ihm zwei Ohrfeigen versetzt, links und rechts, und ihn zudem heimgeboxt. Ein andermal war es Mathias Furger gewesen, der ihm entwischte, indem der auf einen Vogelbeerbaum kletterte. Er aber, Doktor Claraina, war ihm nachgeklettert und hatte auch ihn mit Püffen traktiert.

Doch ich war ja des Zeugnisses wegen zu ihm gegangen, und so musste ich auch wieder zu ihm zurück, nachdem die Stunde vergangen war.

«Du hast Angina gehabt, falls sich der Direktor erkundigt, und ein zweites Mal werd ich dir ein solches Zeugnis nicht ausstellen, verstanden ... das ist Betrug. Und dass du mir am Freitag wieder hinunterfährst, so kannst du dich bei deinen Kolleginnen erkundigen, was du alles verpasst hast, und deine Hefte nachführen. Am Donnerstagabend rufst du bei mir an, ich will wissen, dass du fährst.»

Hatte nun jedenfalls mein Zeugnis und konnte die paar Tage

hier bleiben. Aber nichts geschah. Nicht dieses mähliche Nachlassen des Schmerzes, Hinunter- und Wegrutschen des Gewichtes, das mir auf der Brust lag. Als wäre ich überhaupt nicht bei Mà, zu der es mich doch getrieben hatte. Bei ihr, die bloß fragte: «Kommst du zum Tee?» Oder: «Willst du nicht einen Apfel mitnehmen, die hast du doch gern?» Denn da es Herbst war, Spätherbst, und das Haus geschlossen, musste ich daheim nicht helfen und tat nichts, als den ganzen Tag im Wald herumgehen. Und bloß, wenn ich gegen Abend heimkam und zur Tür herein, schaute sie her, rasch, forschend, um wieder wegzuschauen, da mein Gesicht nicht darnach auszusehen schien, als wollte ich etwas erzählen.

Weil ich nicht erzählen konnte. Aber nichts, gar nichts geschah; als wäre ich nicht bei Mà und als wäre rings um mich nicht die lautere Schönheit, wie sie im Herbst in den Bergen herrschen kann, mit dem Rotgold der Lärchenwälder und über allem das herbstliche Blau des Himmels als lichtvolles Ultramarin und als Abglanz, als Hauch sozusagen, auf der ganzen Landschaft ringsum, ein Hauch, wie früher Màs Leintücher sie hatten, wenn sie an der Leine hingen und ihre Poren noch voll waren des Wäscheblaus, in denen sie sie gespült hatte.

Nichts. Nur immer im Kreis herum: meine Brust geküsst und alles, Gesicht und Hals und Schultern – und mit seinen Händen gezittert. Seine Augen, was war mit seinen Augen ... Damals beim Tanzen, wie gut hatten wirs gekonnt. Mit seinen gescheiten, lebensvollen Augen hatte er mich angeschaut, und ich hatte überhaupt nicht zu hoffen gewagt, dass er mich holen würde. – Und schon vor jenem Tanzabend, wenn ich ihn dann und wann auf dem Schulweg sah, er den Haldenweg heraufsteigend, ich die Raschärengasse, die in jenen einmündete, war nicht schon damals etwas in mir gewesen, etwas Leises, wie das dumpfe Anschlagen von Trommeln, ferne, und schon wieder verklingend. – Ach, dieser Himmel – wäre er doch auch da. – Wo er wohl war? Wie er da gestanden war, auf dem Pausenplatz, Herzklopfen hatte ich bekommen, so wie er auf mich heruntergeschaut hatte. Und wie er bei den Geleisen gestanden hatte, vielleicht mit dem gleichen Ausdruck in den Augen. Und an jenem Abend mit seinem «Schwörst du ab – schwör ab» … auch dieses Ferne und Fremde an ihm, etwas Wildes fast. – Diese Ameisen, jetzt noch, vielleicht wieder herausgekrabbelt bei der Wärme und immer noch fleißig. – Dieses Brennen … wird er wiederkommen, wie der Freund seiner Mutter gesagt hatte? – Das Gesicht seiner Mutter, was war mit diesem Gesicht … war anders geworden. Als hätte eine große Vereinfachung auf ihm stattgefunden. Vereinfachung, das wars, auf das Leid hin. Ein Ausdruck, nicht von Verzweiflung oder Verbitterung oder Auflehnung. Auch nicht einfach von Dulden. Eine große Gesammeltheit auf das Leid hin, das wars. Wenigstens etwas war mir klar geworden. Was war mit Màs Gesicht? War anders, aber auch schön, wenn auch abgearbeitet, hatte auch etwas Edles, war auch gezeichnet von Leid und Güte. Bei seiner Mutter mehr von dieser Vornehmheit, bei Mà von Bescheidenheit, Schweigsamkeit. Wenn sie wüsste – oder ahnte sie etwas? – Dieser Himmel mit seinem schimmernden, dunklen Blau, ob er ihn auch so sieht? Wo war er? – Dieser Waldgeruch. – Schwörst du ab? Hätte ich Ja gesagt, wäre er geblieben? Hatte aber nicht Ja sagen können, etwas Dunkles, Dumpfes hatte mich davon abgehalten. Angst? Nein, nicht einfach Angst, neinnein, war nicht das richtige Wort. Etwas Starkes war es gewesen, ein Widerstand ganz tief innen. – Wenn ich nur Ja hätte sagen können. Eine Schwäche kroch in mir hoch, wenn ich daran dachte. Faszinierend wäre es gewesen – und frevelhaft. Oh dieser Schmerz – er mich geküsst auf den Brüsten, Augen, Stirn, Hals, heiße Wellen von Glück. – «Gesicht einer Dulderin», hatte Enrica heute Morgen zu mir gesagt, war wütend geworden:

«Schwätzerin», hatte ich ihr geantwortet, und sie hatte dann noch irgendetwas von Sciur Cesare erzählt. Erzählt, erzählt ... was hatte Jurov mir eines Abends erzählt? Was er in verschiedenen Nächten geträumt, ja: Am nächtlichen Horizont ein gewaltiger, rot glühender Blitz und glühender Aschenregen vom Himmel, atomarer Aschenregen, noch glühend, hatte er gesagt und hatte sich davor unter die Bettdecke geflüchtet, diese aber war dann durchlöchert und alt gewesen ... Was noch: Ein Riese, der auf das Haus zukam und der dann in seinem Musikzimmer stand und etwas auf eine Schiefertafel schrieb und dann wieder ging, er aber wusste, er würde wiederkommen, wenn er nicht das Richtige tat, und ging vors Haus, da saß ein Clochard am Wegrand, dieser sah ihn an. Dann saß er an einem Wegrand, es regnete, warm, angenehm, sintflutartig. Die Erde weichte immer mehr auf, bis er in ihr lag wie in einer Wanne. Darauf hörte es zu regnen auf, die Luft wieder warm und trocken, der Lehm auf seinem Körper trocknete und bekam Risse. Schwer und unbeholfen ging er zum Fluss hinunter, um sich zu waschen. Wusste, dass sein Körper nun erneuert worden war durch Regen und Erde und Flusswasser ...

Dann war es Freitag, und am Abend musste ich also wieder hinunterreisen und hatte noch keinen Winkel, keine Höhle gefunden, in die ich mich hätte verkriechen und allem entfliehen können.

Kaum wieder dort, zog ich hinunter zum Haus. Stellte mich auf oder setzte mich auf eine Bank, dort, wo das Licht der Straßenlampen nicht hinfiel, und schaute hinüber, so lange, als hinter den Fenstern – denen seiner Mutter – Licht brannte. War wie ein Ritus, den ich vollziehen musste, Abend für Abend nach den Schulaufgaben oder auch schon vorher; sowohl ein Ausruhen von der Anstrengung des hinter mir liegenden Tages als ein Kräftesammeln auf den kommenden hin. Denn alles war dumpf und stumpf geworden, auch die Schule und die Schulstunden, und nichts mehr hatte seinen Glanz;

und war nun also wie eine, die für die seit je in ihr lodernde Sehnsucht Erfüllung und Stillung gefunden hatte. Allen Glanz und alles Glück der Welt hatte ich in mir getragen. Und verlor aber die Erinnerung, für was es war, das mir die Erfüllung gebracht hatte, und wer und wo, und wusste nicht durch welche Wand gehen, um diese und alles wiederzufinden.

Berühmt sollt ihr werden

Es waren damals auch die Jahre, wo Pà begonnen hatte, seine großen Reden zu halten. Vorzugsweise nach Ostern, nachdem die Fremden abgereist waren, das Geld wie gesagt hereingeströmt, die Laune angenehm und die Stunde wie geschaffen, um sich Lorbeeren aufs Haupt zu setzen:

«Wie ich mit eurer Mà hierher zog in die Drei Häuser, war ich ein Niemand, ein Garniemand – und heute? Heute grüßt mich ein Herr Las Blaisas, einer der Patrizier des Dorfes, dem mehr Häuser gehören, als wir Finger an der Hand haben. Grüßt mich, wie man einen ehrenvollen Mann grüßt, nämlich gestern, wie ich ihm auf der Hohen Brücke begegnet bin, hat er den Hut gezogen. Ein Mann bin ich also geworden, vor dem einer wie dieser den Hut zieht ... An euch ist es jetzt, diese Ehre hochzuhalten ...»

Und die Jahre vergingen, und alles begann sich abzuzeichnen.

Nämlich begann auch Reto zu sagen, er wolle studieren und Arzt werden, während Romano zu sagen pflegte, er wolle ein großer Entdecker werden. Und wenn Enrica fragte: was entdecken, Amerika sei bereits entdeckt, und andere Länder, die noch entdeckt werden müssten, gebe es ihres Wissens nicht, entgegnete er – der damals wohl Dreizehnjährige und von benjaminischer Verträglichkeit und Friedfertigkeit –, mehr wisse er noch nicht zu sagen, aber soviel er spüre, handle es sich nicht um einen Erdteil, sondern um etwas Geheimnisvolleres.

Und Arzt ... nun, Doktor Claraina war Arzt und war einer der Alteingesessenen, die Leiter, bis hinauf zu ihrem steilen Ende, kam also in Sicht.

Damit nicht genug. Nachdem ich in Coira meine Abschlussprüfungen bestanden hatte – mit knapper Not und vermutlich bloß dank meiner früheren Leistungen –, eröffnete ich unserem Pà, dass ich den Wunsch in mir fühlte, weiterzustudieren. Denn eine große Unruhe war seither in mir. Ich sagte, Hochschulstudenten hätten lange Semesterferien, während diesen, würde ich daheim arbeiten und mir so das Geld verdienen oder jedenfalls einen Teil davon, um in der Stadt unten leben zu können. Und Pà sagte Ja, wie es sich nun schon für ihn gehörte, und wenn auch nicht auf Anhieb, so doch nachdem ich zwei oder drei Mal angesetzt hatte, immer natürlich, wenn er guter Laune war.

Und sechs und sieben Jahre später, nämlich wie Reto wirklich daran war, Arzt zu werden, und Romano – für einstweilen, wie er sagte – Hoteldirektor, wieder Pà, immer mehr Pà:

«An euch ist es nun, die Ehre nicht bloß hochzuhalten, vielmehr hinauszutragen in unser Tal – unser ganzes Tal.»

Und acht und neun Jahre später:

«Über die Grenzen unseres Tales hinaus, hinunter in unsere Kantonshauptstadt …» – «Über ihre Grenzen hinaus, bis hinunter zur Bundeshauptstadt.»

«Du zum Beispiel», nämlich zu Reto gewandt, «du, nachdem du alle deine Studien beendet hast, trachte danach, Chefarzt zu werden, zuerst an unserem Kantonsspital in Coira, dann in einer größeren Stadt, in Zurig zum Beispiel … Du aber», jetzt zu Romano, «du, halte deinen Blick auf die Politik gerichtet. Lass dich zum Gemeinderat wählen, zum Kantonsrat dann, bis zum Nationalrat und so weiter … In ein paar Jahren wirst du ja heiraten und Kinder haben, die Kinder werden groß werden und dir und deiner Frau bei der Arbeit helfen, du aber wirst so freier werden für anderes, ich würde, wie gesagt, vorschlagen für die Politik.»

Und immer wieder bei solchen Reden ein sekundenlanges Versagen seiner Stimme, vor Ergriffenheit und Schauder und innerer Bewegtheit ob den eigenen Worten. Und heute sagt Romano, auch er sei jeweils erschauert vor so viel Unbezähmbarkeit, so viel Pà.

Zu Enrica und Daniela aber hatte Pà mehr als einmal gesagt: «Die Männer werden anfangen, sich nach euch umzusehen, und das mit Recht, ihr seht gut aus. Ihr aber, schaut nicht zurück, ihr schaut geradeaus und haltet euren Kopf aufrecht, wie eine Blume ihre Blüte hält» – cumè un fiur, so hatte er gesagt … «Tut, als ob ihr nichts sähet, denn was ein richtiger Mann ist, der will erobern, und zu den Besten und Ersten von Puntraglia sollen sie zählen.»

In jenen Jahren war es auch, dass Enrica und ich noch einmal gemeinsam unseren Fuß über Nonas Schwelle setzten. Und ich weiß nicht, wie lange sie nun schon geschrien hatte, während des Kochens und schon vorher im Laden draußen, denn seit wir angekommen waren, hatte keine Kundin den Laden betreten; es betrat ihn überhaupt fast keine mehr, seitdem man bei Tomasi alles fertig kaufen konnte.

«… Immer diese Vagabunden im Haus, diese Nichtstuer … Selber Nichtstuer! Hätte gescheiter die früheren Mieter behalten, euer Pà, hätte gewusst, was er hat … Werde es ihm wieder einmal schreiben und auch schreiben, dass es an der Zeit ist, euch in die Schneiderinnenlehre zu schicken. So könnt ihr bald Geld verdienen und ihm helfen, seine Schulden zu bezahlen …»

Das hatte sie schon vor Jahren gesagt: Zwei von uns Mädchen sollten in die Schneiderinnen- und eine in die Weißnäherinnenlehre gehen; dem Reto und Romano hatte sie empfohlen, Schreiner und Zimmermann zu werden, das seien nützliche Leute, fänden immer Arbeit und so könnten auch sie beim Schuldenzahlen helfen.

Konnte also immer noch nicht begreifen, sich immer noch nicht damit abfinden, dass es Leute gab, die drei oder vier Wochen im

Jahr ihre Zeit mit Ferienmachen vertun konnten, und das an einem fremden Ort und bei fremden Leuten.

Jetzt aber Enricas Stimme: «Schneiderinnen? Och, ich nähe ja gern, aber um Schneiderinnen zu werden, haben wir einfach keine Zeit. Daniela und ich haben mit Servieren und Bettenmachen mehr als genug Arbeit, und Vaganten sind sie nicht, die zu uns kommen. Ärzte, Professoren, Rechtsanwälte, Kaufleute sind es und alles ehrbare Leute. Später dann werden wir heiraten, ich einen Hoteldirektor oder -besitzer und Daniela wahrscheinlich einen Sohn von Sciur Cesare; der hat jetzt noch ein Baugeschäft eröffnet, und Bauunternehmen, so sagt man in Puntraglia, haben Zukunft, so wie die Hotels auch. Barbara aber, die will, glaube ich, Professorin werden, der Reto Doktor und der Romano auch Hoteldirektor.»

So, ein Wortschwall und Redefluss und Schwadronieren, und ihr Gesicht sah dabei nach nichts aus. Aber ich wusste und verstand alles. Verstand, dass sie bloß so arglos tat, in Wirklichkeit aber an Nona Rache nehmen wollte.

«Dutur, Diretur, ta disi mi ...», jetzt wieder Nonas Stimme, leise jetzt und indem sie ihren Blick auf Enrica gerichtet hielt; diese aber gab den Blick nicht zurück. Indem sie sich auf die Stuhllehne zurücklehnte, blickte sie vor sich hin, als ginge sie das Ganze nichts mehr an oder träfe sie keine Schuld.

Dann war Nona aufgestanden und «Dutur ... Diretur ...» mit einer Stimme jetzt, als sinniere sie vor sich hin, und ging in die Küche und kam wieder zurück, so ein paarmal, ohne Sinn und Zweck, wie mir schien. Dann ging sie in den Garten.

Ein paar Monate später – es waren Schulferien, und ich war wieder einmal heimgekommen – war es Romano, der berichtete: Eine Viper habe Nona geschickt – tot, ja, aber eine giftige, an der Zeichnung könne man sie erkennen. Pà habe sie in ein Einmachglas und in

Sprit gelegt, er und Enrica hätten sie gefunden, in der Werkstatt oben, neben dem Topf mit dem Schweinskopf.

Und da fing Enrica an, Nonas Vers herzusagen:

> Die Stecken krochen aus allen Ecken und fingen an zu flecken,
> und was wurde aus den Flecken?
> Sie wuchsen und wurden zu Nattern.
> Und was taten die Nattern?
> Wehe euch, wenn die Stecken aus den Ecken
> sich strecken und flecken
> Und werden zu bösen, giftigen Nattern!

Das war Nonas Vers für Enrica gewesen, wenn diese nicht hatte gehorchen wollen, und war damals, als Enrica während vieler Monate bei Nona hatte bleiben müssen, um ihr Gesellschaft zu leisten und in Borgo in den Kindergarten gegangen war.

Niemand wusste, wo Nona die Viper herhatte.

Bei Ziu Leone, auf dem Maiensäß La Roscia, hatten Enrica und ich einmal eine getötete gesehen, und er hatte uns erklärt, wer von den Bauern beim Mähen an einer steinigen Halde auf eine Schlange stoße, der suche sie zu töten und dann aufzuspießen, damit sie für niemanden mehr gefährlich werden könne.

An jenem Abend bestand Romano darauf, mit uns in die Werkstatt zu gehen, damit er uns Glas und Schlange zeigen könne.

Und Jahre später wars, dass ich von Schlange und Schweinskopf träumte:

Ich sah eine Anzahl Leute, unter denen sich auch meine Angehörigen befanden, in unserem Garten draußen stehen. Ein großes Feuer brannte, und im Kreise um dieses herum tanzten vermummte Gestalten. Ich selber stand auf der oberen Wiese, sah auf den Garten hinunter und wusste, dass im Feuer Schlange und Schweinskopf verbrannt wurden.

Die vermummten Gestalten, zu ihrem Tanz, sangen diesen Text:

Ihr Geister von Schwein und du von der Schlange
… ange …,
Gegeben hab ich euch Schutz und Aufenthalt lange
… ange …,
Die Zeit ist nun abgelaufen, zieht aus
und hinaus … aus … in die Freiheit … eit …

Es war, als hörte ich den Gesang aus großer Entfernung, und ich hörte immer wieder das Echo der Worte.

Ich war im Traum sicher, die Stimme von Pà und Sciur Cesare herausgehört zu haben, und ich war von allem, was ich gesehen und gehört hatte, freudig erregt; das Gefühl wie von einem beglückenden Ereignis hielt in mir denn auch für Tage an.

Daheim, in jenem Sommer oder Herbst, nachdem Nona die Schlange geschickt hatte, geschah noch dieses: Pà lag im Bett mit gebrochenem Bein, zwei oder drei gebrochenen Rippen und zerschundenem Gesicht.

Und Folgendes war geschehen: Einmal mehr war er schlechter Laune gewesen, und mehrere Tage war er nicht mehr zu Tische gekommen. Enrica und ich hatten uns diesmal ins Getümmel hineinziehen lassen, indem wir uns für Mà gewehrt hatten. «Es ist an der Zeit, dass du Mà mehr achtest und schätzest bei dem, was sie schuftet; keiner Angestellten würdest du das antun, was du ihr antust», so hatte ich gesagt. Und: «Was willst du wissen, du Rebecca, du», hatte er wie von einer Viper gestochen geantwortet und war hinausgestürmt, auch an Mà vorbei. Von Rebecca aber sprach man in Borgo von Frauen mit scharfer Zunge. Enrica hingegen hatte vor sich hingesungen und -gesummt: «Hätte ihn längst zum Hahnrei gemacht, zum Hahnrei gemacht», auf Italienisch und nach irgendeiner Melodie, hatte das Wort cornuto verwendet, das sie weiß Gott wo aufgeschnappt hatte, und es besteht kein Zweifel, dass unser Pà später, bei gegebener Gelegenheit, Mà zur Rechenschaft zog für diesen Ausdruck, woher das Mädchen den habe und so weiter, ja, ich stelle mir vor, dass irgendwann einmal, wie das Wort aus Enricas Mund ihm wieder einfiel, bei einer Arbeit oder was immer er in jenem Augenblick getan haben mag, er einen Augenblick innehielt, so sehr muss ihm die Erinnerung daran den Atem benommen haben.

Am folgenden Morgen – nachdem Enrica und ich uns also eingeschaltet hatten, versucht hatten, uns einzuschalten – hatte vor meinem Ausgang die Schuhputzkiste gelegen. – Ich sage Ausgang und nicht Türe, denn ich, wiewohl alle Gäste abgereist waren, hatte damals noch unter dem Dach des oberen Hauses geschlafen, und Türe konnte man das Brett, das ich jeden Abend vor die Öffnung ziehen und von innen verriegeln musste, nicht nennen. – Enrica aber, so hatte sie berichtet, habe, wie sie die Tür ihres Zimmers geöffnet, um dieses zu verlassen, einen Schrei ausgestoßen. Etwas sei nämlich von der Türfalle gehüpft oder gefallen, und keinen Schritt habe sie tun können, sondern wie erstarrt und zu Tode erschrocken sei sie dagestanden. Dann aber habe sie gewusst, dass es die tote Schlange aus dem Sprit war und niemand anders ihr diese auf die Türfalle gelegt haben konnte als Pà.

Auch ich hatte sogleich gewusst, wer mir die Schuhputzkiste hingestellt und was das zu bedeuten hatte, er mir damit sagen wollte: Du geh Schuhe putzen, anstatt zu studieren.

Mà aber, nachdem Enrica und ich alles berichtet, hatte gesagt: «Er ist nicht böse, trotz allem nicht, ist bloß wieder einmal wie besessen und hört und sieht nichts mehr außer sich», und das sagte sie jetzt, wo wir erwachsen waren, immer wieder zu uns.

Am Abend des dritten oder vierten Tages dann – während deren er also nichts mehr gegessen hatte, jedenfalls nicht, solange wir es hätten sehen können – war er dann auch von der Arbeit nicht heimgekommen. Und kein Suchen nach einem inwendig steckenden Schlüssel hatte diesmal gefruchtet.

Noch eine Nacht später, gegen ein Uhr, hatten sich Reto und Sciur Cesare aufgemacht, ihn zu suchen, und im Laufe des folgenden Vormittags war Reto aus der Val Marmuogna heimgekommen, um eine von Sciur Cesares Kutschen einspannen zu lassen – auch solche besaß er, um vornehme Kurgäste darin spazieren zu führen –, und sie hatten Pà geradewegs zu Doktor Claraina geführt, der ein passionierter Knochenflicker war, und dann heim zu uns.

Es hatte in jenen Tagen geregnet und schließlich bis ins Tal herunter geschneit, Pà musste sich auf steinige Halden hinaufgewagt haben und dort auf Grasbüscheln oder im Geröll ins Rutschen und Rollen gekommen sein, wir erfuhren es nie; und Mà, auch später, behauptete, sie wisse nichts Genaueres.

Wie dem auch gewesen war, lag Pà jetzt im Bett, und wieder war es Mà, die den ganzen Tag hinauf- und herunter- und wieder hinaufspringen musste zu ihm. Und weil, wie man so sagt, eine Plage selten allein kommt, musste sie in eben jenen Tagen auch nach Borgo hinausfahren zu Nona – diesmal also sie –, um, so war es abgemacht, diese nach Como, zu einem Herzspezialisten zu begleiten. Denn sie, Nona, stammte aus Como und erst nachdem sie Nono geheiratet hatte, war sie nach Borgo gekommen.

Während Màs Abwesenheit waren es Enrica und ich, die kochen mussten, und Mà hatte Anweisungen gegeben. Enrica aber wäre nicht Enrica gewesen, hätte sie diese Anweisungen befolgt.

Alles nämlich, was Pà nicht mochte und was im Keller auf den Gestellen vorhanden war, das kochte sie: eine Minestra, in die sie

Mangold hineinschnitt, von dem Pà aber immer schon gesagt hatte, er möge ihn nicht ausstehen, bereitete einen Tomatensalat von den letzten Tomaten, die Nona noch geschickt hatte, ließ diese aber auch für Pà ungeschält, und am dritten Tag kochte sie Bohnen, von der breiten, fleischigen Sorte mit den dicken Fäden, die sich nie abziehen lassen, und sie schnitt diese nicht weg, wie Mà es für Pà immer tat. Daniela aber war die, die ihm das Essen hinaufbringen musste.

Nicht nur aß Pà die Suppe mit dem Mangold, vielmehr erkundigte er sich bei ihr, wer sie zubereitet habe, sie sei gut gewesen.

«Aha, da sieht mans, und zu Mà sagt er immer, der verdürbe den Geschmack. Haben wir's nicht schon alle erlebt», so sagte Enrica, «wie er den Teller vor sich hinstieß, sodass die ganze Suppe überschwappte, bloß weil Mà es einmal gewagt hatte, ein paar von diesen Stielen mit hineinzuschneiden?»

Den ungeschälten Tomatensalat aß Pà kommentarlos und ohne die Häute herauszuspucken, wie er es sonst tat, wenn auf einer Scheibe ein Stück davon zurückgeblieben war.

Am Tag aber, da Enrica die Bohnen gekocht hatte und wie Daniela wieder ins Zimmer hinaufstieg, um das Geschirr wegzuräumen, da hörte sie schon im Korridor draußen ein Husten, und erst recht habe Pà gehustet, nachdem sie ins Zimmer getreten sei, sodass sie ihm auf den Rücken geklopft habe. «Die Bohnen – die Fäden», habe er gejapst, alles sei aber wahrscheinlich Theater gewesen, man habe ihm auch den Ärger ansehen können. Das aber wolle sie uns nun doch gesagt haben, respektlos sei es, wie wir mit ihm umgingen, jetzt, wo ihm so vieles passiert sei. Sagte so, mit pikierter Stimme, denn sie, als die Älteste, versuchte immer wieder, uns zu belehren und zurechtzuweisen.

«Und wenn er sich verschluckt hätte, recht wärs ihm geschehen!» Ich kann mich nicht mehr erinnern, wer von uns beiden es war, Enrica oder ich, die das ausrief. Aber in jener Zeit hatten wir eben begonnen, unserem Pà zu entwachsen. Ich außerdem war immer noch wie eine, die ihre Höhle und ihren Unterschlupf nicht gefunden hatte, und gegen jedes neue Ungemach war ich nun kratzbürstig geworden.

Bedrängt und beunruhigt, getrieben und gejagt, wie ich damals war, begann ich am Morgen früher aufzustehen, um hinaus- und hinaufzuziehen, zum Beispiel zu unserem Kleinen Höhenweg bei der Kirche Santa Maria. Frühmorgens oder abends beim Einnachten gefiel es mir dort am besten. Morgens war ich sicher, noch allein zu sein, nichts als die ersten Geräusche drangen aus dem Dorf herauf, von einer Tür, die zugeknallt wurde, oder von Herrn Sagliuotas oder Herrn Cesares Milchkesseln, die, damit sie zur Sennerei gebracht werden konnten, auf den Karren geladen wurden und aneinander stießen. Und die Berge ringsum, die Runakette drüben, der Cural und der Cotschen, der Pischa und der Munt dalla Bes-cha und alle andern, hatten noch dieses Etwas an sich, als wären sie eben erst aus dem Schlaf erwacht und einem bewegenden Traum, müssten sich erst noch zurechtfinden, und auch Wald und Wiesen waren noch in sich gekehrt, Gräser und Blumen noch schwer vom Tau, und alles roch noch nach Morgen.

Dann drüben auf dem Runa das Aufleuchten, ein zartes Lila zuerst, dann Rosa und Gold. Wie eine Verheißung war das.

Kam hier herauf im Sommer oder späten Winter, im Februar zum Beispiel, an klaren Morgen, wo der Himmel schimmert vom strahlenden Tag, den er auch ankündigt, und wo aber Berge und Wald noch starr und stumm stehen von der klirrenden Kälte.

Oder ich wählte im Sommer den Waldweg, der nach Ratsch und zum Ratschgletscher führt. Diesen Weg, der etwas von immer währender Festlichkeit an sich hat, weil der Wald, durch den er führt, kein dichter ist, vielmehr streckenweise mehr Lichtung als Wald, sodass der Blick frei schweifen kann: auf die Wiesen links, halb Wiesen, halb Weiden, und den Bach, der zwar entfernt genug ist, dass er einen nicht betäubt mit seinem Rauschen, und doch ist es immerzu da – auf Geröllhalden und locker bewaldete, bis weit hinauf mit Grasbüscheln, Wacholder, Preisel- und Heidelbeerbüschen bewachsene Hänge und alle Berge ringsum, Algrezcha und Chapütschin, Chapütschöl und die ganze Clinözkette – und wieder auf Weiden und Gruppen von Arven mittendrin und das ganze eingetrocknete Bachbett mit seiner Landschaft von geschliffenen Steinen und Felsbrocken und Sand und Weidengebüschen. Und über allem der Himmel mit seinen Wolkenburgen.

So eine halbe Stunde oder Stunde, je nach der Zeit, die mir blieb, um dann den Weg wieder zurückzugehen und über die Brücke, auf die andere Talseite, wo nun alles, Weg und Weiden und Wald und Halden, im milden Licht der abendlichen Sonne lag, alles gesättigt von Wärme und Nahrung und allen übrigen Erfüllungen des Tages.

Und schließlich den Heimweg anzutreten, mich voller Erwartung umzuwenden, und da war es denn auch wieder so weit: lag die linke Talseite mit Mulden und Wald, Hängen und Häusern im blauen Schatten des Abends und eingetaucht in einen hauchzarten Dunst. Über diesen und durch diesen hindurch aber fluteten noch die letzten Strahlen der untergehenden Sonne, ihr Licht gerafft zu eben sichtbar gewordenen Strahlen oder dieses versprühend im Schleier des Dunstes. Enrica, später einmal, sagte dazu: sieht aus wie Fanfaren, die schmetternden Fanfaren des Abends. Was alles zusammen ein immer neues Schauspiel spätsommerlicher Abende war.

Oder den Weg hinein in die Val Marmuogna. Über den Konzertplatz zuerst, der nachmittags leer und verlassen steht und düster ist von den vielen hohen Tannen und Arven, die ihn umstehen, durch das Stück ebenso düsteren Waldes zur ersten großen Lichtung, meiner

Lichtung. Hinter mir und ob mir der dichte, düstere Wald also, aber hier dieser kleine Raum, hell und frei und licht, weil bestanden von nichts als einer Gruppe Zwergföhren da und junger Lärchen mit ihrem frischen Grün dort. Und mitten hindurch der Weg, rostrot und weich wie ein Teppich von all den Nadeln, alles anmutig und wie hergerichtet zum Verweilen und Schauen.

Und weiter dann aber durch Wald und wieder Lichtungen, zu all den Steinen mit Flechten und Moos, denn hier in diesem Tal liegen sie zu Hunderten und zwischen ihnen Büschel von frischem Gras und Steinbrech und Hauswurz und blauen Kreuzblumen. Sodass ich sie wiederfand, die Palette von Farben, vom Gras- zum dunklen Spinatgrün über Brillant- und Veroneser Grün, vom dunklen Anthrazit bis zum Silbergrau und Türkis, alles noch bekannt von unserem Wald bei den Drei Häusern und viel geliebt.

Vorbei an Ruhebänken mit ihrer ersten Aussicht auf Gletscher, vorbei auch an Alp Prüma und Kühen und Bach, auch dieser graugrün-grau von Wasser und Sand und Himmel.

Dann und jetzt das Ende des Waldes. Und die Geröllhalde mit den geschliffenen Steinen und ganzen Steinpalästen jetzt und der Weg mitten durch das Geröll führend und nicht mehr rötlich, sondern grau, denn jetzt und hier wachsen die Birken. Nach all den Tannen und Föhren, Arven und Lärchen und mitten aus dem gewaltigen Geröll heraus jetzt also Birken, anmutig mit ihren weiß gefleckten schlanken Stämmen und zierlichen Zweigen, außerdem Erlen und Weidengebüsche. Und neben dem Weg, ein wenig unterhalb, der Bach, auch er mitten durch das Geröll hindurch, rauschend und plätschernd und gurgelnd. Und auf der andern Seite von Weg und Bach, mitten in dieses Farbenspiel von geschliffenen und jetzt also nur hellgrauen Steinen und Birken und Bach: blauer und gelber Eisenhut, rosa Alpendost, Weiden und Erlen auch hier und Alpengeißblatt. Nicht zu vergessen die ganze Gruppe von Gletschern im Hintergrund, schimmernd weiß und strahlend und alles zusammen wie ein Garten, verwildert und verlassen von seinen ehemaligen Besitzern – Zwergen und Feen natürlich – oder nur heimlich besucht bei Nacht und Nebel.

Dann – wenige Wochen bevor ich in die Stadt zog, «um zu studieren» – geschah jenes. Es ging auf Ende März zu und war einer jener Abende, wie sie sein können um diese Jahreszeit, voll prickelnder Frische immer noch, aber auch diesem Neuen in der Luft, diesem Hauch und Geruch und heimlichen Wehen. Ich befand mich auf dem Kleinen Höhenweg, die Sonne war endgültig untergegangen, eben herrschte das Zwielicht, und ich hatte mich gesetzt, um zuzuschauen, nämlich dieser kurzen Begegnung von Tag und Nacht, diesem kurzen heimlichen Zögern und Abwarten, Sich-Gegenüber-Stehen und Messen, Erzittern und Erbeben auf allem, da geschah es: Von hinter dem Cural herauf oder vielleicht auch mitten aus ihm heraus stieg diese rötliche Kugel mit der Gestalt mitten auf ihr, feurig rot auch sie und behende hüpfend und stürzend und taumelnd und doch immer auf dieser Kugel und heruntersausend, über den Rücken des Curals, über die Wipfel der Bäume, auf mich zu. Und bei mir ein Erschrecken und Panik und vielleicht Erwachen, und ich begann zu rennen; es war inzwischen auch dunkel geworden.

Seit jenem Abend ging ich nicht mehr dort hinauf und wartete bloß noch darauf, in die Stadt hinunterzuziehen.

Finale

Jahre später wars, Reto verheiratet und in der Stadt unten wohnend, als seine junge Frau über Pà ins Erzählen kam: «Es war Ende August, du warst mit Herrn Cesares Söhnen am Abend vorher auf die Glatschhütte gestiegen für deine Hochtouren, der Himmel war schon von jenem tiefen herbstlichen Blau, und Pà hatte seinen Urlaubstag. Er wolle auf eine Bergtour, zur Glatschhütte wahrscheinlich, ob ich mit unserem Franko nicht mitwolle, so sagte Mà, und ich ging und fragte ihn. – ‹Jaja, steigen zur Glatschhütte hinauf, können mit dem Fernglas vielleicht Reto beobachten ... herunter kommen wir dann über den Gletscher.› – Bis wir aber in Las Chasas waren, hatte er sich anders besonnen. ‹Gehen zum Lej Alv, über die Weiden ...›

Franko nahm er auf seine Schultern, wir marschierten stramm, und schon bald begann uns jenes Lüftchen entgegenzuwehen, jener Hauch und Geruch, so herb und betörend zugleich, wie ich ihn in dieser Art noch nirgends sonst festgestellt habe bei euch oben, nach saftigen Gräsern und Kräutern und Blumen, Alpenklee und gefransten Nelken, Eisenhut, Sauerampfer, Arnika und Edelraute, Hasenohr und Wolfsmilch, alles miteinander ein Geruch, dass man hundert Nasen haben möchte, um ihn einzuschlürfen. Und Pà – der, obschon er Franko trug, immer wieder in einen stürmischen Schritt fiel, ich hatte das Gefühl, aus lauter Erregung auch er von dieser Luft – musste immer wieder auf mich warten und wartete und lachte und blinkte mich an.

In Ospizio, beim Kiosk oben, von Angesicht zu Angesicht mit dem Lej und dem Gletscher, bei dem es an jenem Tag war, als spiegle er sich im Blau des Himmels, setzten wir uns zu unserem mitgebrachten Lunch und fing Pà an, mit Franco zu spaßen. Vom Lej Alv sagte er, dort wohnten die Geister der Gegend, von denen habe der seine Farbe, und als aber Franko wissen wollte, welche Geister und wie sie aussähen, da wollte er doch nicht weitererzählen, sondern griff in Frankos Haare und schnitt Grimassen, und indem er aufstand, packte er ihn, warf ihn in die Luft und tollte mit ihm herum, sodass ich mich für den Kleinen wehren musste, damit er zum Essen seiner Brötchen kam, und bis es aus mir herauskugelte: ‹Dir gefällt es hier oben, gell ...› und er: ‹Fühle mich glucklig hier› – sagte ja immer glucklig –, ‹habe drum die Tour nach Tirano gern, diese Luft hier, noch frischer als daheim, unten die Kastanien und Trauben ... und dann wieder hier herauf. Fühle mich so frei› und zeigte auf seine Brust, und sein Gesicht war wahrscheinlich wie damals an Weihnachten oder Ostern, wenn er seine Reden hielt.

Dann stiegen wir hinunter nach La Rösa mit seinem ‹*Se non seren sarà, si rassenerà*›, das Franko nachsagen musste, und es war bei Pà, als wolle eine Kraft aus ihm heraus. Auf dem Weg hinunter, bei den sumpfigen Stellen, wo wir immer den Umweg machen, kein Umweg bei ihm: trug zuerst Franko hinüber, du wart, sagte er zu mir und kam zurück und trug auch mich hinüber, auf beiden Armen, so wie man ein Kind trägt, und lachte und blinkte. Und sanft, so sanft stellte er mich drüben wieder auf meine Füße.

Bezahlte dann auch das Postauto zurück nach Ospizio, stieß mich vom Schalter zurück, als ich für Franko und mich zahlen wollte.

Seither, wenn wir in Puntraglia sind und er wieder eine seiner Launen hat, möchte ich zu ihm gehen und ihn bei der Hand nehmen: ‹Komm, lass uns wieder hinauf nach Ospizio›, so möchte ich zu ihm sagen. An jenem Tag fühlte ich einen neuen Zugang zu ihm, zum ersten Mal schlug ihm mein Herz entgegen, und ich frage mich: Muss nicht etwas … ja, etwas Unerlöstes in ihm sein, irgendeine dunkle Sehnsucht und gefesselte Kraft, und war es nicht deshalb» – jetzt zu mir gewandt – «dass er dir die Schuhputzkiste vor die Tür legte, damals, als du ihn wegen Mà stellen wolltest, weil er von dir, die du studiertest und damit das ganz Große tun durftest, erwartete, erhoffte, dass du ihn verstehest, spürest, was in ihm ist. Hatte er dir gegenüber, überhaupt gegenüber euch allen, nicht eine Hoffnung auf etwas Unbekanntes, Großes, auf irgendeine Befreiung auch für ihn?»

In jenen Jahren, da wir erwachsen wurden und alles noch besser begriffen, wars, dass wir zärtliche Namen für dich zu erfinden begannen: Mamign, Mamuch, Muchca, so sprachen wir dich an und riefen nach dir, wo du auch warst, wer uns auch hören konnte, und heute noch erinnere ich mich des Ausdrucks auf deinem Gesicht: wie getroffen von etwas Unerwartetem, Wundersamem, als du uns zum ersten Mal so hörtest. Und damit, nämlich, indem du nicht abweisend tatest, vielmehr hellhörig und liebend, immer noch, immer schon liebend genug warst, sprangst du uns unverzüglich bei, uns damit ermutigend und fördernd zu weiterem so Tun.

Sodass in jenen Jahren, wenn wir während der Semesterferien zu Hause waren, zwischen uns eine Atmosphäre entstand von Zärtlichkeit, Heiterkeit, Vertrautheit, immer wieder und immer neu.

Ja, von Ausgelassenheit und Gelächter, wenn Reto zum Beispiel sich an dich heranmachte, um in deinen Schürzensäcken herumzufummeln und dich zu fragen: «Wo sind sie, die blauen Lappen – oder die roten, die nehme ich auch, klarklar, wo sind sie, komm, erbarm dich, meine Säcke sind leer und meine Wangen hohl, siehst du nicht», und seine Backen einzog und dich, die du dann lachtest, an den Hüften fasste, um sich mit dir im Kreis zu drehen, bis du dich wehrtest: «Du Heuchler, du, hast du je ohne Geld herumlaufen müssen», und mit den Fäusten nach ihm hiebst, weil er dich nicht loslassen wollte; alles im Spaß natürlich und bis dein Kopf auf seine Brust sank vor Lachen und lachendem Widerstreben.

So viele Male, und nie wurdest du zur Spielverderberin, immer, auch wenn du erschöpft warst, ließest du dich von uns hinreißen. Wobei es geschehen konnte, dass Pà zufällig dazukam. Dann konnte er überrascht schauen, und ich glaube, eigentlich und wenn er guter Laune war, war er stolz auf uns, vielleicht sogar erleichtert. Nur fanden wir nie den Mut dazu, ihn in unser Gelächter einzubeziehen. Er, durch sein Verhalten, ermunterte uns nicht dazu, und als Reto es einmal, vielleicht auch zwei- oder dreimal versuchte: «Komm auch du, du bist ja der Chef der Kassa», zu ihm sagte, stürmte er wieder weg, zur Tür hinaus.

Und wie war das damals, als wir Kinder dir zu Weihnachten den Ring schenkten. Nicht einfach einen Ring, den wir in irgendeinem Laden gekauft hätten, vielmehr den wir von einer Goldschmiedin hatten entwerfen und anfertigen lassen, mit einem dunkelroten Korund, der in einer Schale lag; weiß Gott, woher wir das Geld nahmen, denn, wenn auch Daniela einen Teil der notwendigen Summe abzweigte, als Gäste ihr ihre Rechnungen bezahlten, gab doch jeder etwas aus seinem eigenen Sack, und erst später gestanden wir es Mà. Selbst Daniela hatte gesagt: «Pà soll nur mitzahlen, schon längst hätte er Mà einen so schönen Ring schenken sollen.»

Es war dann der Weihnachtsabend, wir konnten es kaum erwarten, dass alle Gäste zu Bett oder ausgingen, damit wir uns zur kleinen Bescherung hinsetzen konnten. Und wie froh waren wir, dass Pà guter Laune war.

Dann übergaben wir dir das Schächtelchen, und nachdem du es geöffnet, saßest du da, und noch nicht einmal aus der Schachtel hattest du den Ring genommen; schautest einfach hinein, und da du ihn immer noch nicht herausnahmst, riss dir Pà das Schächtelchen aus der Hand und streifte dir den Ring an: «Schau wenigstens, ob er dir passt!» Und er passte, denn Daniela hatte uns einen alten, schäbigen geschickt, den du irgendwo aufbewahrtest, und weil du immer noch nichts sagtest, stieß Pà dich wieder an: «So sag, ob er dir gefällt ...»

«Er gefällt mir, er ist schön», sagtest du. Was aber alles noch nicht das war, was sich mir so unauslöschlich einprägte, denn da war das andere: Reto, Romano und ich wollten in die Küche hinuntergehen, um den Glühwein zuzubereiten, der für uns alle zum Weihnachtsabend gehörte, da sagtest du, du gehest mit. Wir versuchten dich zum Bleiben zu überreden, aber waren doch auch so aufgeregt wegen unseres Geschenkes an dich, und auf dem Weg zur Küche war ich es, die nicht mehr an mich halten konnte: Gell, er ist schön, oder so ähnlich sagte ich zu dir, und du nahmst uns bei der Hand, Romano und mich, die neben dir gingen, und drücktest sie, und dass du das tatest und wie, war mehr als alle Worte.

Einmal und wahrscheinlich mehr als einmal strittest du mit Pà, damals, ich weiß noch gut, für mich. Ich studierte bereits in der Stadt unten, die Semesterferien gingen zu Ende, und ich stellte fest, dass das Geld, das ich während der Ferien verdient hatte, nicht ausreichen würde für das folgende Semester, bei dem wenigen, das wir verdienten, denn niemand sprach damals von Lohn, Töchter, damals, waren da, um mitzuhelfen, mitzuverdienen, und uns wurde bloß der Service ausbezahlt, und der war – bei unseren damaligen Pensionspreisen – nicht hoch. Und so fragte ich dich, ob du mir die fehlende Summe aus der Kasse geben würdest; es handelte sich um einige wenige hundert Franken, und du pflegtest uns ja immer wieder Geld zu schicken, ohne es Pà zu sagen, zwanzig oder dreißig Franken.

Doch damals wolltest du es ihm sagen; ich glaube, aus einem

Gefühl für Gerechtigkeit für dich und für mich. Du warst es offenbar für einmal müde, dich nur zu beugen, zu schweigen und nachzugeben, du hattest, auch dessen kann ich mich noch gut erinnern, eine Phase der großen Erschöpfung, und du wolltest es mit ihm aufnehmen und strittest sozusagen die ganze Nacht hindurch, ich schlief damals Wand an Wand mit euch, und am Morgen hatte ich das Gefühl, nicht bloß ich hätte nicht geschlafen, sondern auch du nicht. Ich konnte deine einzelnen Worte nicht unterscheiden, bloss dass von mir die Rede war, konnte ich ausmachen und den Satz «Schämst du dich nicht», und noch selten hatte ich deine Stimme so gehört: heiser vor Erschöpfung. Auch die von Pà klang müde, die seinige auch überdrüssig.

Am folgenden Tag, eine halbe Stunde vor Abfahrt des Zuges dann, drücktest du mir eine Geldnote in die Hand, vielleicht waren es zwanzig, vielleicht fünfzig Franken, ich weiß es nicht mehr, und du sagtest, nimm einstweilen das, Pà hat mir die Schlüssel zum Kassenschrank weggenommen, ich werde dir aber ab und zu etwas schicken. Und du sahst blass und abgekämpft aus.

Da ist noch Enricas Schriftstück, das Protokoll, wie sie es nennt. Du warst tot, und wir hatten dich im Lesezimmer oben aufgebahrt – das Haus war glücklicherweise geschlossen –, und da lag es also offen auf deiner Brust, sodass wir alle es lesen konnten. Selbst das Gefäß, in das sie es hineinlegen wollte, hatte Enrica bereitgelegt.

«Tot bist Du nun liebe Mà, tot und fortgegangen auch Du, nur zwei Tage und zwei Nächte werde ich Dich noch anschauen können. So will ich ein Gedenkstück für Dich verfassen, das uns alle überdauern soll.

Man sagte uns wie schön Du warst als Pà Dich heiratete, das schönste aller Mädchen weit und breit. Uns allen dünkte es aber, Du nähmest zu an Schönheit und Würde je älter Du wurdest. Ich glaube es lag daran, dass Dein Gesicht, der Ausdruck auf Deinem Gesicht immer mehr zunahm an Milde, Verzeihen und Liebe, denn Du liebtest Pà immer mehr immer mehr wurdest Du ihm zugetan, ja zugetan. Zum Beispiel was für ein Ausdruck konnte auf Deine Lippen geraten, ein weiches, verlegenes, fast verwirrtes Lächeln wenn Pà Dich immer noch anschreien konnte für etwas, für das du gar nichts konntest.

Vieles an Dir war erstaunlich, aber dieses am meisten: Deine Würde. Die brach immer mehr hervor und wuchs und schimmerte und prangte und prunkte von Deiner Stirn und Nase. Dieser schönsten aller Nasen. Manchmal schaute ich Dich an und dachte: was ist das an Dir und es kam mir in den Sinn das ist das, was man Würde nennt und ich war immer ganz erschüttert davon. Du nahmst also auch zu an Würde. Und wusstest doch nichts davon, bliebst ganz ohne Anspruch. Du hattest sie einfach, sie brach aus Dir heraus.

Ciao Mamign, Mamuch. Denke an mich und hilf mir. Du aber wirst auf Sion eingepflanzt sein. In der Heiligen Stadt wirst Du Deinen Ruheplatz finden. Amen.»

So hatte Enrica geschrieben, auf Pergamentpapier, mit Tusch und in regelmäßiger Druckschrift, und am Morgen vor dem Begräbnis sagte sie, das Blatt wolle sie im Sarg bei Mà haben, und rollte das Blatt und legte es in das bereitgestellte Glasgefäß mit dem Glaspfropfen, und um Gefäß und Deckel legte sie ein rotes Band und klemmte es dir zwischen deine gefalteten Hände, Reto und Romano halfen dabei. «Bei dir soll es sein auf ewig», so sagte sie.

Romano hatte den Text abgeschrieben, so wie er war, mit allen Unbeholfenheiten und Fehlern.

Die Sätze übrigens: auf Sion wirst Du eingepflanzt sein ... wird Enrica irgendwo gefunden haben, und bei ihrer Vorliebe für besonders geartete Wörter und Sprüche werden sich ihr diese auch eingeprägt haben.

Anhang

Das ganze Spottgedicht von Seite 36/37 im Originaltext:

Le scià i Sciursceglés
cu'li crapi peladi li scarpi imbrocadi
e li bogi plen da pulenta,

Ritornel:
Vigní a vedé ca le scià i Sciursceglés,
vignì e vedé ca'ien scià.

Le scià i Sciursceglés
cuiunai e sgugnai, sciablutai e sganasciài
e par valtri sempri stürlüch e tamöla,

Ritornel ...

Le scià i Sciursceglés
senza marengh e palanchi, cincon e quatrìn,
pruprietari propi noma da gal e sgalorsci, colombi e cunigl,

Ritornel ...

Le scià i Sciursceglés da la lingua squisita
da fugiò e fussü e fuìnt e fufò,
da fusura e fusota e fuscià e fulà
e uregli e plögl e ögl e giunögl
e fradegl e vedegl e turtegl e restegl
e ghigni e fufigni, cücagni e garzon
e mampomuli e manfraguli, spelorsch e struiòn,

Ritornel …

E valtri chi sef e chi pitanzi maglief?
Sef lepi da föch e roz e sberlef,
tref via'l ris cönsch e maglief al Yogurt
e tartüfuli cu'l scönsc e tartüfuli al surd
e tartüfuli a l'acqua e tartüfuli a less
e tartüfuli rustidì e tartüfuli al Rösch
e tartüfuli e tartüfuli tüt l'an,

Vignì a vedé ca'ien scià e
sculté e grigné sa sef amò bon,

Vignì a vedé ca'ien scià,
ien scià ien scià'ien scià,
vignì vignì vignì,
vignì e grigné e grigné,
vignì e grigné sa sev amò bon.

Glossar

quili züchin diese Kürbisse, hier im übertragenen Sinn: diese Dummköpfe

sciur Herr

birlic veraltete Bezeichnung für der Böse, der Teufel

una por anima eine arme Seele

il comando supremo der allerhöchste Befehl

öftartüfulisciguli e brasciadeli zusammengesetzte Begriffe: Eier (= öf), Kartoffeln (= tartüfuli), Zwiebeln (= sciguli) und Ringbrote (= brasciadeli).

ris chönsch eine Mischung von Reis und verschiedenen Gemüsen, bestreut mit geriebenem Käse und übergossen mit heissem Fett und gedünsetem Salbei.

pizocar eine Art «Spätzli» aus Kartoffeln, Mangold, Buchweizenmehl und dem dunkelgrauen Sarazenermehl, das im Borgo-Tal und im benachbarten Veltlin gepflanzt wird.

ti barasel veraltet für: du Gauner (baor = Gauner)

carampana, sbegula, bisbetica, facia mal lavada Schlampe, Schwätzerin, Komische, Wetterwendische

«O Angelina fà la brava, fat miga tö dal birlichign» «Angelina, sei recht brav, laß dich nicht vom Bösen holen»

scatuli Schachteln

lanonaalgaligirascatuli Man sagt im Italienischen: «non farmi girare le scatole ...» – was etwa bedeutet: treib mich nicht an die äusserste Grenze meiner Geduld; «lanonaalgaligirascatuli» müsste dementsprechend übersetzt werden mit: die Grossmutter, die einen an die äusserste Grenze der Geduld treibt.

minin Kindersprache: Kätzchen
assasin da strada Wegelagerer, Straßenräuber
carogna Aas, im übertragenen Sinn: Luder, nichtsnutzige, liederliche Person
lüganghet kleine, getrocknete Wurst
spaccone, boria, vanagloria Prahlhans, Hochmut, Ruhmsucht
«*A cü martei giarev, sisi, a cü martei*» wörtlich: «Auf dem Hintern werdet ihr landen, ja, ja, auf dem Hintern», für: «Konkurs werdet ihr gehen»
terzin Masseinheit, der dritte Teil von einem Liter
aivla oberengadinisch: Adler
befana alte Hexe
mura Ein Fingerspiel, an dem sich immer je zwei Männer beteiligen. Die Spieler sitzen sich gegenüber, beide strecken gleichzeitig beliebig viele Finger einer Hand aus. Beide müssen die Summe der ausgestreckten Finger im Augenblick des Ausstreckens auch schon ausrufen und im voraus erraten. Richtiges Erraten der Fingerzahl bedeutet einen Strich; wer am meisten Striche hat, hat gewonnen. Das Spiel wird im Tessin und in Italien auf dem Lande gespielt. Im Puschlav und im Engadin wurde um Geld gespielt und deshalb war das Spielen in öffentlichen Lokalen verboten.
batoir veraltete Bezeichnung für komödiantenhafter Mensch
tarloca Grünschnabel, Einfaltspinsel
«*Gieta tüch insema i züchin de la malura ...*» «Macht, dass ihr wegkommt, zum Kuckuck mit euch Dummköpfen ...»
‹*Se non seren sarà, si rasserenerà*› italienisch: ‹Ist es heute nicht heiter, so wird es morgen so werden›

Zwischen väterlicher Hartnäckigkeit und mütterlicher Einordnung

«‹Züchtige sie mit dem Stock, falls sie dir nicht gehorchen will›, sagte jene Frau, die dann unsere Großmutter werden sollte, zu ihm, dem Sohn, der dann unser Vater wurde.» Diese Worte stehen nicht nur am Anfang des Romans von Maria Colombo, der hier nach mehr als 25 Jahren neu aufgelegt wird, sie dürften auch ausschlaggebend gewesen sein für den Wegzug des Sohnes mit seiner jungen Frau aus dem Puschlav ins Engadin: «Zog über den Berg, hinüber in eine neue Welt und in ein Dorf, das Puntraglia heißt. Erachtete es für notwendig, einen Berg zwischen sich und sie zu setzen, meldete sich bei der neuerbauten Puntragliabahn und zog ein in eine der neuerbauten Puntragliabahn-Wohnungen.» Giuseppe Colombo war gelernter Zimmermann mit einer gut eingerichteten Werkstatt, er hatte eine Frau geheiratet, die aus bäuerlichen Kreisen stammte und von der Schwiegermutter abgelehnt wurde. Dass sie ihm seinen Bruder vorzog, dürfte die Entscheidung wegzugehen ebenfalls beeinflusst haben. Giuseppe Colombo, schon damals konsequent und kompromisslos, sah wohl die einzige Möglichkeit, eine eigenständige Existenz aufzubauen und sich dem Einfluss seiner Mutter zu entziehen, darin, dem Puschlav den Rücken zu kehren und ins Engadin zu ziehen.

Zwar gab es weitere Familien wie das Ehepaar Colombo, die im romanischsprachigen Engadin eine neue Heimat suchten, doch kann nicht von einer größeren Bewegung geredet werden. Im Gegenteil: das Puschlav erlebte gerade in dieser Zeit einen wirtschaftlichen Aufschwung dank der Kraftwerkanlagen, die Anfang des 20. Jahrhunderts erbaut wurden (1904 Brusio, 1911 Robbia), und der Eröffnung der Berninabahn 1910. Die Auswanderung – bekannt sind die Zuckerbäcker aus dem Puschlav, die sich in Spanien oder Portugal niederließen und zum Teil nach 1850 wieder zurückkehrten – wurde gestoppt und von 1900 bis 1950 nahm die Bevölkerung im Tal um rund 1500 EinwohnerInnen auf 5560 zu.[1] Erstmals konnten im Puschlav neue Arbeitsplätze angeboten werden, wobei Puschlaver Personal sowohl bei den Kraftwerken Brusio (KWB) wie bei der Bahn anfänglich nur unqualifizierte Arbeiten ausführte. Giuseppe Colombo dürfte für seine Tätigkeit als Kontrolleur ebenfalls keine spezielle Ausbildung absolviert haben. Auch war für diese Anstellung der Wohnort Pontresina nicht Voraussetzung. Es ist anzunehmen, dass Giuseppe Colombo sowohl von Poschiavo wie von Pontresina aus seiner Arbeit hätte nachgehen können.

Im Geburtsort fremd geblieben

Als Maria Colombo am 5. Februar 1918 in Pontresina geboren wurde, hatte das Paar bereits zwei Töchter, die beiden Söhne sollten 1922 bzw. 1925 folgen. Die Familie lebte in den Berninabahnhäusern, in denen weitere Familien aus dem Puschlav, aber auch Familien aus dem Engadin wohnten. Insbesondere die Puschlaver Frauen hatten engen Kontakt untereinander – Maria Colombo beschreibt dies im Roman eindrücklich. Die Primarschule besuchte Maria in Pontresina, die ersten drei Jahre wurde der Unterricht in romanischer Sprache gehalten, ab der vierten Klasse wurde Deutsch zur Hauptsprache (zur Unterrichtssprache), Romanisch war nur mehr Nebensprache (wurde als Fach unterrichtet). Maria Colombo dürfte froh gewesen sein, dass Deutsch wichtiger wurde, beherrschte sie doch das Romanische nicht so gut. Die Puschlaver Familien sprachen Italienisch bzw. den lombardischen Dialekt «pusc'ciavin». Die besondere sprachliche Situation charakterisierte der in Zürich tätige Puschlaver Kinderarzt Guido Fanconi (1892–1979) so: «Das Resultat meiner sprachlichen Ausbildung ist, dass ich zwar nur eine Muttersprache habe, das ‹pusc'ciavin›, einen lombardischen Dialekt mit vielen rätoromanischen Ausdrücken, daneben aber drei ‹Nahezu-Muttersprachen›, nämlich Italienisch, Schriftdeutsch und Französisch.»[2] Vater Colombo sprach vor allem Italienisch, Deutsch lernte er – und nur wenig – erst im Engadin, so erfahren wir im Buch. Die Familie redete zu Hause wohl mehrheitlich den Puschlaver Dialekt, Rätoromanisch blieb eine Fremdsprache (die Sprache des ihr eigentlich fremden Pontresina).

Der väterliche Ehrgeiz

Was mit einem Fremdenzimmer in der eigenen, sehr kleinen Wohnung für eine siebenköpfige Familie begann, entwickelte sich bald zu einer Pension, dem «Edelweiss», mit zwei Häusern. Das «Edelweiss» bot in seiner Blütezeit rund 25 Zimmer an. Der ehrgeizige Vater Colombo wollte beweisen, dass er, der aus dem ärmlichen (mehrheitlich) katholischen Puschlav stammende Zimmermann und nun bei der Berninabahn als Konduktionen arbeitende Auswanderer, es im reichen, mehrheitlich reformierten Engadin zu etwas bringen konnte. In der Verwirklichung seiner Pläne war er skrupellos, das schildert Maria Colombo in aller Deutlichkeit. Was er sich in den Kopf gesetzt hatte, wurde verwirklicht, und nur er allein bestimmte darüber. Die Mutter – «Stark und demütig und friedfertig und sanft. Und wissend.» – fügte sich in den allermeisten Fällen. Nur einmal sagte sie dieses Nein, «Ich aber kann nicht mehr.», worauf sich der Vater in ein bedrohliches Schweigen hüllte – und seine Pläne weiterverfolgte. Dass er zu deren Verwirklichung auf die Mitarbeit aller Familienmitglieder angewiesen war, verstand sich aus seiner Sicht von selbst. Er behielt seine Anstellung bei der Bahn bis zur Pensionierung bei. Und damit nicht genug: Danach führte er den Kiosk auf der Diavolezza, auch jetzt hielt er sich von der Pension fern und überließ die Arbeit in erster Linie seiner Frau und den drei Töchtern.

Doch dieser Vater war nicht nur der harte, ehrgeizige, zornige, skrupellose Mann, wie er an vielen Stellen des Buches beschrieben wird. Ebenso ist von einem Vater zu lesen, der Geschichten «vom Wald erzählte, von den Bäumen und Steinen, von den Eulen und dem Geisterschiff und vom istinto», und nach dem Allerschönsten am Frühling fragte. Dass es der Geruch des Frühlings war, wussten zwar alle Kinder, trotzdem wurden die Abende, an denen Pà im späten Winter zu erzählen begann, mit Sehnsucht und Spannung erwartet. Dieser Vater war auch auf Ausflügen mit seinen Kindern anzutreffen, er erkundete mit ihnen die Gegend, war ein lustiger und gleichzeitig wissender Führer, und wer ihm folgte, konnte Einiges erfahren und entdecken.

An diesen freundlichen, oft vergnügten älteren Mann, der in seinem Kiosk auf der Diavolezza saß und die ankommenden Gäste herzlich begrüßte und sie auf die Schönheiten des Engadins hinwies, erinnern sich alle, die den Vater Colombo in späteren Jahren kennen gelernt haben. Und kaum will es gelingen, den «Gebieter und Fürsten und Befehlshaber und Mitdemkopfdurchdiewandgeher» in ihm zu sehen.

Weg von zu Hause

Dass das Leben unter der als despotisch erlebten Herrschaft des Vaters für die junge Maria zunehmend unerträglich wurde, geht aus dem

Roman mit aller Deutlichkeit hervor. So bedeutete für sie der Besuch des Lehrerinnenseminars in Chur ein Ausbruch aus einengenden Verhältnissen. Dass der Vater nicht sehr viel von der Selbständigkeit seiner Tochter wissen wollte, verwundert nicht. Dabei dürfte es ihm weniger darum gegangen sein, Maria eine Ausbildung vorzuenthalten, vielmehr wollte er auf eine gute Arbeitskraft nicht verzichten. Selbstverständlich war, dass die Söhne gute Universitätsabschlüsse anstrebten. Aber Maria, die wohl etwas von der väterlichen Hartnäckigkeit geerbt hatte, setzte eine Ausbildung in der Stadt durch. Im Gegenzug musste sie sich verpflichten, während der Ferien zu Hause im Familienbetrieb mitzuhelfen. Diese Verpflichtung dem Gastbetrieb gegenüber sollte Maria noch lange haben, auch während ihrer Ehe verbrachte sie viele Wochen in Pontresina und führte die Pension, wozu sie durch ihre spätere Ausbildung an der Hotelfachschule in Luzern, die sie ab 1941 absolvierte, befähigt war. Maria Colombos späterer Ehemann erinnert sich noch gut, dass mancher Sommer im Engadin verbracht wurde, Ferien konnte er diese Zeit nicht nennen. Für seine Frau war das anders: Ferien bedeutete für sie Engadin, und Engadin bedeutete Arbeit im väterlichen Betrieb.

Fasziniert von der Sprache, eingenommen vom Schreiben

Noch während des Zweiten Weltkrieges, 1942, zog Maria Colombo nach Zürich und immatrikulierte sich an der dortigen Universität, sie studierte Germanistik und Geschichte. Sprache, Sprachen faszinierten sie. Sie liebte Grammatik (der «Heuer»[3] gehörte zu ihren Lieblingsbüchern!). Sie war journalistisch tätig, arbeitete aber auch als Sekretärin und Hotelfachfrau im väterlichen Betrieb und auf dem Monte Verità bei Ascona. Maria Colombo interessierte sich schon früh für soziale

Fragen, hatte sie doch in Pontresina hautnah erlebt, was es heißt, zu den weniger Begüterten zu gehören. In ihren Artikeln schrieb sie über bedürftige Leute, denen geholfen werden sollte, sie schrieb über die Situation der Frauen bei Jelmoli – da sie dort beim KundInnendienst angestellt war, führte der Artikel prompt zur Entlassung.

Aus dem Roman ist bekannt, dass die junge Frau auch von religiösen Fragen umgetrieben wurde. Hier beschäftigten sie vor allem die Schwierigkeiten, die entstanden, wenn zwei Menschen unterschiedlicher Konfession aufeinandertrafen. «Kannst du absagen?», fragt Jurov im Roman und verwirrt die junge Frau zutiefst: «Für mich, in jenen Wochen und Monaten, geschah alles gleichzeitig: Wachen und Schlafen waren erfüllt von ihm, und immer, während wir redeten, er redete, fühlte ich mich, als führe ein Sturmwind durch mich hindurch und fegte mich rein und klar und leicht, nämlich fühlte eine neue Freiheit, wunderbar und nie erlebt oder doch schon erlebt, in der Schule und durch sie, nur dann gestört und unterbrochen immer wieder durch jenes Gefühl von Schuld gegenüber Mà ...» (Seite 170)

Diesen Fragen, die das Mädchen beschäftigten, konnte Maria Colombo im Schreiben nachgehen. Bereits Anfang der 1960er Jahre reifte die Idee, diese Kindheit im Engadin in Form eines Entwicklungsromans – so wollte sie ihren Roman verstanden wissen, nicht als Migrationsgeschichte – nachzuzeichnen. Dieses Schreiben wurde zu einer Entdeckung. Hier konnte sie ihrer Begeisterung für Sprache nachleben. Hier konnte sie allein mit sich selbst sein, niemandem gegenüber war sie Rechenschaft schuldig. Sie schrieb langsam, erstellte mehrere Fassungen, in die sie niemand Einblick nehmen ließ – zu groß war die Angst, der Text würde zerredet –, die Kraft musste zusammengehalten werden.

Die Jahre der Krankheit

Dass die körperlichen Kräfte schwinden, musste Maria Colombo ab 1970 in brutaler Weise an sich erfahren. «Es war an einem Sonntagnachmittag und weil es geschneit hatte und wir den verschneiten Wald sehen wollten, waren M. und ich daran, auf einem Weg in einen dieser verschneiten Wälder zu gehen. Da fing ich an hinzufallen und in kurzen Abständen fiel ich drei Mal hin, einfach so und obschon ich feste Schneestiefel trug, mit einer entsprechenden Gummisohle.»[4] Die Symptome, die auf Multiple Sklerose hindeuteten, nahmen zu, doch zögerte Maria Colombos Bruder, der Arzt war, mit der Diagnose, seine Schwester schien ihm zu jung für diese Krankheit. Das Leben wurde immer beschwerlicher, Maria Colombo stürzte oft, Verletzungen, Knochenbrüche waren die Folge. Gemeinsam mit dem Ehemann Hermann Massler – die beiden hatten 1962 geheiratet – zog sie 1978 in eine rollstuhlgängige Wohnung um. Doch noch immer sträubte sie sich, und mit ihr ihre nächste Umgebung, gegen diese Diagnose. Erst 1984 gab es keine Zweifel mehr, eine umfassende Untersuchung schloss andere Ursachen aus.

Der schubweise Verlauf der Krankheit erschwerte auch zunehmend das Schreiben, das Maria Colombo aber immer noch sehr viel bedeutete. Nach der Veröffentlichung ihres ersten Romanes 1977 setzte sie sich an die Fortsetzung. Sie schrieb von Hand und ließ das Manuskript anschließend tippen, da ihr selber Maschinenschreiben nicht mehr möglich war. Die Veröffentlichung des zweiten Romans «Die Borgeserin oder Das Lied von der Zärtlichkeit» 1984 wurde zu einer großen Freude und Bestätigung, auch wenn dieses Buch nicht mehr die gleiche Resonanz fand wie das erste. Trotz aller Mühen und Beschwernisse setzte Maria Colombo die Schreibarbeit fort. In ihrem Nachlass findet sich ein Manuskript mit dem Arbeitstitel «Apfelbaum und Schlange», in dem sie danach fragt, wie dieser Gott all dies, was auf der Welt geschieht, zulassen kann. Eine Frage, die heute, ziemlich genau zehn Jahre nach Maria Colombos Tod – sie starb am 14. März 1993 –, noch ebenso aktuell und unbeantwortet ist.

Liliane Studer

Die Autorin dankt Maria Colombos Bruder Alfonso Colombo und ihrem Ehemann Hermann Massler für ihre Gesprächsbereitschaft.

Literatur
Maria Colombo: Die Borgeserin oder Das Lied von der Zärtlichkeit. Roman. Werner Classen Verlag, Zürich 1984.
Otmaro Lardi/Silva Semadeni: Das Puschlav – Valle di Poschiavo. Schweizer Heimatbücher 194. Paul Haupt Verlag, Bern 1994.

1 Vgl. hiezu Lardo/Semadeni
2 Guido Fanconi, in: Lardo/Semadeni, S. 118
3 Walter Heuer: Richtiges Deutsch
4 Maria Colombo, 1984, S. 125

Weitere Bücher aus weiteren Tälern …

Jon Semadeni
Die rote Katze / Il giat cotschen
Aus dem Rätoromanischen von Mevina Puorger und Franz Cavigelli
Zweisprachige Ausgabe

Der alte Chispar Rubar, erfolgreicher Anwalt und Politiker, wird auf einem Abendspaziergang von Bildern aus seinem Leben gejagt. Seine Macht als einer der Honoratioren des Dorfes war groß genug, um Verbrechen ungesühnt zu lassen. Doch nun holt den alten Mann die eigene Vergangenheit ein. Eindringlich und leidenschaftlich, in knapper Sprache erzählt der Engadiner Autor und Theatermann Jon Semadeni die Geschichte eines korrupten Machtmenschen in seiner quälenden Einsamkeit.

«Ein Sprachgenuss ist Jon Semadenis ‹Die rote Katze/Il giat cotschen›. Der Limmat Verlag hat die Erzählung über einen korrupten Karrieristen dankenswerterweise als zweisprachige Ausgabe herausgegeben ... Wie sich der dem Land und der Macht verhaftete Politiker unausweichlich seiner Vergangenheit stellen muss, ist ein Stück große Schweizer Literatur.» *Börsenblatt für den Deutschen Buchhandel*

«Sehr stimmungsvoll ist das gemacht, in bewusst ländlich-robustem Ton, weit entfernt von der raffinierten Geläufigkeit urbaner Literatur.» *Neue Zürcher Zeitung*

«Fast schon glaubt der Leser die Ängste des Ich-Erzählers Rubar physisch zu verspüren, emotionell fassen zu können. Das macht ‹Die rote Katze/Il giat cotschen› zu einem eindringlichen Leseerlebnis allererster Güte.» *Bündner Zeitung*

Tausend Blicke
Kinderporträts von Emil Brunner aus dem Bündner Oberland 1943/44
Mit Erinnerungen von Porträtierten und Texten von Erika Hössli,
Paul Hugger und Peter Pfrunder
Herausgegeben von der Schweizerischen Stiftung für die
Photographie

Bündner Buch des Jahres 2003

Der Pressefotograf Emil Brunner (1908–1996) verbrachte sein Leben vorwiegend auf Auslandreisen. Zu Brunners erstaunlichsten Arbeiten gehört aber eine umfassende Porträt-Serie, die er während des Zweiten Weltkriegs realisierte, als die Grenzen geschlossen waren. Damals unternahm der begeisterte Bergsteiger viele Hochtouren im Bündner Oberland. Bei der Rückkehr fotografierte er jeweils die Mädchen und Buben in den Bergdörfern. So entstand in den Jahren 1943/44, ohne journalistische Absicht, eine Sammlung von rund 1700 Porträts aus Trun, Breil/Brigels, Sedrun, Rabius, Sumvitg-Cumpadials, Rueras, Segnas, Vals, Uors-Surcasti, Lumbrein, Vrin, Vella.

«Emil Brunner zeigt mit seinen Bergkindern starke Persönlichkeiten. Sie begegnen der Kamera stoisch mit unverwandtem Blick, mit deutlicher Scheu, unverhohlenem Misstrauen oder Verschmitztheit und Selbstvertrauen. Ihre Blicke und Gesten rühren ans Herz.»
NZZ am Sonntag

«In den Kindergesichtern stand alles geschrieben, was die Kinder zu erzählen hatten über Armut und Entbehrungen, über ihre Familie und Freunde, über kleine Freuden manchmal – und große Hoffnungen immer.» *Süddeutsche Zeitung*

Piero Bianconi
Der Stammbaum
Chronik einer Tessiner Familie
Aus dem Italienischen von Hannelise Hinderberger

Das Buch erzählt die Familienchronik der Bianchonis aus dem Bergdorf Mergoscia im Verzascatal. Aus Briefen, vergilbten Fotografien, Schuldscheinen und Kirchenchroniken entsteht ein Bild des mühseligen, von Armut und Hunger, von Zorn und Streit, aber auch von guter Arbeit und Liebe zur Heimat geprägten Tessin.
Vor allem erzählt der Roman aber von Auswanderung. Wie in so vielen anderen Tessiner Familien, verließen die Söhne und Töchter zu Dutzenden das Heimattal, das sie nicht mehr ernähren konnte und versuchten ihr Glück in Australien oder Kalifornien. Diese Briefe sprechen von Heimweh, Verbitterung, manchmal von unverhofftem Glück und Freiheit, aber nie von Abenteuerlust.

«Während Bianconi in der Wiedergabe sorgsam seine Wurzeln archiviert und konserviert, entsteht für den Leser ein ungemein berührendes und authentisches Bild vom Leben der gottesfürchtigen, manchmal kauzig-starrköpfigen und streitsüchtigen, oft etwas linkischen Bianconis und nebenbei eine Chronik des wahren Tessin. Und das fast ohne Bitterkeit.» *Altravita*

«Bianconi hat mit diesem Buch im Sinne Prousts eine ergreifende Dichtung über Gegenwart und Erinnerung geschrieben.»
Neue Zürcher Zeitung

Plinio Martini
Nicht Anfang und nicht Ende
Roman einer Rückkehr
Aus dem Italienischen von Trude Fein

«Nicht einmal der Trost blieb uns, einen Feind zu haben – außer diesen Bergen. Meine Leute waren schlicht und einfach Vergessene. Die Welt drehte sich ohne sie ...» Solch bittere Worte sind das Fazit einer langen Aufzählung von Leiden und Unglücksfällen, welche im Laufe von wenigen Jahren die nächsten Verwandten und Dorfgenossen des Autors betroffen haben. Es spricht sie ein Mann namens Gori, der nach dem Zweiten Weltkrieg nach vielen Jahren Amerika, vom Heimweh getrieben, wieder nach Cavergno, das Dorf am Eingang des Bavonatales, zurück gekehrt ist. Hier aber findet er außer den Erinnerungen an seine trotz aller Härte glückliche Jugend, die jedoch im Lande selbst keine Zukunft zu haben schien, nicht mehr, wovon er geträumt hat. Nicht nur, dass mit dem bescheidenen Aufschwung, den die Nachkriegszeit auch in dieses Tal gebracht hat, dessen Schönheiten dahingegangen sind, das Wasser zum Beispiel, er kann sich auch nicht mehr hineinfinden in eine Mentalität, deren Fragwürdigkeit er erkannt hat, in der jedoch alles wurzelt, was er liebt.

«Es ist einer der erstaunlichsten Romane, die in der Schweiz je geschrieben wurden, glänzend, mit einem unfehlbaren sprachlichen Instinkt. Schließlich gibt es in der neueren Literatur nur wenige Liebesgeschichten von der Behutsamkeit und Verhaltenheit der Geschichte von Gori und Maddalena.» *Neue Zürcher Zeitung*